ANGELA UND WOLFRAM KIRCHER

# Quickfinder
# Gartenteich

## Die besten Pflanzen für jede Teichzone

# VORWORT

# Vorwort

Sie wünschen sich einen schön bepflanzten Gartenteich, in und an dem auch ein reges Tierleben stattfindet? Zudem soll sich der Teich noch harmonisch in Ihren Garten einfügen? Durch geschickte Pflanzenauswahl können Sie Ihren Teich in seine Umgebung einbinden, sich an herrlichen Blüten erfreuen, Tiere anlocken und sich ansiedeln lassen und vielfältiges Leben im Garten beobachten.

➜ Im Kapitel **Pflanzen auswählen** finden Sie anhand der Bildtafeln und der dazugehörigen Texte schnell die passende Pflanze für jede Teichzone.

➜ Im **Porträtteil Pflanzen** werden 138 Pflanzen vorgestellt: Hier erfahren Sie, welche Ansprüche sie haben und welche Partner sie neben sich mögen.

➜ Im **Porträtteil Tiere** lernen sie 42 Tiere näher kennen, die sich an Ihrem Teich einfinden können.

# Inhalt

## ■ Gartenidylle am Wasser — 4

Wasser im Garten – beruhigend und belebend . . . . . . . . . . . . . . . . . . . . . . . . . . . . . . . .6
Tiere am und im Gartenteich . . . . . . . . . . . . . . . . . . . . . . . . . . . . . . . . . . . . . . . . . . . .14
Tipps zum Bau Ihres Gartenteiches . . . . . . . . . . . . . . . . . . . . . . . . . . . . . . . . . . . . . . .20
Mit Pflanzen wird der Teich erst schön . . . . . . . . . . . . . . . . . . . . . . . . . . . . . . . . . . . .24
Dauerhafte Freude am Gartenteich . . . . . . . . . . . . . . . . . . . . . . . . . . . . . . . . . . . . . . .30
Gartenteiche gekonnt bepflanzen und gestalten . . . . . . . . . . . . . . . . . . . . . . . . . . . .36

## ■ Pflanzen auswählen — 42

So finden Sie die richtigen Pflanzen . . . . . . . . . . . . . . . . . . . . . . . . . . . . . . . . . . . . . .44

- Gartenzone — 48
- Feuchtzone — 64
- Sumpfzone — 82
- Flachwasserzone — 94
- Seerosenzone — 106

## ■ Pflanzenporträts — 118

## ■ Tierporträts — 166

## Serviceteil — 182

Bewährte Pflanzkombinationen . . . . . . . . . . . . . . . . . . . . . . . . . . . . . . . . . . . . . . . . .182
Pflanzen-, Tier- und Sachregister . . . . . . . . . . . . . . . . . . . . . . . . . . . . . . . . . . . . . . . .196
Literatur, Bezugsquellen . . . . . . . . . . . . . . . . . . . . . . . . . . . . . . . . . . . . . . . . . . . . . . .202

# Gartenidylle am Wasser

Vom Kübel mit Seerose auf der Terrasse über den Sprudelstein mit Bachlauf bis zum Badeteich – es gibt eine riesige Palette von Möglichkeiten, sich Wasser in den Garten zu holen. Wasser und Pflanzen locken Tiere an, die zur Safari durch Ihren Garten einladen. Finden Sie nun Ihren Gestaltungsstil, und wählen Sie die passenden Pflanzkombinationen, um auch Ihre grüne Oase Wirklichkeit werden zu lassen.

# Wasser im Garten – beruhigend und belebend

Beruhigend, wenn wir zeitvergessen den Blick über den glatten Wasserspiegel streichen lassen – belebend, wenn der Wind Wellen erzeugt. Beruhigend der Tautropfen, der verträumt im Spinnennetz zwischen den Ufergräsern glitzert – belebend, die Libellen, die über die Wasserfläche tanzen. Beruhigend, wenn wir den Teichfrosch beim Sonnen beobachten – belebend, wenn er mit seinen Artgenossen zum Konzert anstimmt.

## Vorbild Natur

Aus den Vorbildern, die die Natur uns zeigt, lassen sich sowohl eine ansprechende Gestaltung, als auch eine passende Auswahl an Pflanzen ableiten. Dies gilt für alle Bereiche des Gartens – ganz besonders aber für den Gartenteich und sein Umfeld.

### Fließende und stehende Gewässer

In Fließgewässern finden wir ganz andere Pflanzen vor als in Seen, Tümpeln und Teichen. Durch das bewegte Wasser wird mehr Sauerstoff eingemischt. Die Pflanzen in einem Bachbett sind ständiger Zugbelastung ausgesetzt und daher oft sehr »stromlinienförmig« (› Flutender Hahnenfuß, Seite 111). Dafür bringt das bewegte Wasser permanent neue Nährstoffe an Wurzeln und Sprosse. Fließgewässerpflanzen leiden daher an Teichen mit ruhendem Wasser oft an Mangelerscheinungen.
Bei stehenden Gewässern unterscheiden wir:
→ **See:** Stillgewässer mit Tiefenzonen, die keine Blütenpflanzen mehr beherbergen,
→ **Weiher:** kleineres natürliches Stillgewässer, dessen Tiefe nicht mehr als 2 m beträgt und in dem überall Pflanzen gedeihen,
→ **Teich:** künstlich geschaffener Weiher, meist mit Zu- und Abfluss,
→ **Tümpel:** gelegentlich austrocknendes Kleingewässer, Seerosen werden Sie hier vergeblich suchen.

### Auf das Wasser kommt es an

Vor allem die Nährstoffverhältnisse können in natürlichen Gewässern ganz unterschiedlich sein. Viele Gewässer in der Kulturlandschaft sind umgeben von gedüngten landwirtschaftlichen Flächen. Überschüssige Düngesalze gelangen schließlich in die Gewässer und führen dort zu hohen Gehalten an Stickstoff, Phospor und anderen Nährstoffen. Die Folge ist eine sehr üppige Vegetation, die allerdings aus wenigen, konkurrenz-

## Wasser im Garten – beruhigend und belebend

starken Arten besteht. In weniger intensiv bewirtschafteten Gegenden finden wir nährstoffarme Gewässer mit Pflanzenarten, die langsamer wachsen und auch für den Hausgarten gut geeignet sind. Am Rand verlanden diese Gewässer allmählich, d. h., Teile der Ufervegetation sterben jeden Herbst oberirdisch ab, sinken ins Wasser und bilden Torf. Wenn die Torfschichten so mächtig geworden sind, dass sie über den Wasserspiegel reichen, sprechen wir von Mooren. Nährstoffarme Moore sind äußerst artenreich und eine wahre Fundgrube für die Bepflanzung der Randzonen kleinerer Teiche.

### Pflanzengesellschaften

An natürlichen Gewässern treten ganz verschiedene Pflanzengesellschaften auf. Welche Artenkombinationen sich jeweils einstellen, hängt von sehr vielen Faktoren ab. So spielen Feuchtigkeit bzw. Wassertiefe, Temperatur- und Lichtverhältnisse, Nährstoffe, Wasserhärte und pH-Wert sowie Wechselwirkung mit Mensch (Pflege), Tier (Schädlinge, Bestäuber) und Nachbarpflanzen (Konkurrenz, Unkräuter) eine wichtige Rolle.

→ **Unterwasserrasen** sind bis in 5 m Wassertiefe zu finden. Sie beherbergen untergetaucht lebende Pflanzen wie Laichkräuter, Hornblatt oder Wasserschlauch. Unterwasserpflanzen können frei schwimmende oder am Grund verwurzelte Arten sein.

→ **Schwimmblattgesellschaften** finden wir ab etwa 1,5 m Wassertiefe. Zu ihnen gehören z. B. Seerosen, Wasser-Knöterich und Froschbiss. Schwimmblattpflanzen können ebenfalls am Gewässergrund verwurzelt sein oder frei umherschwimmen.

→ **Röhrichte** sind Pflanzengesellschaften mit zum Teil sehr hochwüchsigen, oft grasartigen Pflanzen, die mit Ausläufern stark wuchern wie Rohrkolben oder Schilf. Sie besiedeln überstaute Bereiche. Sprossachsen und Blätter ragen über die Wasseroberfläche hinaus. Die drei Pflanzengesellschaften (Unterwasserrasen, Schwimmblattgesellschaften und Röhrichte) sind meist miteinander verzahnt.

→ **Kurzlebige Gesellschaften nasser Gräben und abgelassener Teiche** sind oft ein Übergangsstadium zu Röhrichten oder Hochstaudenfluren. Hier ist der Boden meist sehr nährstoffreich. In diesem Bereich finden sich viele horstige, rasch blühende und versamende, allerdings nur kurzlebige Arten. Typisch sind Froschlöffel, Brennender Hahnenfuß oder die meisten Binsen-Arten.

→ **Hochstaudenfluren** treten als Feuchtwiesen auf nassen, nährstoffreichen Böden auf. Hier wachsen Horststauden wie Blut-Weiderich, Mädesüß und Wasserdost.

→ **Bruchwälder** bilden meist das Endstadium der Seenverlandung. Im Schatten von Schwarz-Erlen gedeihen Gelbe Schwertlilie, Sumpf-Dotterblume oder Sumpf-Kalla.

→ **Kalk-Moore** sind nährstoffarme und von hartem Wasser gespeiste Pflanzzonen. Hier wachsen u. a. Breites Wollgras, verschiedene Kleinseggen, Lungen- und Schwalbenwurz-Enzian und Sumpf-Gladiole.

→ **Hochmoore** und **saure Moore** werden von Regenwasser oder weichem Grundwasser gespeist. Sie sind sehr sauer und nährstoffarm, beherbergen aber äußerst interessante Pflanzengesellschaften. Hier gedeihen Besonderheiten wie Fleischfressende Pflanzen und Glocken-Heide.

Die Zonierung von Pflanzengesellschaften in freier Natur lässt sich analog auf künstlich angelegte Gartenteiche übertragen (> Seite 12). Allerdings sind dort die Platzverhältnisse in der Regel wesentlich beengter.

Die Zonierung dieses Sees ist ein Vorbild für den Gartenteich. Sie sollten jedoch weniger wuchernde Alternativen einsetzen.

# GARTENIDYLLE AM WASSER

## Welcher Teich darf es sein?

Bevor Sie mit den Grabearbeiten für Ihren Gartenteich beginnen, sollten Sie sich zunächst folgende Fragen stellen:
➜ Wo wirkt eine Wasserfläche am besten in Verbindung mit der Umgebung?
➜ Wie viel Platz kann und will ich mit Wasserflächen belegen?
➜ Welchen Gestaltungsstil soll der Gartenteich verkörpern?
➜ Was erwarte ich vom Tierleben am Teich?
➜ Welche Farben sollen dominieren?
Die Antworten auf diese Fragen sind für die Vorplanungen entscheidend und Grundlage für die Auswahl der Pflanzenarten.

## Naturnah oder architektonisch?

Es gibt sehr vielfältige Möglichkeiten, wie Sie Ihren Garten mit dem Element Wasser bereichern können. Welche Richtung Sie einschlagen, hängt in erster Linie ab von Größe und Zuschnitt Ihres Gartens sowie von Ihrem persönlichen Geschmack.

➜ Bei Naturfreunden soll alles so wirken, als ob es »von selbst« entstanden wäre. Bei einer solchen **naturnahen Gestaltung** müssen Sie den Teich sehr sensibel in den umliegenden Garten einbinden. In der Landschaft liegen Wasserflächen immer am tiefsten Punkt der Umgebung. Das sollten Sie auch im Garten berücksichtigen. Die Vegetation sollte eine kontinuierliche Abfolge vom Wasser zur umgebenden Gartenzone erkennen lassen, was bei sehr trockenem Boden außerhalb der Teichdichtung schon zur Herausforderung wird (➜ Seite 12–13). Der Teichrand sollte auch nicht als »Kieselkrater« erscheinen, indem sich ein Wulst aus Steinen um die Wasserfläche zieht, die keinerlei Verbindung zum Rest des Gartens aufnimmt. Stattdessen sollte sich das Material der Teichrandgestaltung auch in den benachbarten Gartenteilen wiederfinden, etwa in Wegebelägen oder Steinanlagen. Naturnah gestaltete Teiche sind großflächig leichter zu verwirklichen als bei Platzmangel. In der Natur nachempfundenen Steinanlagen können Sie aber auch künstliche Tümpel integrieren, die kleiner als ein Quadratmeter sind. Legen Sie diese komplett mit demselben Steinmaterial aus, das auch außerhalb verwendet wurde.

➜ Eine andere Möglichkeit ist die **»architektonische« oder »formale« Gestaltung.** Mit dieser Form können Sie auf kleiner Fläche ganz unterschiedliche Pflanzenkombinationen verwirklichen, ohne dass dies nach Stilbruch aussieht. Beachten Sie auch hier den Grundsatz der Materialtreue. Kombinieren Sie nicht auf kleinstem Raum verschiedenste Gesteinsarten, Hölzer oder sonstige

Am naturnahen Teich sollte die Gartenzone scheinbar nahtlos in die Teichzonen übergehen. Das Ufer verläuft weich und geschwungen.

## Wasser im Garten – beruhigend und belebend

Baustoffe. Ein rechteckiges Wasserbecken in einer Rasenfläche oder sogar Teiche bzw. Sumpflandschaften auf Hochbeeten in Umgebung der Terrasse überzeugen durch klares, einfaches Design.
Architektonische Becken können auch kreisrund oder oval sein. Bei Verzicht auf Flachwasserbereiche ist in diesen Becken besonders auf Ausstiegshilfen für Tiere zu achten! Liebhabern von Kois oder anderen Teichfischen seien »Hochbeete« als architektonische Wasserflächen empfohlen. Fertigteiche aus glasfaserverstärktem Polyester (GFK) eignen sich hierfür sehr gut, denn sie müssen gar nicht oder nur flach in den Boden eingelassen werden. Die sichtbaren Außenseiten können Sie dann mit einem dünnwandigen Mauerwerk verblenden.
Auf der folgenden Doppelseite finden Sie Anregungen für die Wahl einer Stilrichtung für Ihren Teich. Die meisten dieser Themen lassen sich sowohl naturnah als auch architektonisch umsetzen.

### Bewegtes Wasser

Durch einen schnell oder langsam fließenden Bachlauf, Wasserfälle, Sprudelsteine oder Springbrunnen können Sie auch die bewegte Seite des nassen Elementes in den Garten bringen. Bewegtes Wasser kann sowohl eine Ergänzung zum Gartenteich als auch eine Alternative dazu sein.

→ Gärten am Hang z. B. eignen sich ideal für Steinanlagen, zwischen denen sich munter murmelndes Wasser hinunterbewegt.
→ In flachem, weitläufigem Gelände hat ein langsam fließender Wiesenbach Platz. Er bietet einen Kompromiss zwischen einem »plätschernden« Hangbach und einem ruhig daliegenden Gartenteich.
→ Springbrunnen und Sprudelsteine passen am ehesten zu architektonischen Anlagen, wo sie schon auf kleinsten Flächen große Wirkung erzielen können. Die Hersteller von Brunnen und Wasserspeiern haben sich eine ganze Menge ausgedacht: Einfaches und Kompliziertes, Edles – aber auch Kitschiges.

### Kleinst-Wasserflächen

Der Traum vom blühenden Wassergarten lässt sich selbst auf kleinstem Raum verwirklichen. Teichpflanzen lassen sich ohne größere Probleme auch in Kübel setzen (› Seite 195). Die Pflanzenauswahl richtet sich nach der Größe der Gefäße. Setzen Sie nicht zu viele Pflanzen ein, damit Sie auch noch etwas von der Wasserfläche sehen. Je kleiner das Gefäß, desto sorgfältiger sollten Sie – vor allem an heißen Tagen – auf den Wasserstand achten, nicht dass Ihre Pflanze auf einmal auf dem Trockenen stehen.
Als Mini-Teiche eignen sich wasserdichte und frostfeste Gefäße in allen Größen, Variationen und Stilrichtungen.

Formale Teiche besitzen strenge Uferlinien. Durch Verzicht auf ein flach auslaufendes Ufer kommen Sie mit wenig Platz aus.

### Lebensraum für Pflanze und Tier

Beziehen Sie in Ihre Planungen auch das Tierleben ein (› Seite 14–19), das am Wasser zu erwarten ist. Ein Steg oder ein Sitzplatz direkt am Teich bieten sich für genauere Beobachtungen der vielfältigen Tierwelt im und am Teich an. In die Nähe solcher Beobachtungsplätze sollten Sie bewusst Pflanzen setzen, die Tiere besonders anziehen, also Röhricht, an dem Libellen ihr Larvenkostüm verlassen, Seerosen, auf deren Blättern Frösche ihr Sonnenbad nehmen, oder einfach attraktiv blühende, nektarreiche Stauden, die von Schmetterlingen, Schwebfliegen und Bienen besucht werden.

# GARTENIDYLLE AM WASSER

## Verschiedene Teichstile

So unterschiedlich kann Gestaltung mit Wasseranlagen aussehen. Ab Seite 182 stellen wir Ihnen einige Gestaltungsbeispiele mit Pflanzvorschlägen vor, die auch die hier gezeigten Themen aufgreifen.

← **Weißer Garten:** Ausschließlich grünes Laub und weiße Blüten sind dem kreisrunden Teich zugeordnet. Das wirkt zurückhaltend, aber repräsentativ. Dieses Thema eignet sich gut für eine symmetrische Gestaltung vor Eingangsbereichen.

↓ **Troggarten:** Auch auf der kleinsten Terrasse findet ein Bottich mit Wasser und einer Zwerg-Seerose Platz. Zum Wuchern neigende Sumpfpflanzen wie Rohrkolben sollten Sie aber in Töpfe »einsperren«.

← **Hochmoor in der Badewanne:** Unter dem sauren Torfsubstrat sind in der Badewanne beidseitig gelochte Behälter als Wasserspeicher eingebaut. In einem Teppich aus Torfmoosen gedeihen üppig Fleischfressende Pflanzen (Rote und Gelbe Schlauchpflanze) und andere Hochmoor-Arten. Wichtig ist die Verwendung von weichem Wasser.

## Verschiedene Teichstile

*Gartenidylle am Wasser*

↓ **Naturteich:** Bei genügend Platz können der Hintergrund des naturnah geformten Teiches von üppigem Röhricht gesäumt und die Tiefenzone mit stark wachsenden Seerosen bestückt sein. Im Vordergrund ist eine niedrige Bepflanzung anzuraten, um die Sicht auf die Anlage frei zu geben.

↑ **»Japanischer« Garten:** Unter der Bogenbrücke schlängelt sich eine naturnahe Wasserfläche. Rundgeschliffene Findlinge, Ahorn, Azaleen und Formgehölze vermitteln ostasiatische Stimmung. Ein solche Gestaltung bildet die passende Kulisse zu einem Teich mit farbenprächtigen Koi-Fischen.

➜ **Bachlauf im Steingarten:** Terrassiert und eher formal gesetzte Steinquader verkleiden und sichern den steilen Hang. In kleinen Kaskaden plätschert das Wasser durch den von Kleingräsern gesäumten Bachlauf. In die Gartenzone sollten ebenfalls kleinwüchsige Stauden überleiten.

# GARTENIDYLLE AM WASSER

## Die verschiedenen Zonen

Gestaffelte Wassertiefen sorgen für Vielfalt und einen gut funktionierenden Gartenteich. Für jeden Wasserstand gibt es die passenden Pflanzen (› Seite 7). Die Schnitt-Darstellung eines Teiches mit fünf verschiedenen Zonen entspricht der Einteilung des Bundes Deutscher Staudengärtner und geht von einem terrassierten Teichprofil aus. Mit diesem Aufbau können Sie auch auf kleiner Fläche alle Pflanzzonen verwirklichen.

Auf den einzelnen Etagen können Sie Pflanzen in Körben aufstellen oder direkt in eine dünne Substratschicht pflanzen. Beachten Sie bitte, dass der für die jeweilige Art empfohlene Wasserstand ab Substratoberfläche zu kalkulieren ist! Eine durchgehende Auskleidung des Teiches mit Substrat würde eine recht flache Böschungsneigung erfordern. Bei 1 m Tiefe müsste der Teich dann mindestens 6 m breit sein!

Pflanzterrassen haben auch den Vorteil, dass im Teichgrund wuchernde Ausläufer nach außen von der Teichdichtung gebremst werden. Nach innen wachsen sie in den freien Wasserkörper hinein. Hier sind sie leicht zu erkennen und können bei Bedarf zurückgeschnitten werden.

→ **Die Gartenzone:** Der Bereich außerhalb der Teichdichtung, also das Umfeld des eigentlichen Teiches, ist die Gartenzone (› Seite 48–63). Sie steht in keiner Verbindung zum Wasser. Je nach anstehendem Boden und lokalem Klima kann die Gartenzone im Sommer sehr trocken sein. In diesem Fall

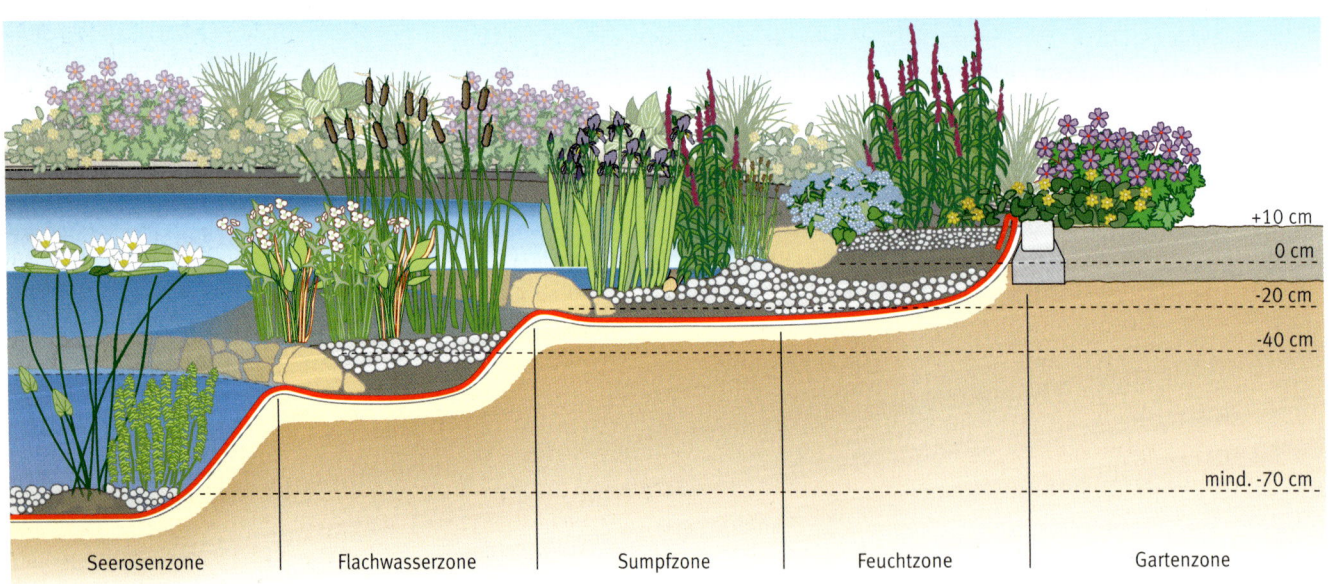

| Seerosenzone | Flachwasserzone | Sumpfzone | Feuchtzone | Gartenzone |

# Wasser im Garten – beruhigend und belebend

sollten Sie Arten auswählen, die von ihrem Aussehen her zur Teichflora passen, aber mit geringer Bodenfeuchte auskommen. Es gibt sogar einige Stauden, die sowohl auf staunassem, als auch auf trockenem Substrat gut gedeihen. Auf feuchten Böden ist die Bepflanzung der Gartenzone kein Problem. In diesem Fall können Sie leicht Arten auswählen, die sowohl inner- als auch außerhalb der Teichdichtung (› Seite 21) gedeihen. Dadurch gelingt es, den Teich scheinbar fließend in die Umgebung einzupassen.

→ **Die Feuchtzone:** Die Pflanzfläche der Feuchtzone (› Seite 64–81) liegt knapp oberhalb des Wasserspiegels, ist aber permanent staunass. Hier gedeihen Arten unterschiedlicher Feuchtwiesentypen wie das nährstoffbedürftige Mädesüß und Wasserdost oder auch Sumpf-Gladiole und Wollgräser aus nährstoffarmen Mooren.

→ **Die Sumpfzone:** Den Bereich der Wasserlinie bis 10 cm darunter bezeichnen wir als Sumpfzone (› Seite 82–93). Der Wasserstand kann hier auch periodisch schwanken. Gelbe Sumpf-Dotterblume, rote Kardinals-Lobelie oder blaues Sumpf-Vergissmeinnicht gehören zum Standardsortiment der Sumpfzone.

→ **Die Flachwasserzone:** Etwas größer wird der Sprung in die Tiefe von bis 40 cm. In der Flachwasserzone (› Seite 94–105) ist das große Sortiment der klassischen Teichpflanzen zu Hause. Hier gedeihen nicht nur Röhricht-

arten, sondern auch schon etliche Schwimmblatt- und Unterwasserpflanzen. Auf bis zu 100 cm hohen Stängeln präsentiert die Blumenbinse ihre rosa Blütendolden, und die auffälligen blauen Blütenähren des Hechtkrautes ziehen die Blicke auf sich.

→ **Die Seerosenzone:** Die Seerosenzone (› Seite 106–117) wird auch Tiefwasserzone genannt. Um Platz zu sparen, ist es günstig, diesen Bereich von 40–70 cm Wassertiefe steil abzuböschen (› Zeichnung).
Das kühle Tiefwasser dieser Zone sorgt dafür, dass sich der Teich im Sommer nicht zu stark aufwärmt. Andererseits können sich Wassertiere im Winter hierher frostgeschützt zurückziehen. Außer der namengebenden Seerose wachsen hier Sauerstoffspender wie Laichkraut, Tausendblatt und Krebsschere. Bei den Seerosen gibt es Sorten für unterschiedlichste Wassertiefen in verschiedenen Wuchsstärken (› Seite 152–153).

## Die Grenzen fließen

Es gibt kaum eine Pflanzenart, die nur in einer einzigen Zone gedeihen würde. Oft finden wir – je nach Wasserstand – auch unterschiedliche Wuchsformen bei ein und derselben Pflanze. So entwickeln etwa Pfeilkraut (› Abb.) oder Igelschlauch in tiefem Wasser nur Unterwasser- oder Schwimmblätter, in der Sumpfzone dagegen Landformen mit aufrechtem Laub.

## Mut zum Verzicht

Nicht immer müssen alle fünf Zonen im Teich ausgebildet sein. Besonders in architektonischen Anlagen ist es oft allein schon aus Platzgründen günstig, am Rand auf eine oder auch mehrere Zonen zu verzichten. Wird zum Beispiel eine ruhige und strenge Gestaltung gewünscht, kann ein rechteckiges Becken mit einheitlicher Tiefe von 70 cm und einer reinen Seerosenbepflanzung die beste Lösung sein.

Das heimische Pfeilkraut bildet sowohl aufrechtes, über dem Wasser stehendes Laub als auch Schwimmblätter aus.

Gartenidylle am Wasser

# Tiere am und im Gartenteich

Wasser, der Ursprung allen Lebens, der Lebensraum vielfältiger Kreaturen, der Ort zum Entspannen und Beobachten. Was wird sich im Laufe der Zeit am Gartenteich für ein Tierleben einstellen? Sind es nur kurzzeitige Besucher oder bleibende Gäste? Machen Sie sich auf in ein Gartenteichjahr voll interessanter und spannender Erlebnisse, und gehen Sie zusammen mit Ihren Kindern auf Entdeckungsreise.

## Ein Paradies für Tiere

Wasser ist immer Anziehungspunkt für vielerlei Tiere – in freier Natur oder im Garten. Die einen kommen nur zum Trinken und Baden, die anderen, um hier ihren Nachwuchs zur Welt zu bringen, die Dritten verbringen ihr ganzes Leben im Wasser.

### Teiche voller Leben

Wird ein neuer Teich angelegt, dann dauert es nicht lange, und schon sind die ersten Tiere da – auch wenn der Teich mitten in der Stadt in einem Reihenhausgarten angelegt wurde. Wie kann das sein?

Die im Teich lebenden Tiere gelangen auf ganz unterschiedliche Art und Weise in ihren neuen Lebensraum.

→ Zuerst wird der Teich aus der Luft besiedelt. Der Wind bringt oftmals die Eier einiger Kleinstlebewesen an. Mücken und Fliegen kommen angeflogen, um ihre Eier dem neuen Gewässer anzuvertrauen. Und Libellen finden sich schon ein, wenn der Teich noch nicht einmal eingewachsen ist.

→ Andere Tiere wie Teichmolch und Grünfrösche wandern aktiv zu – allerdings nur, wenn Sie einen möglichst naturnahen Garten haben. Versteckmöglichkeiten unter Totholz, Wurzeln und Steinhaufen und ausreichend Futter sind der beste Garant für diese Einwanderer. In einem Garten mit englischem Rasen, in Form geschnittenen Nadelgehölzen oder gefüllt blühenden und deshalb kaum Nektar enthaltenden Pflanzen werden Sie nur wenig tierisches Leben finden.

→ Wassertiere werden aber auch häufig mit dem Pflanzmaterial »eingeschleppt«. Dabei handelt es sich meistens um Schneckeneier oder Larven anderer Kleinlebewesen, die sich gerne im Substrat aufhalten.

→ Von Moderlieschen, Bitterling und Stichling werden in größeren Naturteichen gelegentlich die Eier über das Gefieder von Wasservögeln eingeschleppt.

# Tiere am und im Gartenteich

→ Manche Teichbesitzer wollen nicht warten, bis sich größere Tiere an ihrem Teich einfinden. Sie möchten gleich von Anfang an Leben im Wasser beobachten. Tiere, die sich zum Einsetzen in den Gartenteich eignen, sind Schnecken, Muscheln, Krebse, Sumpfschildkröten und Fische (> Seite 18/19).

## Teichbewohner anlocken

Damit sich möglichst viele verschiedene Tiere am und im Gartenteich einfinden, sollten Sie viele unterschiedliche Lebensräume anbieten – trockene und feuchte, sonnige und schattige, sumpfige und steinige – und für eine artenreiche Bepflanzung sorgen.
→ Sie können Ihren frisch angelegten Gartenteich mit etwas Bodengrund aus Nachbars Teich versehen und so schneller für Kleinstlebewesen – die Nahrung für größere Wassertiere – sorgen.
→ Große und kleine Steine, bizarre Wurzeln und alte Baumstämme oder Äste zieren nicht nur den Teichrand, sie bieten auch Unterschlupf und Brutmöglichkeiten für Tiere.
→ Bieten Sie für Insekten Nisthilfen an. Hängen Sie z. B. mit Heu oder Stroh gefüllte Tontöpfe auf. Oder bohren Sie in ein Stück Holz Löcher von 2–10 mm Größe, und hängen Sie das »Insektenholz« so auf, dass kein Regen in die Bohrlöcher eindringt. Auch ein Lochziegelstein bietet sich zum Nisten an, wenn die Löcher waagerecht zu liegen kommen und nicht gegen die Wetterseite weisen. Alle Nisthilfen für Insekten brauchen einen sonnigen und windgeschützten Platz.
→ Sorgen Sie in Teichnähe auch für ausreichend Überwinterungsmöglichkeiten – Laub-, Ast- und Steinhaufen oder liegen gelassenes Schnittholz – für Frösche, Kröten, Molche und Eidechsen.
→ Damit Tiere im Teich überwintern können, braucht er mindestens 80 cm Tiefe, damit sich die Tiere bei starkem Frost hierhin zurückziehen können.
→ Achten Sie darauf, dass auch Möglichkeiten zum Ausstieg aus dem Wasser vorhanden sind (> Seite 17).
Auf gar keinen Fall dürfen Sie Tiere oder Laich aus der freien Natur entnehmen und in Ihren Teich einsetzen!

## Unerwünschte Teichgäste

Leider finden sich am Gartenteich nicht immer nur erwünschte Besucher ein.
→ Damit sind nicht in erster Linie die Stechmücken gemeint, die als erste Bedenken angeführt werden, wenn es um die Anlage eines Teiches geht. Ihnen ist schnell Einhalt geboten, haben sich erst mal Rückenschwimmer und Wasserläufer eingefunden.
→ An den Seerosen machen sich die meisten Schädlinge zu schaffen. Sind Seerosenblattläuse noch mit einem kräftigen Wasserstrahl zu reduzieren, hilft beim Seerosenblattkäfer nur das Absammeln der Käfer und Larven sowie das Abschneiden befallener Blätter – im Wasser kein leichtes Unterfangen.
→ So nett es auch aussehen mag, wenn ein Entenpärchen auf dem Teich seine Kreise übers Wasser zieht. Mit wenigen Schnabelgriffen sind in frisch angelegten Teichen die noch nicht eingewurzelten Pflänzchen herausgerissen, und binnen weniger Minuten präsentiert sich uns ein Schlachtfeld. In kleinen Teichen würden viel zu viele Nährstoffe,

Seerosenblätter – ein Festschmaus für den Seerosenblattkäfer und seine Larven. Auch Eigelege und Puppen sind zu sehen.

# GARTENIDYLLE AM WASSER

besonders Phosphor, über den Entenkot in den Teich eingetragen.

→ Als ungebetener Gast sei auch noch die Bisamratte genannt, die es durch ihre Grabtätigkeit schon mal schafft, einen Teich undicht werden zu lassen.

## Was lebt im Teich?

Die Existenz sehr vieler verschiedener Tierarten am und im Teich verhindert das Überhandnehmen einer einzelnen Art, die sonst zum Schädling würde, indem sie andere verdrängt oder gar vernichtet. Artenvielfalt ist auch die Voraussetzung für eine natürliche Nahrungskette. Nur wer die einzelnen Tiergruppen und ihre Grundbedürfnisse kennt und weiß, wie und wo sie leben, kann Tiere anlocken und ansiedeln.

→ Die ersten Glieder in der Nahrungskette sind die Kleinstlebewesen im Wasser, das sogenannte **Plankton**. Hierzu gehören im Wasser schwebende, ein- oder vielzellige pflanzliche oder tierische Organismen.

→ Von diesem Plankton leben **Kleinkrebse** wie Hüpferling und Wasserfloh (› Seite 168). Die winzigen Tierchen halten sich in der Flachwasser- und Seerosenzone auf und sind mit dem bloßen Auge kaum zu erkennen. Wenn Sie an einem warmen Tag ein Glas Wasser aus dem Teich schöpfen, dann werden Ihnen die im Wasser schwebenden Wasserflöhe nicht entgehen. Von den Kleinkrebsen wiederum leben größere Wassertiere wie Schnecken oder Insektenlarven.

→ Schnecken und Muscheln gehören zu den **Weichtieren**. Schnecken (› Seite 169, 170) tauchen meist von selbst im Teich auf, denn mit den eingesetzten Wasserpflanzen werden meist auch Schneckeneier oder Jungschnecken mit eingeschleppt. Die meisten Schnecken sind sogenannte »Weidegänger«. Sie kriechen am Boden und auf den Pflanzen umher und fressen Algen, tote Tiere und pflanzlichen Abfall. Wasserschnecken im

Gerne fangen Kinder Kleintiere aus dem Teich, um sie näher zu betrachten. Sie sollten aber das Zurücksetzen ins Wasser nicht vergessen.

Gartenteich können feine Algenbeläge von der Teichfolie abweiden. Hält sich die Zahl der Schnecken in Grenzen, dann brauchen Sie auch keine Angst um Ihre Wasserpflanzen zu haben. Lediglich die Spitzschlammschnecke (› Seite 169) kann zarten Pflanzen durch ihre Fresslust gefährlich werden. Muscheln (› Seite 108, 169) kommen nicht von allein in den Gartenteich, die müssen Sie einsetzen. Sie kriechen über den Bodengrund und filtern sich aus dem aufgewirbelten Schlamm ihre Nahrung heraus – ein lebendiger Teichfilter.

→ Die **Insekten** sind die artenreichste Tierklasse überhaupt. Kein Wunder, dass sich von ihnen auch eine große Anzahl am und im Teich einfindet, um Nahrung zu suchen und sich zu vermehren.

Am auffälligsten sind wohl die wunderschönen Libellen (› Seite 84, 176, 177). Ihre Entwicklung findet im Wasser statt. Die Larven vieler Arten verbringen über ein Jahr im Wasser und werden mehrere Zentimeter lang. Mit raffinierten Fang-»Masken« erbeuten sie andere Kleintiere wie Kaulquappen oder Stechmücken- und Eintagsfliegenlarven. Libellen lieben sonnige Teiche, in und an denen eine große Pflanzenvielfalt mit reichem Blütenflor viele andere Insekten anlockt – ein wahrhaft gefundenes Fressen! Unter und auf der Wasseroberfläche tummeln sich Rückenschwimmer (› Seite 109)

# Tiere am und im Gartenteich

Eine »Schwimmende Insel« bietet nicht nur eine Ausstiegsmöglichkeit. Hier können sich die Tiere auch ungestört aufhalten.

und Wasserskorpion (> Seite 173) sowie Taumelkäfer und Wasserläufer (> Seite 172).
→ Die Insekten und ihre Larven wiederum bieten die Nahrungsgrundlage für Amphibien, Reptilien und Vögel. Je mehr Insekten sich am Gartenteich einfinden, desto reicher ist der Tisch für diese Tiere gedeckt – ein ver- und anlockendes Angebot! Die **Amphibien** (> Seite 178–180) suchen den Teich in erster Linie zur Fortpflanzung auf. Wenn die Umgebung passt, werden sich mit der Zeit auch Kröten (> Seite 96), Frösche (> Seite 66) und Molche (> Seite 51) zum Laichen an Ihrem Gartenteich einfinden. Und wenn die Tiere einmal in Ihren Teich abgelaicht haben, dann werden sie immer wieder an dieses Gewässer zurückkommen. Von den **Reptilien** geht nur die Ringelnatter (> Seite 181) ins Wasser. Eidechsen und Blindschleichen machen sich im dicht bewachsenen Ufer auf die Suche nach Insektenlarven, Würmern und Schnecken. Sie halten sich sonst aber lieber in besonnten Steinhaufen, Trockenmauern und unter Wurzeln auf. Wasser zieht zu jeder Jahreszeit **Vögel** zum Baden und Trinken an. Um das kühle Nass gefahrlos genießen zu können, sollte ein Stück Ufer flach auslaufen und freie Sicht auf mögliche Feinde bieten.

## Rettungsanker für Landratten

Es kommt immer wieder einmal vor, dass kleinere Säugetiere wie Mäuse oder Igel zum Trinken an den Teich kommen. Steile Ufer, glatte Folien oder Kunststoffbecken werden für diese Tiere zur qualvollen Todesfalle, wenn sie – aus welchem Grund auch immer – ins Wasser fallen. Sorgen Sie dafür, dass Ihr Teich eine »Ausstiegshilfe« hat.
→ Wenigstens ein Ufer sollte flach auslaufen und mit einer Sumpfzone gestaltet sein.
→ Decken Sie glatte Folie mit Böschungsmatten ab. Die Matten werden dann mit den geeigneten Pflanzen für wechselnden Wasserstand bepflanzt.
→ Oder Sie legen im Wasser eine »Schwimmende Insel« an (> Tipp), die Sie am Teichrand anbinden können.
→ Auch ein schräg ins Wasser reichendes Brett, auf das Sie zusätzlich Querleisten aufschrauben, macht den Tieren das Verlassen des Teiches möglich.

## Ungeahnte Einsichten ins Tierleben

Mit einem Schwimmteich können Sie mit den Teichbewohnern auf Tuchfühlung gehen: beim Schwimmen, beim Treiben auf der Luftmatratze oder auch vom Steg aus. Mit Kindern z. B. kann man Stunden mit dem Beobachten der Tiere über und unter Wasser zubringen – es wird nie langweilig werden. Bemerkenswert, was man sieht, wenn man den Teichgrund absucht, wie Frösche elegant durchs Wasser schwimmen oder Schnecken sogar »kopfüber« unter der Wasseroberfläche laufen können.

> **TIPP!**
> ### Die »Schwimmende Insel«
> Verwenden Sie für die Schwimmende Insel eine Trägerplatte aus Hartschaum-Styropor, in die Sie mehrere Löcher bohren. Hierdurch ziehen Sie dann Jute oder ähnliches saugfähiges Gewebe als Dochte. Es genügt, wenn Sie 3–5 cm Substrat (Torf oder Torfersatzstoff) auf der Platte verteilen. Setzen Sie dahinein kleinwüchsige Gräser wie Davall- oder Gelb-Segge. Bis die Wurzeln das Substrat fixieren, können Sie die Insel mit einem Holzrahmen umgeben, der nach 1–2 Jahren entfernt werden kann. Bei Bepflanzung mit Hochmoor-Arten sollte der Rahmen dauerhaft verbleiben.

# GARTENIDYLLE AM WASSER

## Fische im Teich?

In einem Gartenteich, der mit Fischen besetzt ist, die sich von Kleinlebewesen ernähren, werden Sie kaum mit Libellenlarven und Amphibien rechnen können. Lediglich die unangenehm schmeckenden Kaulquappen der Erdkröte werden verschmäht.

### Fische einsetzen

Wenn Sie sich für einen Besatz mit Fischen entschieden haben, dann sollten Sie vorab einiges beachten:

➜ Die Mindestgröße für einen mit Fischen besetzten Teich beträgt ca. 10 m². Wenn die Fische das ganze Jahr im Teich bleiben, dann sollte dieser eine Mindesttiefe von 80 cm haben, damit die Tiere sich bei Frost dahin zurückziehen können und nicht einfrieren.

➜ Sollte der Teich nicht tief genug sein, setzen Sie einen Eisfreihalter ein, und lassen Sie die Halme der Röhrichtzone bis ins Frühjahr stehen. Sie sind wichtig für den Gasaustausch, wenn der Teich gefroren ist. Zur Not tut es auch ein dickes Bündel langhalmiges Stroh, das in den Teich gelegt wird. Schlagen Sie auf gar keinen Fall das Eis auf, das würde die Fische einem unnötigen Stress aussetzen.

➜ Achten Sie darauf, dass Sie nicht Friedfische mit räuberisch lebenden Arten vergesellschaften. Letztere werden sich nämlich dann auf Dauer durchsetzen.

➜ Kräftig gefärbte Fische wie Goldfisch oder Goldorfe sind besser im Wasser zu sehen und zu beobachten als die eher braunen Graskarpfen oder Moderlieschen.

➜ Verzichten Sie auf gründelnde Fische wie Karpfen oder Schleie. Sie ackern den Bodengrund um, trüben das Wasser und lockern die Pflanzenwurzeln.

➜ Wenige kleine Fische in einem großen Teich müssen nicht gefüttert werden. Viele große Fische brauchen das Zufüttern. Geeignete Futtersorten in Form von Pellets oder Flocken gibt es im Zoofachhandel.

### TIPP!
**Wie viele Fische für den Teich?**

Als Faustregel für den Besatz eines Teiches mit Fischen gilt:
Ein Fisch von 10 cm Endgröße benötigt 50–60 Liter Wasser. Für größere Fische berechnen Sie die benötigte Mindestwassermenge wie folgt:

Länge des Fisches x 60 Liter x 0,4

Für einen 25 cm langen Koi sollten Sie also ein Becken von mindestens 600 Liter Inhalt bereitstellen.

Ein Überbesatz mit Fischen begünstigt – genauso wie zu viel Fütterung – dauerhaft trübes Wasser.

➜ Vor allem im Sommer benötigen die Fische ausreichend Sauerstoff. Ein deutliches Zeichen für Sauerstoffmangel ist das Luftschnappen an der Wasseroberfläche. Hier sorgen bewegtes Wasser oder ein Oxydator (❯ Seite 23) für Abhilfe.

➜ Filtersysteme (informieren Sie sich im Fachhandel) klären das Wasser zusätzlich, damit der Fischkot das Teichwasser nicht zu sehr belastet bzw. die Algenbildung fördert.

### Fische – keine Einzelgänger

Moderlieschen, Bitterling (❯ Seite 108) und Stichling sind Arten, die sich für einen größeren Naturteich eignen. Da sie mehr im Untergrund leben und eher unscheinbar gefärbt sind, werden Sie sie allerdings nur selten sehen. Der Bitterling braucht zum Wohlfühlen einen sandigen Untergrund. Der Stichling lebt versteckt und benötigt daher vegetationsreiche Flachwasserzonen. Goldorfe, Goldfisch und Koi sind Schwarmfische, die mindestens zu viert gehalten werden sollten – was dann natürlich auch eine größere Wasserfläche bedeutet. Die farbenprächtigen Kois sind leidenschaftliche Gründler, die den Teichboden ständig nach allerlei Fressbarem durchwühlen. Graskarpfen sind tüchtige Algenfresser, die sich aber auch an der übrigen Teichvegetation gütlich tun. Die Fische brauchen über 26° C Wassertemperatur, um sich zu vermehren.

## Tiere am und im Gartenteich

**Goldfisch** *Carassius auratus*
Der Goldfisch wird bis 30 cm lang. Er ist sehr genügsam, widerstandsfähig und wegen seiner auffallenden Färbung gut zu beobachten. Er ist ein Allesfresser und verträgt Wassertemperaturen bis 20 °C.

**Graskarpfen** *Ctenopharyngodon idella*
Der Graskarpfen kann bis zu 1 m lang werden. Er frisst täglich mehr Pflanzenmasse als seinem Körpergewicht entspricht. Für Teiche »normaler Größe« ist er ungeeignet, da sonst bald alle Pflanzen abgeweidet sind.

**Koi** *Cyprinus carpio*
Der Koi ist der farbenprächtigste und auffälligste Fisch für den Gartenteich. Daher ist er auch relativ teuer. Der bis zu 80 cm groß werdende Karpfenfisch ist nur für große Anlagen geeignet.

**Stichling** *Gasterosteus aculeatus*
Dieser Schwarmfisch ist 5–10 cm groß und bevorzugt Lebendfutter. Zur Balzzeit ist das Männchen leuchtend rot gefärbt und duldet nur paarungswillige Weibchen in der Nähe.

**Moderlieschen** *Leucaspidus delineatus*
Dieser 6–10 cm große, friedliche Schwarmfisch hält sich meist am Grund auf. Achtung: Das Moderlieschen vermehrt sich sehr gut und hat den Teich schnell überbevölkert.

**Goldorfe** *Leuciscus idus*
Die Goldorfe mit ihren 30–40 cm Länge ist für mittlere und größere Teiche geeignet. Sie kommt gerne an die Wasseroberfläche, um hier Insekten zu fangen.

# Tipps zum Bau Ihres Gartenteiches

Bei Planung und Bau einer größeren Teichanlage, insbesondere wenn diese auch zum Baden genutzt werden soll, ist es ratsam, einen Fachbetrieb zu beauftragen. Kleine Teiche sind aber durchaus auch im Eigenbau zu bewerkstelligen. Dieses Buch beschäftigt sich in erster Linie mit der Bepflanzung, trotzdem dürfen einige grundsätzliche Hinweise zum Anlegen eines Gartenteiches nicht fehlen.

## Der Teich im Garten

Haben Sie sich für den Bau eines Gartenteiches entschieden, dann sollten Sie sich im nächsten Schritt über seine Größe, den Standort und den gewünschten Gestaltungsstil (❯ Seite 11/12) klar werden.

### Der richtige Standort

Ein Standort mit 4–5 Stunden Sonne auf dem Teich ist ideal, da die meisten Sumpf- und Wasserpflanzen lichthungrig sind. In unserer Pflanzenauswahl finden Sie aber auch Arten für weniger sonnenverwöhnte Lagen. In reiner Südlage sollte Sie zum Beschatten hochwachsende Gräser oder Ziersträucher am Uferrand einplanen. Die Sonne fördert zwar den Pflanzenwuchs, sorgt im Hochsommer aber auch dafür, dass das Wasser relativ warm und sauerstoffarm wird – ideale Bedingungen für Algen (❯ Seite 31)! Bäume in Teichnähe sind zwar gute Schattenspender. Das im Herbst in den Teich fallende Laub verschlechtert jedoch die Wasserqualität. Wenn sich das Laub zersetzt, ändert sich der pH-Wert (❯ Seite 31), mehr aber noch der Nährstoffgehalt des Teichwassers. Hier hilft dann nur das Überspannen der Wasserfläche mit einem Laubschutznetz. Wollen Sie das Leben und Treiben im und am Wasser so oft wie möglich beobachten, dann sollte der Teich möglichst in der Nähe des am meisten benutzten Aufenthaltsplatzes im Garten liegen, z. B. an der Terrasse oder an Ihrem Lieblingssitzplatz.

### Die passende Größe

Die Größe des Teiches ist nicht nur eine Platzfrage. Es besteht auch ein Zusammenhang zwischen Teichgröße und den Lebensabläufen im Teich. Im Teich sollte ein ausgeglichenes Verhältnis zwischen Nährstoffverbrauchern (lebende Pflanzen und Tiere) und Nährstofflieferanten (abgestorbene Pflanzen und Tiere) herrschen. Man spricht hier vom

# Tipps zum Bau Ihres Gartenteiches

biologischen Gleichgewicht. Fallen mehr Nährstoffe an, als verbraucht werden, verschlechtert sich die Wasserqualität. Je kleiner der Teich, umso stärker sollten Sie darauf achten, dass möglichst wenig abgestorbene Pflanzenteile und andere Nährstoffquellen ins Wasser sinken. Eine gewisse Wasserbewegung durch Bachläufe, Sprudler u. a. unterstützt die biologischen Abbauprozesse.

→ In der **Garten- und Feuchtzone** ist es am einfachsten möglich, eine bunte Pflanzenvielfalt auf engem Raum zu kombinieren.

→ Schwieriger wird es schon mit **Sumpf- und Flachwasserzone**. Diese beiden Zonen sollten jeweils wenigstens 40 cm breit sein, wenn Sie die üblichen, mehr oder weniger wüchsigen Pflanzen einsetzen.

→ Am schwierigsten ist die **Seerosenzone**. Jede einzelne Pflanze benötigt ausreichend Platz, um sich gut entwickeln zu können. Wir empfehlen, über die Angaben in den Pflanzenporträts hinaus, etwa doppelt so viel Wasserfläche einzukalkulieren, da Sie ja auch noch freie Wasserfläche sehen möchten. Um es konkreter zu machen: Bei unter 3 m² Platz sollten Sie entweder ganz auf Seerosen verzichten und dafür eine reich bepflanzte Uferzone gestalten, oder Sie wählen architektonische Becken aus, die nur aus einer dann entsprechend größeren Seerosenzone bestehen. Planen Sie auch genügend Platz für sich selbst und Ihren Lieblings-Lehnstuhl, die Hängematte oder auch nur einen zum Sitzen und Verweilen geeigneten Holzsteg ein.

## Die Kunst des Dichtens

Viele Wege führen ans Ziel – diese Weisheit kann auch die Qual der Wahl bedeuten. Für den »Hausgebrauch« jedoch liegen Sie mit einem Folienteich oder einem Fertigbecken auf der »sicheren Seite«. Beide Varianten können Sie auch gut selbst einbauen.

## Tipps zum Folienteich

Folienteiche bieten Ihnen die Möglichkeit einer ganz individuellen Formgebung. Es gibt im Fachhandel aber auch fertig vorkonfektionierte Folie, die Sie nicht mehr schneiden oder verschweißen müssen.

Unterschätzen Sie nicht das Gewicht der Folie! »Verpflichten« Sie zum Auslegen am besten einige Helfer mit durchtrainierten Muskeln!

→ Wählen Sie nur beste Markenware. Die Folie sollte mindestens 15 Jahre Garantie haben, UV-stabil, hitze- und frostbeständig, verrottungsfest und umweltfreundlich sowie TÜV-geprüft sein.

→ Profilieren Sie die Baugrube entsprechend der Abbildung auf Seite 12 in die verschiedenen Tiefenzonen. Die Tiefe der einzelnen Terrassen setzt sich aus drei »Schichten« zusammen:
1. Schicht: 5 cm für Sand und Schutzvlies unter der Folie,
2. Schicht: 10–15 cm für Substrat über der Folie bzw. Höhe der vorgesehenen Pflanzgefäße,
3. Schicht: Wasserstand der jeweiligen Zone.

→ Und so bestimmen Sie Länge und Breite von Folie und Schutzvlies: Legen Sie an der jeweils längsten und breitesten Stelle der Teichgrube ein Bandmaß bodenbündig entlang des Profils durch den Teich, so dass es überall Kontakt mit der Oberfläche hat. Addieren Sie zu den Messwerten jeweils 100 cm für die spätere Randausbildung.

→ Entfernen Sie Steine, starke Wurzeln oder andere Gegenstände, die die Folie gefährden könnten. Um die Folie vor Beschädigungen von unten zu schützen, schütten Sie zunächst eine 5 cm dicke Sandschicht auf und legen darüber ein Schutzvlies.

→ Ziehen Sie die Folie nun mit der glatten Seite nach unten in die Grube. Achten Sie

# GARTENIDYLLE AM WASSER

darauf, dass das untergelegte Schutzvlies nicht verrutscht.

→ Die Folie sollte allseitig mindestens 40 cm über den Teichrand hinausreichen.

→ Füllen Sie nun Tiefenzone für Tiefenzone zunächst mit Substrat und Kiesabdeckung, dann mit Wasser, damit sich die Folie bündig an den Rand legt.

→ Beim Einbau des Substrats der Feuchtzone schneiden Sie das Schutzvlies bündig und die Folie auf 30 cm Überstand ab.

→ Die Folie wird nach innen eingeschlagen und durch das Substrat fixiert. Der umgeschlagene Teil muss auf jeden Fall etwas über den Boden herausstehen (› Abb. Seite 12).

## Das A und O: die Kapillarsperre

Egal, wie Sie den Teichrand gestalten wollen, wichtig ist, die Folie am Rand so zu verlegen, dass das Folienende ein kleines Stück über die Bodenfläche hinausragt. Nur so verhindern Sie, dass der angrenzende Gartenboden dem Teich Wasser entzieht. Diesen als »Kapillarsperre« bezeichneten Saum können Sie durch grobe, nicht saugfähige Steine, einen um den Teich gezogenen Plattenbelag oder eine geschickte Bepflanzung kaschieren. Damit Sie später an den Rand des Teiches treten können, ohne die Folie nach unten zu drücken, sollte das Ufer stabil fixiert sein. Um dies zu erreichen (› Abb. Seite 12), graben Sie entlang des Ufers nach außen noch mal eine

Das erhöht eingebaute GFK-Becken ist Teil eines Bachlaufs. Es sitzt auf einer Folienbahn, die das überlaufende Wasser aufnimmt.

ca. 15 cm breite und tiefe Stufe und setzen dort Pflaster- oder Kantensteine auf Magerbeton (1 Teil Zement, 4 Teile Sand) ein.

## Tipps zum Fertigteich

Der Einbau eines Fertigteichbeckens ist etwas einfacher als das Anlegen eines Folienteiches. Achten Sie darauf, dass das Becken genügend große Tiefenzonen zum Bepflanzen hat. Wählen Sie keine Becken aus, bei denen die Pflanzzonen weniger als 40 cm breit sind, es sei denn, diese sind vertieft ausgeformt, so dass Sie direkt Substrat einfüllen können.

→ Die Baugrube für den Fertigteich sollte 5–10 cm tiefer sein als das Becken, damit Sie eine entsprechend starke Ausgleichsschicht aus Sand einfüllen können.

→ Kontrollieren Sie nach dem Einsetzen des Beckens, ob der Beckenrand wirklich horizontal verläuft, und füllen Sie dann das Bodensubstrat ein. Nun können Sie hier pflanzen und die untere Etage mit Wasser füllen.

→ Füllen Sie den Spalt zwischen Becken und anstehendem Boden mit Sand aus, den Sie mit dem Gartenschlauch vorsichtig einspülen. Der Wasserstand außerhalb des Beckens darf nie höher steigen als im Becken, da dieses sonst aufschwimmt!

→ Arbeiten Sie sich nun Zone für Zone nach oben: Substrat einfüllen, pflanzen, den Wasserstand entsprechend anheben, außerhalb des Beckens Sand einspülen.

→ Um auf ebenen Terrassen 5–10 cm Substrat einfüllen zu können, füllen Sie Teichsäcke (im Fachhandel unter dieser Bezeichnung erhältlich) mit Kies und legen diese entlang der Kanten aus. Wenn Sie stattdessen schmale Steine verwenden, legen Sie die jeweilige Etage mit einem dünnen verrottungsfesten Vlies aus (z. B. Winterschutzvlies 90 g/m$^2$), das doppelt so breit ist wie die Terrasse und zunächst mit einer Hälfte in die nächst tiefere Ebene hängt. Am Rand entlang setzen Sie nun die Steine und schlagen das überstehende Vlies über diese zurück. Das auf das Vlies gefüllte Pflanzsubstrat sichert die Abkantung der Terrassen zuverlässig.

# Tipps zum Bau Ihes Gartenteiches

## Der Überlauf
Nach langen Regenfällen kann das Ufer überflutet werden. Dabei können Nährstoffe (v. a. Phosphor) aus dem Gartenboden in den Teich gelangen. Sie können dies verhindern, wenn Sie einen Überlauf einplanen.

➜ Am einfachsten ist es, das Ufer an einer Stelle geringfügig tiefer zu legen und eine mit Kies gefüllte Folienrinne daran anzuschließen. Legen Sie die Rinne so an, dass sie ein vom Teich wegführendes Gefälle besitzt und an einer Stelle im Garten endet, an der das Wasser schadlos versickern kann.

➜ Eine andere Möglichkeit bietet eine Sickergrube an der tiefsten Stelle entlang des Teichrandes. Die Grube sollte mindestens 50 cm tief, 50 cm breit und 1 m lang sein. Sie wird mit Kies (Körnung 8–16 mm) gefüllt.

### TIPP!
**Vorsicht beim Umgang mit Strom**

Lassen Sie sich beim Kauf elektrischer Geräte wie Pumpen und Filter unbedingt im Fachhandel beraten. Kaufen Sie nur Geräte, die das GS-Zeichen für geprüfte Sicherheit tragen! Lassen Sie elektrische Installationsarbeiten nur vom Fachmann ausführen! Ziehen Sie unbedingt den Netzstecker, bevor Sie ein elektrisches Gerät aus dem Wasser nehmen!

## Wasser in Bewegung
Bewegtes Wasser (❯ Seite 194) führt zu besserer Filterung und Reinigung. Zudem werden Nährstoffe schneller abgebaut. In kleineren Teichen lässt sich mit Solarpumpen auf energiesparende Weise schon eine leichte Durchströmung bewirken. Wenn Sie genügend Platz haben, können Sie auch einen Bachlauf an den Teich anschließen.

➜ Legen Sie das Bachbett deutlich breiter mit Folie aus, als für den eigentlichen Wasserlauf vorgesehen ist, damit Sie Platz für die Ufergestaltung mit Kies und Steinen haben.

➜ Das Wasser sollte sich abschnittsweise in »Kolken« aufstauen und stufenweise von Kolk zu Kolk springen. Dadurch erhalten Sie das gewünschte Plätschern und haben auch bei sehr niedriger Durchflussrate einen ständigen Mindestwasserstand im Bachbett.

➜ Eine einfache Unterwasserpumpe im Teich sorgt für die notwendige Wasserzirkulation. Die Pumpen-Druckleitung sollte mindestens 2 Zoll stark sein.

## Nützliche Technik
Zwei Dinge sind für eine gute Wasserqualität ausschlaggebend: ausreichend Sauerstoff und geringer Nährstoffeintrag. In größeren Teichen ohne Fischbesatz reguliert sich beides meist von allein. Kleine Teiche dagegen benötigen etwas Technik, um das biologische Gleichgewicht zu erhalten.

Die Terrassierung des Bachlaufes sorgt schon bei geringer Fließgeschwindigkeit für einen ausreichenden Wasserstand.

➜ Der **Oxydator** ist ein Gerät zur Sauerstoffanreicherung, das ohne Strom funktioniert. In einem Gefäß mit Wasserstoffperoxid und destilliertem Wasser wird über einen Katalysator Sauerstoff abspaltet. Das Gefäß wird einfach in den Teich gestellt. Ist der Oxydator leer, dann schwimmt er nach oben.

➜ Zur Verringerung der Abfallstoffe im Wasser gibt es spezielle **Filter**, die grobe Schmutzpartikel im Filtermaterial (Granulat, Bürsten oder Schwämme) festhalten. Das Filtermaterial muss regelmäßig gereinigt werden. Informieren Sie sich im Fachhandel über die verschiedenen Filtersysteme.

➜ **Pumpen** benötigen Sie für den Betrieb von Filter, Wasserspielen oder einem Bachlauf. Das Angebot an Pumpen ist groß. Geben Sie beim Kauf unbedingt Teichgröße und Verwendungszweck an.

# Mit Pflanzen wird der Teich erst schön

Das Schönste kommt zuletzt – das gilt auch für den Bau Ihres Gartenteiches! Die Folie ist verlegt, die Tiefenzonen ausgeformt. Nun wird alles für das hergerichtet, was einen Gartenteich so schön und erlebnisreich macht: die Bepflanzung! Damit die Freude beim Pflanzen der verschiedenen Stauden und Gehölze auch von Dauer ist, sollten Sie einige fachliche Ratschläge beachten.

## Pflanzenvielfalt am Teich

Pflanzen sind das wichtigste Gestaltungselement im Garten. Auch der Teich und sein Umfeld werden durch die Vegetation geprägt. Die Pflanzenauswahl hängt in erster Linie von Ihrem eigenen Geschmack ab und von der Stilrichtung, die Sie Ihrem Garten geben wollen. Achten Sie jedoch unbedingt auf die vorherrschenden Standortverhältnisse. Sie können diese zwar noch etwas beeinflussen, vermeiden aber durch Auswahl der passenden Art für die jeweilige Zone einen unnötig hohen Pflegeaufwand oder sogar ein Absterben der Pflanze.

## Teichpflanzen – woher?

→ Pflanzen für Ihren Gartenteich beziehen Sie am besten in einer Staudengärtnerei, im gut sortierten Gartencenter oder in speziellen Wasserpflanzengärtnereien (> Bezugsquellen Seite 202). Besorgen Sie sich auf keinen Fall die Pflanzen aus der Natur.

→ Die Pflanzen sollten mit Namen und Pflegehinweisen etikettiert, gesund und unbeschädigt sein. Gesunde Pflanzen erkennen Sie an sattgrünen Blättern und gut entwickelten Trieben. Sehen Sie sich auch die Wurzeln, Knollen und Rhizome im Pflanztopf (Container) genau an bzw. lassen Sie sich diese zeigen. Von Seerosen werden auch ungetopfte Rhizomstücke angeboten. Wählen Sie nur solche Stücke aus, die weder Faul- noch Schimmelstellen zeigen. Außerdem sollten die Rhizome (das gilt auch für Wurzeln und Knollen) durch und durch fest sein. Stauden, die im Frühjahr noch nicht ausgetrieben haben, sollten einen gut durchwurzelten Substratballen haben.

→ Kommen Sie nach dem Kauf nicht sofort zum Einsetzen, sollten Sie die Pflanzen schattig unterbringen und gut wässern. Stellen Sie Sumpfpflanzen mit den Wurzeln ins Wasser. In durchsichtige Plastiktüten oder -dosen abgepackte Unterwasserpflanzen nehmen Sie aus den Behältern und tauchen sie in einem

# Mit Pflanzen wird der Teich erst schön

mit Wasser gefüllten Eimer unter. Seerosen lagern Sie mit dem Topf unter Wasser.

## Teichpflanzen – wie viel?
Wie viele Pflanzen Sie von der jeweiligen Art einsetzen, richtet sich nach deren Funktion in der Pflanzung (> Seite 36–37) und ihrem Ausbreitungsverhalten. Viele Pflanzen sehen im Frühjahr meist noch recht spärlich aus. Lassen Sie sich dadurch nicht zum Kauf von zu vielen Pflanzen verleiten. Etliche Arten entwickeln sich relativ schnell zu prachtvollen Exemplaren, die viel Platz beanspruchen. Über einen Meter hoch werdende Stauden sollten – zwischen niedrigere Partner gestellt – mindestens den ihrer Höhe entsprechenden Abstand zueinander erhalten, wenn sie langfristig noch als Einzelpflanzen wirken sollen. Wollen Sie eine Gruppe formen, können Sie bis zu fünf Pflanzen pro Quadratmeter verwenden. In gemischten Pflanzungen können Sie von folgender Anzahl ausgehen:
→ wüchsige Röhrichtpflanzen: 2–4 Pflanzen pro Quadratmeter
→ wüchsige, aber nicht wuchernde Arten: 4–8 Pflanzen pro Quadratmeter
→ schwachwüchsige Arten der Moore: 10–15 Pflanzen pro Quadratmeter

Als Pflanzgefäße kommen ausreichend große Kunststoffkörbe und Taschen aus Vlies und Kokosgewebe in Frage.

→ Hinzu kommen Arten mit minimalem Platzbedarf, die meist nur begrenzte Zeit zu sehen sind wie Zwiebelpflanzen (> Seite 184). Sie sollten sie am besten in Tuffs zu je 3–5 Stück zusätzlich einsetzen.
→ Die Seerosenzone sollte grundsätzlich sehr sparsam bepflanzt werden. Beachten Sie, dass es bei den Seerosen auch stark und weniger stark wüchsige Sorten gibt.
→ Unterwasserpflanzen sollten Sie am besten in mehreren Arten, aber in jeweils kleinen Stückzahlen einsetzen.

Verfahren Sie bei der Erstbepflanzung Ihres Teiches am besten nach dem Motto »Weniger ist mehr«. Falls sich später noch Lücken zeigen sollten, können Sie immer noch nachpflanzen. Das ist besser und billiger, als zu viel eingesetzte Pflanzen wieder auszureißen.

## Wann pflanzen?
In der Gartenzone gilt die übliche Pflanzzeit im Frühjahr und Herbst. Hier wachsen Containerpflanzen bei regelmäßigem Gießen im ersten Jahr auch im Sommer gut ein.
Im staunassen Bereich und unter Wasser dagegen sind die Monate Mai und Juni der beste Zeitraum – dies gilt besonders für Seerosen. Auch Teilstücke ohne Topfballen wurzeln in dieser Zeit meist problemlos an. Bis August werden die meisten Containerpflanzen mit guten Wurzelballen auch noch einwachsen können, dann aber erst im Fol-

# GARTENIDYLLE AM WASSER

gejahr größere Zuwachsraten erkennen lassen. Spätpflanzungen werden im Winter durch die Ausdehnung des Wassers bei Frost leicht aus dem Substrat gehoben, was zu Schäden führen kann. Achten Sie im Frühjahr auf freiliegende Wurzelballen. Drücken Sie diese wieder gut ins Substrat ein.

## Geeignete Pflanzsubstrate

Während in der Gartenzone bereits ein Substrat in Form des vorhandenen Bodens existiert, müssen Sie dies innerhalb des Teiches erst einbringen. Oberstes Gebot ist das Vermeiden eines Überangebots an Nährstoffen.

→ In die **Seerosenzone** füllen Sie am besten nur eine 10 cm starke Schicht aus kalkarmem Kies der Körnung 2–16 mm ein. An den Stellen, die mit Seerosen bepflanzt werden sollen, ist es günstig, einen flachen Hügel aus Gartenerde unter dem Kies aufzubringen (› Abb. Seite 12). Diese Erde sollte wenig Nährstoffe und keine organische Substanz enthalten. Dafür eignen sich z. B. die unteren Bodenschichten Ihres Gartens. Die im Handel angebotenen ungedüngten Teicherden können Sie verwenden, wenn sie wenig Torf oder andere organische Substanz enthalten.

→ Die **Flachwasser-** und **Sumpfzone** können Sie komplett mit einer 5–10 cm starken Schicht aus nährstoffarmem Substrat befüllen und mit 5 cm Kies (Körnung 2–16 mm) überdecken. Sichern Sie am Rand der jeweiligen Zone das Substrat mit Teichsäcken oder Steinen vor dem Abrutschen.

→ Da die **Feuchtzone** nicht von oben mit Wasser überspült wird, ist hier eine stärkere Verarmung an Nährstoffen zu erwarten als in den tiefer gelegenen Zonen. Legen Sie deshalb im unteren Bereich eine Schüttung aus grobem Kies an, in der ein Wasseraustausch besser möglich ist als in dichterem Substrat. Darüber erst zieht sich eine 10–15 cm dicke Substratschicht, die wiederum von 5–10 cm kalkarmem Kies (Körnung 2–8 mm) abge-

Platzieren Sie die Seerose im Korb nicht mittig, sondern so in eine Ecke, dass der stärkste Kriechspross nach innen zeigt.

deckt wird. In dem oberflächennahen Bereich sollten Sie eine handelsübliche »Teicherde« einsetzen. Als Sicherung zur Sumpfzone eignen sich Steine oder auch dicke Äste.

## Direkt oder in Gefäße pflanzen?

Ob Sie Ihre Teichpflanzen direkt ins Substrat setzen oder in Gefäße pflanzen, hängt zum einen vom Stil Ihres Teiches, zum andern von seiner Größe ab. In rein architektonischen Teichen ist oft die gesamte Bepflanzung in Pflanzgefäßen verteilt. Bei diesen Anlagen wird in erster Linie auf eine ansprechende Raumverteilung der einzelnen Gewächse geachtet (› Seite 38). Zudem soll das Verhältnis von freier Wasserfläche zu Bepflanzung langfristig möglichst konstant bleiben. Das ist mit einer Bepflanzung in Gefäßen gegeben. Besonders die Ausläufer treibenden Arten wirken immer am natürlichsten, wenn sie direkt in das Substrat der jeweiligen Zone, eingesetzt werden. Es gibt verschiedene Gründe in Gefäße zu pflanzen:

→ Die Verwendung von Pflanzgefäßen bietet variable Gestaltungsmöglichkeiten. Durch »Aufbocken« von Gefäßen auf Steine können Sie die Tiefe nach Bedarf einstellen. Sie können auch die Pflanzenverteilung jederzeit nachjustieren. Dies ist besonders in kleinen architektonischen Becken günstig, wo das weniger natürliche Erscheinungsbild der eingesperrten Pflanzen nicht stört.

# Mit Pflanzen wird der Teich erst schön

→ Seerosen verbreiten sich mehr oder weniger stark und sind zudem nährstoffbedürftig. Bei kleineren Wasserflächen ist es besser, sie in einen größeren Pflanzkorb zu setzen, der ihren Ausbreitungsdrang etwas einschränkt, der sich gezielt düngen lässt und mit dem Sie die Pflanze auch gut aus dem Teich nehmen können (> Abb. rechts).

## Geeignete Pflanzgefäße

→ Als Pflanzgefäße eignen sich Gitterkörbe in den verschiedensten Größen und Formen, Betonringe und Böschungsmatten mit eingebauten Pflanztaschen (> Abb. Seite 25).

→ Gitterkörbe können Sie mit Hilfe von Seilen, Bügeln oder Haken leicht in den Teich setzen und auch wieder herausheben. Legen Sie die Körbe vor dem Bepflanzen mit einem Gewebe aus Jute oder Kokosfaser aus, damit das Substrat nicht durch die Maschen rieselt.

→ Feste Behälter sollten zumindest am Boden gelocht sein, um den Wasseraustausch etwas zu verbessern. Dazu ist auch eine 10 cm starke Packung aus grobem Kies (Körnung 8–16 oder 16–32 mm) als unterste Schicht sinnvoll. Darüber füllen Sie dann das entsprechende Substrat ein.

→ Körbe oder Pflanztaschen aus Kokosgewebe sind bei nicht wuchernden Pflanzen günstiger als Kunststoffgefäße, da hier die Wurzeln ins freie Wasser wachsen und so der Nährstoffverarmung entfliehen können.

→ Zum Bepflanzen steilerer Ufer eignen sich Böschungsmatten mit eingebauten Pflanztaschen. Füllen Sie die Taschen zur Hälfte mit feinem Kies, setzen dahinein die Pflanzen und schließen die Tasche mit Bindedraht, damit die Pflanze vor dem Einwurzeln nicht davongeschwemmt werden kann.

## Wie pflanzen?

→ Wasserpflanzen, die nicht im Boden wurzeln, legen Sie einfach ins Wasser. Sie richten sich von allein aus. Wurzelnde Unterwasserpflanzen fixieren Sie an einer geeigneten Stelle im Teich zwischen Kies oder Steinen.

→ Im Boden wurzelnde Schwimmblatt- und Sumpfpflanzen können Sie direkt in den Bodengrund, aber auch in Körbe pflanzen.

→ Bei der Anzucht in der Gärtnerei sind die Stauden und Gehölze in ihren Kulturtöpfen mehr oder weniger starkem Zuflug von Samen aus der Umgebung ausgesetzt. Die meisten Pflegeprobleme im Garten entstehen nach einer Neuanlage durch aus den Topfballen herauswachsendes Unkraut. Deshalb sollten Sie nach dem Austopfen immer die obersten 2–3 cm Substrat entfernen, auch wenn Sie noch keinen Fremdbewuchs erkennen können. Die Agenten aus der Unkrautszene sind sehr gerissen und machen sich oft genug als Samenkorn oder winziges Sprossstückchen unkenntlich. Setzen Sie die Pflanzen so tief ein, dass das Teichsubstrat die entfernte Topferde ersetzt. Füllen Sie darüber noch etwa 2 cm Kies, damit das Substrat nicht abgeschwemmt wird.

→ In der Feuchtzone setzen Sie Pflanzen der sauren Moore nur knapp unter die Oberfläche des Torfsubstrates und verzichten auf die Kiesabdeckung.

→ Bei Seerosen wird der dicke Kriechspross in Kies eingebettet. Am einfachsten ist es, beim Befüllen eines Teiches gleich in den Bodengrund zu pflanzen. Sie können aber auch die Seerose in einen Pflanzkorb setzen.

Der Korb kann die Seerose nicht an der Ausbreitung ihrer Kriechsprosse hindern, wohl aber regelmäßige Kontrolle mit Spaten und Messer.

# GARTENIDYLLE AM WASSER

## Wucherer

Unter den Teichpflanzen gibt es ein paar ganz radikale Arten, denen Sie entweder nur als Besitzer eines großen Landschaftsparks oder aber in einem sehr festen Pflanzbehälter eingesperrt Zutritt zu Ihrem Teich gewähren sollten. Das sicherste aber ist, solche Pflanzen grundsätzlich zu meiden. Was Vegetationskundler treffend als »Guerilla-Strategen« bezeichnen, ist dabei an Hinterlist kaum zu überbieten. In den ersten 2–3 Jahren treten diese Wucherer oberirdisch gar nicht übermäßig in Erscheinung – legen dafür aber in aller Heimlichkeit unterirdische Ausläufer (so genannte Rhizome) an. Eines Frühjahrs schießen sie dann mit ungeahnter Wucht oft über sämtliche Teichzonen hinweg drauf los, um die sonstige Vegetation unter ihre Kontrolle zu bringen. Den acht auf dieser Doppelseite vorgestellten Arten haben wir ganz bewusst keinen Platz bei der Pflanzenauswahl eingeräumt. Vorsicht bitte auch bei folgenden Kandidaten, die zwar in die Pflanzenauswahl aufgenommen wurden, die aber auch gut in Zaum gehalten werden müssen:

Kalmus ❯ Seite 120
Kleiner Rohrkolben ❯ Seite 164
Langes Zyperngras ❯ Seite 132
Schmales Wollgras ❯ Seite 134
Schneidried ❯ Seite 131
Seekanne ❯ Seite 154
Shuttleworth's Rohrkolben ❯ Seite 164
Sumpf-Farn ❯ Seite 132
Gelbe Teichrose ❯ Seite 151
Gestreifte Teichsimse ❯ Seite 162
Wasser-Knöterich ❯ Seite 156
Zungen-Hahnenfuß ❯ Seite 160

Wucherer können Sie nur in Grenzen halten, wenn Sie sie in stabile Gefäße pflanzen, und auch dann müssen Sie sie alle 2–3 Jahre teilen und kleinere Teilstücke neu einsetzen.

## Gefahr für die Teichfolie?

Durch Pflanzenwachstum zerstörte Folien sind ein Schreckgespenst für alle Teichbesitzer. Es ist aber mehr eine Frage der sauberen Bauausführung als der Pflanzenauswahl, ob die Folie von Ausläufern durchstoßen wird. Klaffende Überstände an Schweißnähten bieten Angriffsflächen für Rhizome und Wurzeln, die in die entstandenen Taschen hineinwachsen, dort nicht ausweichen und schließlich Löcher verursachen können. Wirklich gefährlich auch bei gut verlegten Dichtungen ist vor allem das heimische Schilf. Freunden ostasiatischer Gärten droht Gefahr von der anderen Seite: Ausläufer treibender Bambus, vor allem *Phyllostachys*-Arten, gehen mit großer Brutalität gegen alles vor, was ihren Rhizomen in die Quere kommt. Hier empfiehlt sich der Einbau einer Sperre: einer 70 cm breiten und 2 mm dicken PEHD-Folie, die um den Wurzelraum eingebaut wird.

**Sumpf-Segge** *Carex acutiformis*
Feucht- und Sumpfzone; entwickelt am Teichufer ganz rasch dichte immergrüne Bestände, die mit 80–120 cm Höhe alle anderen Pflanzen überrollen; ähnlich *Carex acuta* (sommergrün), *C. riparia* (immergrün)

**Schilf** *Phragmites australis*
Feucht- bis Flachwasserzone; mit über 2 m Höhe die mächtigste Röhrichtpflanze, die große Seen zum Verlanden bringen kann; ideal nur für Pflanzenkläranlagen

## Mit Pflanzen wird der Teich erst schön

**Sumpf-Simse** *Eleocharis palustris*
Sumpf- und Flachwasserzone; wird nur 30–60 cm hoch, ist als alleiniger Bewuchs auf mehreren Quadratmetern aber wenig attraktiv, denn Partnerpflanzen werden kaum geduldet und beiseitegedrängt

**Wasserpest** *Elodea canadensis*
Flachwasser- und Seerosenzone; die dichten Unterwasserrasen können selbst Seerosen unterdrücken; kontrollieren Sie neu erworbene Wasserpflanzen unbedingt auf eventuell anhaftende Wasserpest-Teile

**Schachtelhalm** *Equisetum hyemale*
Feucht- bis Flachwasserzone; immergrüne über 1 m hohe Halme; im frei stehenden Sumpfkübel ein Hingucker; vom Teich selbst ebenso zu verbannen wie alle anderen *Equisetum*-Arten (z. B. *Equisetum variegatum*)

**Laichkraut** *Potamogeton natans*
Flachwasser- und Seerosenzone; es gibt attraktivere Schwimmblattpflanzen, das Schwimmende Laichkraut überzieht große Wasserflächen; auch Landformen im Sumpf

**Igelkolben** *Sparganium erectum*
Sumpf- und Flachwasserzone; bis 1,5 m hohe, dichtwüchsige Röhrichtpflanze mit sternchenförmigen Früchten; wächst rasant und verdrängend; etwas kleiner ist *S. emersum*

**Großer Rohrkolben** *Typha angustifolia*
Sumpf- und Flachwasserzone; die über 2 m hohen kolbentragenden Triebe wachsen bald aus allen Teichzonen; *T. latifolia* wuchert ähnlich stark; *T. laxmannii* kaum weniger

# Dauerhafte Freude am Gartenteich

Mit dem richtigen Anlegen und einer ausgewogenen Bepflanzung sind die besten Voraussetzungen für einen pflegeleichten Teich gegeben. Ob sich Pflanzen und Tiere auf die Dauer in Ihrem Gartenteich wohl fühlen, hängt ganz erheblich von der Wasserqualität ab – und darauf sollte bei der Pflege Ihr Hauptaugenmerk liegen. Ansonsten sind übers Jahr gesehen relativ wenig Pflegemaßnahmen notwendig.

## Etwas Wasserchemie

Wie in jedem Biotop sind auch im Gartenteich Wachstum und Veränderung zu beobachten. Diese Dynamik ist erwünscht. Doch ohne lenkende Eingriffe wird bald ein Ungleichgewicht in der Bepflanzung entstehen: Einzelne Arten verdrängen andere, unerwünschte Gäste nisten sich ein, und im Wasser kann es zu Algenproblemen kommen. Um die richtigen Pflegemaßnahmen zu treffen, sollten Sie das Wuchsverhalten Ihrer Pflanzen einschätzen können, aber auch einige Grundlagen der Wasserchemie und Teichtechnik beherzigen.

Kristallklares Wasser muss nicht immer auch gesund sein, trübes Wasser nicht ungesund. Im Teich spielen drei Werte eine tragende Rolle bei der Bestimmung der Wasserqualität: die Wasserhärte, der Säuregehalt (pH-Wert) und der Nährstoffgehalt. Alle drei Werte können mit im Fachhandel erhältlichen Reagenzien gemessen werden.

## Weich oder hart

Die Wasserhärte ist das Maß für die Menge im Wasser gelöster Kalzium- und Magnesiumsalze. Zum »Hausgebrauch« reicht es aus, mit der Gesamthärte zu arbeiten, wenn Sie die Verhältnisse in Ihrem Teich herausfinden möchten. Die Gesamthärte des Wassers wird in Grad deutscher Härte (° dH) angegeben. Es gilt folgende Einteilung:

**weiches Wasser:** weniger als 8,4 °dH
**mittelhartes Wasser:** 8,4 bis 14 °dH
**hartes Wasser:** mehr als 14 °dH

Bei einer Wasserhärte von 7–15 °dH gedeihen die meisten Wasserpflanzen und Fische am besten. Wirklich auf hartes Wasser angewiesen ist der Kleine Rohrkolben, in weichem Wasser bildet er kaum Früchte aus. Auch Breites Wollgras, Kopfbinsen und Schneidried fühlen sich bei hartem Wasser wohler, gedeihen aber auch noch in weicherer Umgebung. Andererseits aber sind einige

# Dauerhafte Freude am Gartenteich

Unterwasserpflanzen in hartem Wasser gar nicht lebensfähig, wie z. B. die Wasserfeder, eine der attraktivsten Arten überhaupt.

## Sauer, neutral oder basisch

Der pH-Wert gibt den Säuregehalt des Wassers an. Einfach ausgedrückt beschreibt der pH-Wert, ob das Wasser sauer, neutral oder basisch reagiert.
**saures Wasser:** pH-Wert unter 7
**neutrales Wasser:** pH-Wert um 7
**basisches Wasser:** pH-Wert über 7
Welchen pH-Wert nun das Wasser Ihres Gartenteiches aufweisen soll, ist bei den Wassergarten-Profis immer noch umstritten. Besonders Schwimmteich-Experten empfehlen höhere Werte, etwa 7,5–8,5. Für die meisten Pflanzen und Fische scheint ein pH-Wert von 6,5–7,5 ideal zu sein.

## Nährstoffreich oder nährstoffarm

Der Nährstoffgehalt gibt Auskunft über die im Wasser gelösten Nährstoffe wie Phosphor (P) und Stickstoff (N). Nährstoffe können auf unterschiedliche Weise in das Teichwasser gelangen: durch absterbende Wasserpflanzen und -tiere, durch Kot von Teichbewohnern, durch Pollenflug im Frühjahr und Laubfall im Herbst. Diese organischen Abfälle werden von Bakterien zersetzt. Dabei entstehen Ammonium ($NH_4^+$), Nitrat ($NO_3^-$) und diverse Phosphate.

Während Stickstoffverbindungen, vor allem Nitrat, entscheidend sind für die Ernährung der Pflanzen, sind Phosphate fast immer in zu hoher Menge im Wasser gelöst und fördern das Algenwachstum. So lange nicht zu viele Nährstoffe in den Teich gelangen und diese von den Pflanzen aufgenommen werden können, entstehen keine Probleme. Welchen Nährstoffbedarf die verschiedenen Pflanzen haben steht im Kapitel »Pflanzen auswählen«. Hinweise zur Messung des Stickstoffgehaltes finden Sie auf Seite 46.

Unter Wasser betrachtet, können auch die verhassten Fadenalgen ästhetisch wirken. Den Tieren im Teich bieten sie guten Unterschlupf.

## Ärgernis Algen

Algen sind für viele Hobbygärtner die meistverachteten Teichbewohner. Wichtigste Waffe im Kampf gegen Algen ist das Vermeiden von Phosphateinträgen in den Teich! Fischen Sie daher so viel und so regelmäßig wie möglich abgestorbene Pflanzenteile, Blätter und Blüten aus dem Wasser, und sorgen Sie im Herbst mit einem Laubschutznetz dafür, dass kein Falllaub in den Teich gelangt. Setzen Sie Schwimm- und Unterwasserpflanzen ein. Sie sind Nahrungskonkurrenten der Algen. Einige Arten, z. B. Hornblatt und Krebsschere, sondern sogar Substanzen ab, die Schwebealgen töten.

→ **Schwebealgen** verursachen eine grünlich durchscheinende Trübung des Wassers. Sie entwickeln sich vor allem bei zu hohem Fischbesatz und zu wenig Pflanzenwuchs. In frisch eingelassenen Teichen ist ein anfänglicher Schub solcher Trübungen normal. Erst Algenvertilger wie Hüpferlinge und Wasserflöhe sorgen wieder für »klare Verhältnisse«. Wenn sich ein Gleichgewicht zwischen Pflanzen, Tieren und Nährstoffen eingestellt hat, können Sie mit kristallklarem Wasser rechnen. Trübungen treten jedoch oft auch noch in den Folgejahren im Frühjahr auf, wenn durch Falllaub und andere Nährstoffeinträge das Algenwachstum angeregt wird.

→ **Fadenalgen** beginnen meist auf kalkhaltigen Oberflächen zu wachsen. Von dort aus

# GARTENIDYLLE AM WASSER

können sie dann als grüne Fadengewirre durchs Wasser treiben (› Abb. Seite 31). Sogenannte Wattealgen, die sich durch abgeschiedene Kalkkrusten rau anfassen, lassen sich noch recht einfach abfischen. Schwieriger sind die glitschigen Jochalgen in den Griff zu bekommen. Sie gleiten einfach elegant durch die Finger, wenn Sie zugreifen. Besser funktioniert das Abfischen mit einem Kescher oder Laubbesen. Empfohlen wird auch, auf einen Akkubohrer einen langen Stab aufzusetzen und diesen rotierend in die Algenwatten zu halten. Zumindest die »rauen« Kandidaten können Sie mit dieser Methode gut aufwickeln.

Es werden auch unterschiedlichste chemische Mittelchen angeboten, die den fädigen Feinden den Garaus machen sollen. Wer eine etwas türkisfarbene Wirkung des Teichwassers akzeptiert, kann Algenbekämpfungsmittel auf Farbstoffbasis anwenden. Ihre Wirkung beruht auf dem Ausfiltern für die Algen notwendiger Wellenlängen des Lichtes, die für alle übrigen Gewächse aber ohne Bedeutung sind. In architektonischen Becken ist so etwas am ehesten akzeptabel.

Erfolge gegen Algen wurden auch bei Einbringen von Gerstenstroh in den Teich erzielt. 100 Gramm trockenes Stroh auf 10 m$^3$ Wasser sollen bereits eine gute Wirkung erzielen. Auch das Ansäuern des Wassers, z. B. mit Torf, hilft. Stopfen Sie dazu gut feuchten Hochmoortorf in einen Sack aus wasserdurchlässigem Gewebe und legen Sie diesen in den Teich. Nach einigen Wochen kann er wieder entfernt oder bei Bedarf der Torf ausgetauscht werden. Das Teichwasser verfärbt sich durch die Huminsäuren jedoch etwas bräunlich, aber ohne trüb zu werden. 50–100 Liter Torf pro 10 m$^3$ Wasser sollten bereits einen guten Effekt haben.

### Düngen im Teich

In einem nährstoffarmen Teich werden Sie im zweiten oder dritten Jahr nach der Pflanzung bei einigen Arten feststellen, dass sie langsamer und schwächer wachsen, die Blätter kleiner bleiben und gelblich werden. Diese Symptome sind meist auf einen Mangel an Stickstoff zurückzuführen. Sie sollten die betroffenen Pflanzen nun düngen. Verwenden Sie dafür aber nur reine Stickstoffdünger. Auf keinen Fall darf Phosphor enthalten sein, da dieser das Algenwachstum fördert!

→ Im Frühjahr bis Mitte Juni können Sie mit Hornspänen düngen. Diese enthalten etwa 15 % Stickstoff und sind nicht wasserlöslich. Im Wurzelraum der Pflanzen werden sie durch Mikroorganismen langsam aufgeschlossen. Damit der Dünger gut an die Pflanzen kommt, für die er bestimmt ist, und nicht zu viel Dünger ins freie Wasser gelangt, gibt es eine gute Methode: das Einfrieren des Düngers in Eiswürfel (› Abb.).

Die im Eis verbackenen Hornspäne können Sie als Dünge-»Pellets« unter Wasser in den Wurzelraum drücken.

Einer kräftigen Wasserpflanze können Sie gut 50 g Hornspäne gewähren.
Wie vielen Eiswürfeln das entspricht, müssen Sie natürlich vor dem Versetzen mit Wasser auswiegen, denn diese Angabe bezieht sich auf Trockenmasse!

→ Bis Anfang August ist die Düngung durch Besprühen mit Harnstoff (Urea) möglich. Haben Sie keine Bedenken wegen des »anrüchigen« Namens. Diese organische Verbindung wird technisch hergestellt und als feines Granulat im Gartenfachhandel angeboten. Sie besteht zu stolzen 46 % aus Stickstoff und wird in 1 %-iger Konzentration (10 g Granulat/Liter Wasser) angewandt.

# Dauerhafte Freude am Gartenteich

Harnstoff wird über die grünen Pflanzenteile direkt aufgenommen und ist daher sehr schnell wirksam. Düngen Sie nur zurückhaltend. Langfristig gesehen ist es günstiger, wenn Sie für Ihre Pflanzen »Schmalhans Küchenmeister« sein lassen. Sie haben mehr Freude an Ihrem Teich und weniger Pflegeaufwand, wenn alles etwas langsamer wächst.

## Notwendige Pflegearbeiten

Mit einer ausgewogenen Bepflanzung und einer guten Wasserqualität haben Sie wichtige Voraussetzungen für ein gesundes Teichleben geschaffen. Es gibt aber trotzdem noch einige Pflegemaßnahmen.

### Wasser nachfüllen?

In einem gut abgedichteten Teich mit Kapillarsperre ist ein Wasserverlust nur durch Verdunstung möglich – es sei denn, die Folie ist undicht (› Tipp). Diese ist umso größer, je dichter der Teich bepflanzt ist. Bei großer, freier Wasserfläche bleibt die verdunstende Oberfläche gering, so dass auch in warmen Sommern wenig Wasser nachgefüllt werden muss. Ein Absinken des Wasserspiegels um 20 cm dürfen Sie kurzzeitig tolerieren, es sei denn, bestimmte Uferzonen fallen trocken. Verwenden Sie zum Auffüllen möglichst kein hartes Leitungswasser. Am besten eignet sich abgestandenes Regenwasser.

### Rückschnitt und Mahd

→ Arten, die zu starker Versamung neigen, wie Blut-Weiderich und Steif-Segge, schneiden Sie am besten zurück, bevor die ersten Samen reif werden. Bei versamungsfreudigen größeren Gräsern hat es sich bewährt, den ganzen Schopf aus Blättern und fruchtenden Trieben zusammenzubinden und dann komplett abzuschneiden (› Abb. Seite 34). So müssen Sie nicht jeden Halm einzeln auflesen, sondern können das komplette Bündel auf dem Kompost entsorgen. Nach 3–4 Wochen hat sich dann schon wieder ein schöner Blattschopf gebildet.

→ Die Blätter der Seerosen sollten Sie Ende September abschneiden und entfernen. Das absterbende Laub bringt nicht nur viele Nährstoffe ins Wasser, sondern fördert auch die Anhäufung von Faulstoffen am Grund des Teiches.

→ Röhrichtpflanzen schneiden Sie im Spätwinter zurück. Arten mit sehr weichen Trieben, deren Sprosse ins Wasser sinken würden, am besten bereits im Herbst zusammen mit den Seerosen.

→ Eine Feuchtwiese können Sie im Spätherbst oder Winter komplett abmähen, auf kleinen Flächen mit der Heckenschere, auf größeren mit der Motorsense. Wenn die Substratoberfläche der Feucht- und Sumpfzone im Winter gut gefroren ist, können Sie niedrige Vegetation, z. B. eine Moorwiese, sogar mit dem Rasenmäher überfahren. Gehölze und wintergrüne Pflanzen bitte aussparen. Auch für eine wachsende Torfmoosdecke besteht Mähverbot!

> **TIPP!**
> **Was tun bei Wasserverlust?**
>
> Kontrollieren Sie im Frühjahr regelmäßig den gesamten Teichrand, ob seine Funktion als Kapillarsperre noch erhalten ist. Entfernen Sie Erde, verrottende Pflanzenreste und andere Feinteile vom Folienrand, da sie sonst wie ein Docht Wasser aus dem Teich saugen und in die Gartenzone ableiten. Falls tatsächlich ein Loch durch Unachtsamkeit oder sogar durch eingewachsene Pflanzenteile entstehen sollte, ist auch das meist kein Grund zur Panik. Eintretende Feinteile aus dem am Grund abgesunkenen Schlamm bzw. der als Substrat eingebaute Lehm können solche Lecks so dicht zusetzen, dass der Wasserverlust vernachlässigbar ist. Bei starkem Absinken des Wasserspiegels hilft nur: Wasserstand soweit sinken lassen, bis er stabil bleibt, und entlang der Wasseroberfläche den Teichrand nach Undichtigkeiten absuchen.

# GARTENIDYLLE AM WASSER

## Unkrautbekämpfung

Kontrollieren Sie Ihren Teich regelmäßig auf Unkräuter. In der Feucht- und Sumpfzone können vor allem Weidenröschen-Arten lästig werden. Wenn Sie diese Eindringlinge konsequent rechtzeitig vor dem Fruchten herausziehen, werden immer nur einzelne Exemplare auftauchen. Vor der Blüte sehen sie aus wie kleine Blut-Weiderichpflänzchen, unterscheiden sich von diesem aber durch die runden Sprossachsen. In Sumpf und Flachwasser kommen in den ersten Jahren fast regelmäßig Sämlinge vom Breitblättrigen Rohrkolben auf, die Sie ebenfalls herausziehen sollten. Ihre grasartigen Blätter stehen sich parallel gegenüber und formen kleine »Fächer«. Sonst sind es vor allem Weiden- und Birkensämlinge, Binsen und diverse Gräser, die Probleme bereiten können.

## Schädlingsbekämpfung

Die schlimmsten Schädlinge sind Seerosenzünsler, Seerosenblattkäfer und Seerosenblattlaus. Alle drei sind bei den Tierporträts beschrieben und Gegenmaßnahmen genannt. Seien Sie nicht enttäuscht, wenn wir nur manuelle Methoden, vor allem das Absammeln befallener Pflanzenteile empfehlen. Chemische Bekämpfungsmaßnahmen an Gewässern sollten Sie unbedingt vermeiden. Selbst im Garten eher harmlose Produkte wie Pyrethrum-Präparate sind im Wasser verhee-

Rückschnitt einer Steif-Segge vor der Samenreife. Die zusammengebundenen Halme lassen sich mit einem Griff entfernen.

rend, weil sie nicht nur Schädlingen sondern allen Wassertieren den Garaus machen. Wenn an Ihrem Teich eine große Vielfalt an Amphibien, Insekten und Vögeln lebt, ist nur wenig Schädlingsdruck zu erwarten – und der kann toleriert werden.

## Großreinemachen

Auch wenn Sie bewusst auf stark wuchernde Pflanzen verzichtet haben, werden Sie feststellen, dass die freie Wasserfläche immer mehr zuwächst und in den Randzonen einzelne Arten zu dominieren beginnen.
➜ Bevor alles komplett zugewuchert ist, sollten Sie nach einigen Jahren beginnen, einen Teilbereich der Seerosen- und Flachwasserzone von Vegetation zu befreien. Nehmen Sie vorsichtig die entstandene Schicht aus Kriechsprossen und Wurzeln von Seerosen und Co. zusammen mit dem darauf liegenden Schlamm mit einem Spaten ab, so dass nur noch die Kiesschüttung zurückbleibt. Lagern Sie den »Aushub« eine Weile am Ufer, damit sich darin befindliche Tiere wieder ins Wasser zurückziehen können.
➜ Bearbeiten Sie jedes Jahr maximal ein Viertel der jeweiligen Zone und nicht mehr als 2–3 m² am Stück so radikal, um die Tierwelt zu schonen und die entstandenen Narben rasch wieder verwachsen zu lassen.
➜ In der Sumpfzone können Sie in die Flachwasserzone ausufernde Pflanzen durch beharrliches Ausreißen von Einzeltrieben eine Zeit lang etwas zurückdrängen. Auf die Dauer wird aber auch hier eine größere »Renovierung« notwendig. Sie verspricht nur dann nachhaltig Erfolg, wenn Sie den kompletten Bestand des wuchernden Unholdes ausheben, alle Restwurzelstücke entfernen und die freigelegte Fläche neu bepflanzen.

## Winterschutzmaßnahmen

An einem Teich ohne Fischbesatz sind nicht viele Maßnahmen erforderlich:
➜ Stehen viele Bäume in der Umgebung Ihres Teiches, kann sich das Überspannen mit einem Laubschutznetz (➜ Abb.) lohnen.

## Dauerhafte Freude am Gartenteich

Es sollte maximal 17 mm Maschenweite haben, sonst fallen zu viele Blätter hindurch und sorgen für Nährstoffeintrag.
→ Eisfreihalter sind besonders in kleinen, flachen Teichen mit Fischbesatz sinnvoll. Statt der im Fachhandel angebotenen schwimmenden Styroporkörper können Sie auch eine gut bewachsene »Schwimmende Insel« einsetzen (> Abb. Seite 17). Sie erfüllt ähnliche Funktionen, sieht aber erheblich natürlicher aus.
→ Für die Gelbe Schlauchpflanze und die Kobralilie ist ein Winterschutz aus Koniferenreisig oder Polypropylenvlies günstig.
→ Tropische Wasserpflanzen, allen voran die Wasserhyazinthe, müssen jedes Jahr neu eingesetzt werden, da sie bereits bei Temperaturen unter 5 °C absterben.

### Pflegemaßnahmen übers Jahr

Ende Februar, Anfang März, wenn das Eis bricht und der Schnee schmilzt, sollten Sie wieder nach Ihrem Teich sehen.
Zu den regelmäßig durchzuführenden Pflegemaßnahmen gehören:
→ Kontrolle der Pflanzen auf Schädlings- oder Krankheitsbefall
→ Entfernen abgestorbener, kranker oder beschädigter Pflanzenteile
→ Abfischen von Algen und Wasserlinsen
→ Abschneiden verblühter Triebe bei stark aussamenden Pflanzen
→ Im Schwimmteich mindestens 2–3-mal jährlich den Bodenmulm absaugen
→ Kontrolle der Wasserqualität
Über diese Arbeiten hinaus gibt es monatlich anfallende Pflegemaßnahmen:
**März:** Spätestens jetzt das Laubschutznetz abnehmen. Kapillarsperre kontrollieren und Feinteile, die als »Docht« Wasser aus dem Teich saugen könnten, entfernen. Überlauf zur Sickergrube reinigen.
**April:** Winterschutz entfernen. Rückschnitt aller noch vom Winter stehen gebliebener, abgestorbener Pflanzen. Evtl. Düngen hungriger Pflanzen mit Hornspänen. Pumpen prüfen und wieder einsetzen.
**Mai:** Erster Unkrautkontrollgang. Auslichten zu dicht austreibender Seerosen und Röhrichtpflanzen. Nach den Eisheiligen können Sie wieder tropische Wasserpflanzen in den Teich setzen und die mediterranen Kübelpflanzen ins Freie stellen.
**Juni:** Versamungsfreudige Frühblüher (Steif-Segge, Rispen-Segge) zurückschneiden. Düngen der Pflanzen, die gelbes Laub bekommen (Übersprühen mit Harnstofflösung).
**Juli/August:** Pflanzenbestand zugewucherter Zonen partiell entfernen. Eventuell verdunstetes Wasser nachfüllen.
**September:** Versamungsfreudige Sommerblüher vor der Fruchtreife zurückschneiden. Rückschnitt von Röhricht und Seerosenblättern zur Vermeidung von Nährstoffeintrag.

**Oktober:** Rückschnitt in der Feuchtwiesenzone. Laubschutznetz ausbringen. Nicht winterharte Pflanzen aus dem Teich nehmen und evtl. frostfrei im Haus überwintern.
**November:** Eisfreihalter einsetzen. Vor den ersten Frösten alle Wasserleitungen und Schläuche leer laufen lassen. Pumpen, die flacher als 60 cm im Wasser stehen, aus dem Teich nehmen. Filter reinigen.
**Dezember:** Bei frostempfindlichen Pflanzen Winterschutz aus Reisig oder Vlies anbringen. Evtl. Eisfreihalter prüfen.

Ein Laubschutznetz erfüllt seinen Zweck nur, wenn die Maschen nicht zu grob sind und es nicht im Wasser versinkt.

# Gartenteiche gekonnt bepflanzen und gestalten

Pflanzen sind das wichtigste Gestaltungselement im Garten, auch am Teich. Sein Erscheinungsbild wird geprägt vom Zusammenspiel der Pflanzen im und am Wasser und einem harmonischen Übergang in den übrigen Gartenbereich. Mit festen Elementen wie Wege, Brücken und Stege, passende Wasserspiele, Figuren und einer gut inszenierten Beleuchtung integrieren Sie Ihr »Biotop« perfekt in den Gartenraum.

### Gestalten mit Pflanzen

Bei der Bepflanzung kommt es darauf an, die vielen verschiedenen Arten und Sorten so zu kombinieren, dass sich ein harmonisches Gesamtbild ergibt, die einzelne Pflanze in ihrer Schönheit aber noch zur Geltung kommt. Wenn Sie einige Gestaltungsgrundlagen wie Raumbildung, Umgang mit Proportionen, Farben und Formen beachten, ist das kein Problem. Nutzen Sie die Vielfalt der Blüten, aber auch verschiedene Blattgrößen, Blattstrukturen und Blattfarben sowie unterschiedliche Wuchshöhen und Wuchsformen. Sie sollten die Natur zum Vorbild für Ihre Gestaltung nehmen. Stellen Sie sich einen üppig bewachsenen See vor, und versuchen Sie, die Vegetation auf ihre wesentlichen Linien zu reduzieren: Dünne, vertikale Halme und Blätter der Röhrichtpflanzen kontrastieren mit den horizontal ausgebreiteten Schwimmblattdecken von Seerosen, Froschbiss und anderen Wasserpflanzen. Diese Aufteilung kann zum Leitbild auch für Ihren Gartenteich werden:
Im Randbereich dominieren grasartige Gewächse mit vertikalen Strukturen. Nach innen zu werden sie von horizontal wachsenden Pflanzen abgelöst, bis dann schließlich die freie Wasserfläche zutage tritt.

### Pflanzliche Hierarchie

Die Pflanzen lassen sich nach ihrer Höhe, ihrer Wuchskraft bzw. der Dauer ihrer Attraktivität in verschiedene Verwendungsgruppen einteilen:

→ **Raumbildende Pflanzen** der Gartenzone gestalten den Rahmen Ihrer Anlage. Flankierend und im Hintergrund angeordnete Bäume und Sträucher schaffen eine naturnahe Umgebung. Sogar im Vordergrund als punktuelle Schattenspender können Sie Großgehölze wirkungsvoll einsetzen.

→ **Solitärpflanzen** oder **Gerüstbildner** sind Pflanzen, die vor allem durch ihre Höhe hervorstechen. Sie sind durch ihren eher kom-

## Gartenteiche gekonnt bepflanzen und gestalten

pakten, horstförmigen Wuchs gezielt platzierbar und ziehen den Blick durch besondere Farbe, Belaubung oder Form auf sich. Als Gerüst der Pflanzung werden sie als Erstes eingesetzt. In unseren Pflanzkombinationen (> Seite 182–195) sind sie deshalb auch immer mit Symbol in den Legenden aufgeführt und in den Plänen gezielt verteilt.
In kleineren Anlagen können diese Solitärs als Einzelpflanzen stehen, bei genügend Fläche aber bauen sie durch Wiederholung eine tonangebende Beziehung zueinander auf.

→ **Begleitpflanzen** bleiben deutlich niedriger als die Solitärpflanzen. Zwischen diesen werden sie in kleinen Trupps oder einzeln verstreut angeordnet. Die verschiedenen Arten dieser Rubrik sollten sich durch die Blattgröße und durch ihre Struktur (dicht oder lockerwüchsig) unterscheiden. Sehr stark wuchernde Arten sind auch hier zu meiden.

→ **Bodendecker** füllen die unterste Etage der Pflanzung und halten die Begleit- und Solitärpflanzen auf Abstand zueinander. Niedrige Gewächse wie Kleingräser (*Carex flava*, *C. davalliana*), Pfennigkraut oder Günsel sind dafür zuständig, dass die höheren ein klar strukturiertes Relief aufbauen können, ohne zum Dickicht zu verschmelzen.

→ **Streupflanzen** sind sehr schlankwüchsige Arten, die einfach zwischen den Bodendeckern hindurch ihre dünnen Triebe und Blütenstände schieben und somit keinen relevanten Platzbedarf beanspruchen. Sie sind meist sehr langlebig, aber oft nur über einen begrenzten Zeitraum des Jahres zu sehen, weil sie sich nach der Blüte in eine unterirdische Zwiebel oder Knolle zurückziehen. Beispiele hierfür sind Zierlauch (*Allium suaveolans*) und Sumpf-Gladiole, die in Moorpflanzungen zu den wichtigsten Farbträgern zählen. Streuen Sie solche Kleinode am besten in Trupps von je 3–7 Stück zwischen niedrige Stauden. Frühblüher wie Märzenbecher oder Schachbrettblume können auch unmittelbar neben spät austreibenden Solitären wie Wasserdost oder Rosa Seidenblume gepflanzt werden.

→ **Füllstauden** sind besonders kurzlebige Arten, die zwar zunächst rasch wachsen, aber oft schon im zweiten oder dritten Jahr verdrängt werden. Sie füllen somit schnell anfängliche Pflanzlücken, geben dann aber den Platz für die langsameren, aber dauerhaften Arten frei. Farbenprächtig blühende Primeln, Pracht-Nelke oder das Sumpf-Vergissmeinnicht können sich über längere Jahre halten, wenn die sonstige Vegetation immer wieder genügend belichtete Lücken frei lässt, in denen ihre Sämlinge keimen können. Einige »Füller« können aber auch durch ihre

Zur Röhricht bildenden Teichsimse sind gruppenweise Sumpf-Schwertlilie, Hechkraut und Fieberklee gepflanzt.

# GARTENIDYLLE AM WASSER

reichliche Aussamung sehr lästig werden. Viele Binsen-Arten, Gelbe Gauklerblume oder Froschlöffel wandern gern auch an unpassende Stellen, wo sie zu einem Pflegeproblem werden können.

→ **Röhrichtbildner** sind hochwüchsige Arten, die durch ihren Drang, flächig zu wuchern, nicht als ortsfeste Gerüstbildner eingesetzt werden können. In einer höhengestaffelten Pflanzung ist ihre Verwendung höchstens bei kontrolliertem Einsatz in festen Pflanzbehältern möglich.

## Ordnung im Nebeneinander

In der Natur bedecken einzelne Röhrichtpflanzen oft ganze Areale, die an Gruppen anderer Ausläufer treibender Arten grenzen und so ein großflächiges Mosaik bilden. Auch am Teich ist es günstig, flächig wuchernde Pflanzen in Gruppen zu verwenden. Sie erzielen damit eine gewisse Ordnung im Vegetationsbild, vermeiden unschöne Dickichte und können die Pflanzen besser im Zaum halten. Röhrichtbildner wie Langes Zyperngras, Schneidried oder Teichsimse benötigen viel Platz. Kalkulieren Sie für eine Gruppe solcher Pflanzen wenigstens 3–5 m² ein. In kleineren Anlagen verzichten Sie am besten ganz auf Röhricht. Eine Gestaltung durch Benachbarung von in Gruppen gepflanzten, ähnlich hohen Arten kann aber auch in kleineren Teichen ansprechend wirken. In der Natur mag es dazu kein Pendant geben, besonders in architektonischen Anlagen kann diese Gruppenpflanzung aber sogar passender wirken als eine stärker durchmischte Anordnung. Sie können beispielsweise Japanische Schwertlilie, Hechtkraut oder Fieberklee in kleinen Verbänden gruppieren und diese einander zuordnen. Solche Pflanzungen wirken ansprechend durch ihre formale Strenge und den klaren Aufbau. Die als Füllstauden definierten kurzlebigen Arten jedoch sollten Sie nicht zu größeren Gruppen kombinieren, da sonst nach einiger Zeit größere Lücken in der Pflanzung entstehen können. Streupflanzen sind aufgrund ihres frühen Einziehens und des meist sehr geringen Deckungsgrades auch nicht zur Bildung von Gruppen aus nur einer Art geeignet. Wohl aber können Sie zwischen dauerhaften Stauden einige Zwiebel- und Knollenpflanzen platzieren.

Die Regenerationszone um diesen Badeteich ist mit aufrechten Röhrichtarten bepflanzt. Die helle Gestreifte Teichsimse sorgt für Kontraste.

## Staffeln – Ordnung im Übereinander

Gerade bei begrenzten Platzverhältnissen können Sie sich als Vorbild für eine naturnahe Gestaltung statt dichter Röhrichte auch Feuchtwiesen, Hochstaudenfluren und Moore vorstellen. Diese artenreichen Pflanzengemeinschaften sind auch oft mit Wasserflächen verzahnt. Besonders ansprechend wirken Wiesen, die aus einem Teppich niedriger Gräser bestehen, zwischen denen in mehreren Etagen bunte Blütenstände aufragen. Unterschiedlich hohe Pflanzen wirken auch in zufälliger Platzierung geordnet, wenn eine klare Schichtung in Etagen entsteht. Dabei sollten die niedrigen Arten als Bodendecker in hoher Anzahl, die mittelhohen Arten als Begleiter in etwas geringerer Anzahl verwendet werden. Ganz hohe Pflanzen werden nur in wenigen Exemplaren als Solitärs auf weite Abstände gestellt. Verteilen Sie diese Gerüstbildner aber nicht zu regelmäßig auf die Fläche – das würde sehr gekünstelt wirken (was

## Gartenteiche gekonnt bepflanzen und gestalten

es ja auch ist, aber es soll eben niemand merken!). Vielmehr stellen Sie diese Solitärs in weit gestellte Paare, Dreiecke oder Y-förmige Viererkonstellationen in Beziehung zueinander. Das erfordert eine gewisse Routine. Hier helfen Ihnen die Pläne unserer Pflanzkombinationen (❯ Seite 182–195).

### Das Zusammenspiel der Farben
Sicherlich sind Farben Geschmackssache. Es gibt jedoch ein paar Regeln, deren Beachtung eine Pflanzung einfach harmonischer erscheinen lassen. Günstig ist es, wenn Sie sich für eine oder zwei zueinanderpassende Hauptfarben entscheiden.

➔ **Grün**, **Grau** und **Weiß** wirken neutralisierend und geben immer einen schönen Rahmen für leuchtende Farben. Je mehr Grünanteile eine Pflanzung besitzt, umso unterschiedlicher dürfen die Blütenfarben sein. Grün als »Untergrund« ist praktisch unvermeidbar, es sei denn, Sie wählen ausschließlich rotlaubige Sorten aus, die es heute von vielen Pflanzen, auch für feuchte bis nasse Standorte, gibt. Viele dieser Sorten wirken jedoch sehr dunkel, und bei ihrem übermäßigem Einsatz kann ein sehr stumpfer, fast schon trauriger Eindruck entstehen. Grau- bis silbrig-weiße Blätter sind eher bei trockenheitsliebenden Arten zu finden.

➔ **Gelb**, **Orange** und **helles Rot** sind stark auffallend und intensiv wirkend. Sie ziehen die Blicke auf sich und können bei Kombination Ton in Ton eine Pflanzung der »warmen Farben« ergeben. Bei Vergemeinschaftung mit kühlen Farbtönen sollten Sie aber eine direkte Benachbarung von orangefarbenen und/oder rosa Blüten vermeiden! Im Schatten sind gelblaubige Pflanzen richtig am Platze. Die jeweils mit dem Namen 'Aurea' benannten Sorten der Steif-Segge und des Pfennigkrauts bringen dunkle Stellen zum Leuchten.

➔ **Blau** und **Violett** sind kühle und zurückhaltende Farben. Sie fallen nicht gleich ins Auge und schaffen daher optische Weite. Sie können starke Kontraste bilden, wenn Sie das warme Rot der Kardinals-Lobelie mit Blauer Gauklerblume und Hechtkraut kombinieren oder gelbe Sumpf-Dotterblumen und Sumpf-Vergissmeinnicht zusammenpflanzen. Wer es nicht so »knallig« mag, ist mit farblich benachbarten Kompositionen, wie rosa blühender Schildblume und Blumenbinse in Verbindung mit violettem Pracht-Storchschnabel und Sibirischer Schwertlilie besser bedient.

Achten Sie auch auf ein harmonisches Miteinander aus den Farben der Bepflanzung und der sonstigen Accessoires bis hin zu Bodenbelägen und Hausfassade. Weiß- und Grautöne (z. B. Kalkstein- oder Granitbelag) passen praktisch immer. Roter Ziegel ist schon etwas schwieriger zu kombinieren.

Die gelblaubigen Steif-Seggen (Sorte 'Aurea') leuchten aus dem Schatten heraus. Sie stehen an diesem Bachlauf als Gerüststauden.

### Wuchs- und Blattformen
Um zwischen benachbarten Arten auch außerhalb von deren Blütezeit gute Kontraste zu erzeugen, ist es günstig, auch die Blattgröße (Textur), Wuchsrichtung (horizontal oder vertikal) und Wuchsform zu variieren. Das Spiel mit diesen Eigenschaften ist wichtig, um in einer Pflanzung auch ohne Farbunterschiede Akzente zu setzen und ihr Struktur zu verleihen. Besonders im Schatten können Sie dadurch ruhige, aber doch ausdrucksstarke Kombinationen erzielen. Neben großlaubigen Funkien (z. B. *Hosta* 'Krossa Regal') können fein gefiederte Farne (z. B. *Dryopteris*-Arten) und die dünnen bandförmigen

# GARTENIDYLLE AM WASSER

Blätter von Gräsern wie Riesen-Segge oder Rohr-Pfeifengras eine wirkungsvolle Gruppierung eingehen. Dezente Farbunterschiede steigern die Klarheit der einzelnen Konturen noch. So wichtig diese Kontraste sind – vermeiden Sie zu harte Unterschiede in direkter Benachbarung. Der kleine, feinlaubige Kanten-Lauch etwa würde neben dem riesigen Busch-Knöterich völlig untergehen. Die Proportionen wirken hier einfach unrealistisch.

## Im Wandel der Jahreszeiten

Damit Ihr Teich das ganze Jahr hindurch schön ist, sollten Sie Pflanzen einsetzen, die nicht nur unterschiedliche Blütenfarben haben, sondern die auch zu den verschiedensten Zeiten blühen und selbst noch im Winter attraktiv sind. Das Ende des Sommers z. B. können Sie durch Pflanzen mit besonderer Herbstfärbung wie Sumpf-Wolfsmilch und Dreiblattspiere in Szene setzen. Auch der Blut-Weiderich setzt im Oktober noch mal zu einem Feuerwerk in Orange an, passend zur Jahreszeit, in der warme Farben brillieren dürfen. Im Winter schließlich sind strukturstabile Pflanzen mit schöner Wuchsform gefragt. Auch wenn die Blätter und Halme der Gräser längst abgestorben sind, bleiben sie doch in Form. Sie zieren den Teich ganz besonders an kalten Tagen, wenn sie mit Raureif überzogen oder von Schneehäubchen bedeckt sind (> Abb.).

## Raumbildung

→ Kleine Teiche können Sie durch geschicktes Staffeln von Pflanzen unterschiedlicher Höhe und Textur größer wirken lassen: Pflanzen Sie von Ihrem Haupt-Beobachtungsplatz aus gesehen im Vordergrund und nach außen hin großwüchsige und groblaubige Gewächse, wie Trompetenbaum (*Catalpa bignonioides*) oder Busch-Knöterich. Im Teich selbst kann das eine großblättrige Seerose unmittelbar vor dem Holzdeck sein. Je weiter nach hinten und nach innen die Bepflanzung läuft, umso kleiner und feiner werden Wuchs und Blattgröße. Dies vermittelt als »optische Täuschung« einen ganz weit in die Ferne reichenden Eindruck. Bei konsequenter Durchführung dieses Prinzips kann Ihr kleiner Hausgarten fast an einen englischen Landschaftspark erinnern.

→ Zur Abrundung der Gartengestaltung ist das »Großgrün« – bestehend aus Bäumen und höheren Sträuchern – entscheidend. Mit diesen Gehölzen gliedern Sie verschiedene Funktionsbereiche ab, verbinden andererseits bestimmte Themen oder überspannen Ruheräume und schaffen damit eine Atmosphäre der Geborgenheit. Als Hintergrund sind Gehölze oft geeignet, dem Betrachter

Stege und Holzdecks sind ideale Beobachtungsplätze, um Wachstum und Veränderung an Ihrem Teich intensiv erleben zu können.

## Gartenteiche gekonnt bepflanzen und gestalten

den Eindruck völliger Naturverbundenheit des Gartens zu suggerieren, obwohl wenige Meter weiter bereits Wohnbebauung anschließt. In sehr kleinen Gärten sind für diese Zwecke schmalkronige Sorten, geschnittene Formen oder berankte Pergolen einsetzbar. Beachten Sie allerdings immer den Faktor des Laubfalles!

## Gestalten mit »Hardware«

Zu einem Gartenteich gehören auch einige praktische Dinge, z. B. der Weg zum Teich, eine Brücke, ein Steg oder die notwendige Beleuchtung, die nicht unerheblich zur Gestaltung Ihres Gartenteiches beitragen. Und »last but not least« die Accessoires, die dem Teich eine persönliche Note verleihen.

### Wege, Brücken und Stege

Ein Weg dient in erster Linie dazu, den Teich zu erreichen. Brücken und Stege bieten die Möglichkeit, an größeren Teichen von einem Ufer zum anderen zu gelangen, sind aber zugleich auch ein attraktives Gestaltungselement. Von hier aus können Sie den Teich und sein Leben beobachten und auch den einen oder anderen Pflanzkorb in den Teich senken oder wieder herausholen. Achten Sie auf eine feste Verankerung im Wasser und an den Ufern. Der Rutschgefahr auf Holzflächen beugen Sie am sichersten vor, indem

Im frostigen Raureif sorgen strukturstabile Gräser für stimmungsvolle Winterbilder. Schneiden Sie solche Pflanzen erst im Frühjahr zurück.

Sie die Hölzer mit einem dünnen, kaum sichtbaren Drahgeflecht (»Hasendraht«) überspannen. Brücken mit Geländer sind allerdings nur etwas für große Teiche – in kleinen Anlagen wirken sie deplatziert. Hier sind Trittsteine oder Holzstege passender.

### Licht am und im Teich

Licht sorgt nicht nur für Sicherheit am Teich, es kann auch die Wasserfläche in der Dämmerung und am Abend verzaubern. Lampen können mit einem Springbrunnen kombiniert werden und indirektes Licht von unten spenden, in Glaskugeln auf dem Wasser schwimmen oder als Strahler vom Ufer aus die Wasserfläche oder spezielle Pflanzgruppen ins rechte Licht rücken.
Verwenden Sie bei allen Elektroinstallationen im Teich Niedervoltsysteme!

### Wasserspiele und Skulpturen

Springbrunnen, Sprudelsteine und Wasserspeier machen den Teich noch attraktiver und sorgen zudem für ein beruhigendes Plätschern. Die Auswahl an Skulpturen ist riesengroß und lässt keine Wünsche offen. Die Angebote reichen von Kitsch bis Kunst. Wichtig ist, dass sie Ihnen gefallen und zum Gartenstil passen.

## Badespaß im Gartenteich

Die Schwimmzone von Badeteichen bleibt in der Regel unbepflanzt – wer möchte schon beim Kraulen von Unterwasservegetation gekrault werden? Besonders naturverbundenen Badefreunden kann aber empfohlen werden, im Randbereich der Schwimmzone Seerosen am besten in gemauerte Becken oder größere, stabile Behälter zu pflanzen. So kommt man in den Genuss, die Blütenschönheiten beim Baden aus allernächster Nähe bestaunen und beschnuppern zu können – schließlich gibt es ja auch einige angenehm duftende Sorten, z. B. 'Sulphurea'.
Oft ist hier das Pflanzenwachstum sehr unbefriedigend. Nährstoffmangel führt zu gelben Blättern und höherer Anfälligkeit gegen Krankheiten und Schädlinge. Wählen Sie daher weniger nährstoffbedürftige Arten aus. Denken Sie auch daran, dass hier pH-Wert und Wasserhärte oft relativ hoch sind.

# Pflanzen auswählen

Betrachten Sie den Teich nicht für sich alleine, sondern als Teil des gesamten Gartens. Von dort aus wollen wir uns nun Zone für Zone über Feuchtwiese, Sumpf und Flachwasser bis in die tiefen Gefilde der Seerosen und Unterwasserpflanzen vortasten. Jede Zone einzeln und nacheinander zu planen ist richtig. Denken Sie aber daran, dass Sie alle fünf gemeinsam überblicken und erleben möchten.

# So finden Sie die richtigen Pflanzen

Teichpflanzen auswählen für fünf Zonen, die verschieden sind und doch fließend ineinander übergehen können – eine reizvolle Aufgabe. Die Auswahl ist aber auch kniffelig, denn die Vielfalt der Schöpfung, die sich hier verbirgt, äußert sich in zahlreichen Ansprüchen und Kombinationsmöglichkeiten. Unser Abfragesystem hilft Ihnen, standörtlich geeignete Arten aufzuspüren und diese wirkungsvoll zusammenzustellen.

Das ganze Jahr über sollen Ihr Teich und seine Bepflanzung ein »Hingucker« sein – dabei darf die Pflege nicht Ihr Sklaventreiber werden. Sie sollten also schöne Pflanzen auswählen können, die gleichzeitig mit wenigen einfachen Handgriffen zu erhalten sind. Gegen Krankheiten und Schädlinge sollen sie unempfindlich sein, aber anziehend wirken auf eine Vielzahl von tierischen Gästen, die Ihren Garten zum Naturparadies machen.

Da fast jede Pflanze auch mal unansehnliche Phasen durchläuft, kommt es auch auf ihre Nachbarn an. Wenn die Sumpf-Dotterblume ihr Frühjahrs-Blütenfest beendet und ihre Blätter allmählich vergilben, sollte sie bereits von Sumpf-Schwertlilien verdeckt sein, die im Farbenrausch schwelgen. Deren blütenlose Sommertracht wiederum wirkt nicht langweilig, wenn nebenan Lobelie und Blut-Weiderich ihr Feuerwerk zünden. Der Herbst prunkt dann in den warmen Laubfarben von Prachtscharte und Dreiblattspiere. Selbst im Winter sorgen strukturstabile Gräser-Horste noch für stimmungsvolle Szenen. Verbunden werden diese Hauptakteure durch niedrige Pflanzen, die nichts anderes zu tun haben, als die hochwüchsigen »Highlights« Ihres Gartens zu umrahmen, damit diese nicht zum Dickicht schriller Farben verwuchern.

Die Artenvielfalt unserer Pflanzenauswahl ermöglicht Ihnen, Ihren Wassergarten ganzjährig von der Seerosenzone bis in den umgebenden Garten hinein attraktiv zu bepflanzen. Die meisten Gewächse gehören zum Standardangebot. Stark wuchernde Arten sind für kleine Gärten ungeeignet und entsprechend bewertet oder gar nicht in die Auswahl aufgenommen. Es sind auch einige wenige für sehr kleine Anlagen besonders gut geeignete Arten zu finden, obwohl sie leider nicht zum Teichstandard zählen. Wir hoffen, durch entsprechende Nachfrage auch diesen höchst empfehlenswerten Gewächsen zukünftig weitere Verbreitung im gärtnerischen Angebot zu ermöglichen.

# So finden Sie die richtigen Pflanzen

## Pflanzenauswahl – Schritt für Schritt

Damit Sie die passenden Pflanzen für Ihren Gartenteich auf Anhieb finden, ist dieses Kapitel nach fünf Pflanzzonen angelegt:

1. Gartenzone
2. Feuchtzone
3. Sumpfzone
4. Flachwasserzone
5. Seerosenzone

Diese Unterkapitel finden Sie auf einen Blick anhand der gestanzten Griffleiste. Die Kennfarbe der einzelnen Unterkapitel erleichtert die Orientierung noch zusätzlich.

### Farbe

Zur weiteren Eingrenzung geeigneter Pflanzen dient die Blütenfarbe. Wählen Sie also im nächsten Schritt die Farbe aus, die Ihnen am besten zusagt. Die Pflanzen aller Zonen sind in folgende Gruppen unterteilt:

- ○ weiß
- ● gelb
- ● rot
- ● rosa
- ● violett
- ● blau
- ● grün/braun

→ Einige Pflanzen sind nicht eindeutig einer Blütenfarbe zuzuordnen. Sie finden sich in der Farbkategorie, der sie am ehesten entsprechen. Die Prachtscharte (*Liatris spicata*) z. B. ist bei rosa und violett einsortiert.
→ In der Farbkategorie »grün/braun« sind sowohl immergrüne Pflanzen zu finden, die nicht oder nur unscheinbar blühen, als auch Farne, die überhaupt nicht blühen, und Gräser, deren Blüten oder Halme z. B. bräunlich, ocker oder braunrot gefärbt sind.

### Wuchshöhe

An einem gekonnt bepflanzten Gartenteich finden sich neben Gerüstbildnern oder Solitärpflanzen niedrigere, gern in kleinen Gruppen stehende Begleiter. Diese sollen den Solitär in seiner Wirkung ergänzen, ohne ihm die Schau zu stehlen. Um die Vertreter dieser beiden Artengruppen auf Abstand zu halten und doch eine geschlossene Pflanzung zu erzielen, sollten dazwischen reichlich niedrige Bodendecker stehen. Innerhalb der Farbkategorie werden die Pflanzen als weitere Entscheidungshilfe deshalb in drei Wuchshöhen unterteilt:
→ über 80 cm (Gerüstbildner/Solitär)
→ 40–80 cm (Begleiter)
→ bis 40 cm (Bodendecker).
Gibt es in einer Farbkategorie mehrere Pflanzen gleicher Wuchshöhe, sind sie nach ihren Lichtansprüchen sortiert. Zuerst kommen Pflanzen, die sonnig bis schattig stehen können, danach die für Sonne und Halbschatten, dann Pflanzen die im Halbschatten am besten gedeihen und zum Schluss Arten für Halbschatten bis Schatten.

### Wassertiefe

Bei den Pflanzen der Seerosenzone ist statt der Wuchshöhe die empfohlene Wassertiefe benannt. Vergessen Sie nicht, bei Pflanzung in Körben oder Kübeln die Höhe des Gefäßes von der Teichtiefe abzuziehen, um den »echten« Wasserstand zu erhalten.

### Pflanzenabbildung

In der dritten Spalte sind alle Pflanzen mit ihrem hervorstechendsten Merkmal, also der Blüte, bei Gräsern und Farnen dem Laub oder dem Samenstand im Foto abgebildet.

### Name/Eigenschaften

In der vierten Spalte finden Sie den Pflanzennamen, die Blütezeit, einen Verweis auf die Beschreibung im Porträtteil und kurze Angaben zum Wuchsverhalten, den Bodenansprüchen und ihren Nutzen für Tiere.
→ Zuerst ist der **deutsche Pflanzenname** genannt. Da dieser aber von Region zu Region unterschiedlich sein kann, steht gleich darunter der (eindeutige) **botanische Name**. Wenn Sie sich Ihre Einkaufsliste zusammenstellen, schreiben Sie den botanischen Na-

# PFLANZEN AUSWÄHLEN

men unbedingt dazu, damit Sie im Zweifelsfall auch die richtige Pflanze bekommen.
→ Die **Symbole** hinter dem deutschen Pflanzennamen zeigen an, bei welchen Lichtverhältnissen die Pflanze gut gedeiht. Bei mehreren Symbolen eignet sich die Pflanze für alle angegebenen Standorte.

☼ **sonnig**
Der Standort liegt voll in der Sonne, d. h., von 9:00 bis 16:00 Uhr scheint mehr als vier Stunden am Tag die Sonne.

◐ **halbschattig**
Der Standort liegt im lichten Schatten lockerer Gehölzkronen bzw. die Sonne scheint am Tag weniger als vier Stunden zwischen 9:00 und 16:00 Uhr.

● **schattig**
Der Standort liegt unter dem dichten Laubdach von Gehölzen oder im Schlagschatten von Gebäuden. Die Sonne scheint höchstens kurzeitig zwischen 9:00 und 16:00 Uhr.

→ Unter dem botanischen Namen steht die **Blütezeit.** Mit ihrer Hilfe können Sie Pflanzen gleicher Blütezeit kombinieren. Die Blütezeiten können allerdings nur ein ungefährer Anhaltspunkt sein, da sie sich je nach Witterung verschieben können.
→ Die **Seitenzahl** gibt an, auf welcher Seite die Pflanze im Porträtteil ausführlicher beschrieben ist.
→ Unter der Seitenzahl ist in kurzen Stichworten angegeben, welche **Besonderheiten in Wuchs und Aussehen** die Pflanze hat. Ob sie z. B. stark wuchert oder sich extrem versamt, ob sie konkurrenzstark oder konkurrenzschwach ist. Zudem sind die **Ansprüche an den Boden und den Nährstoffbedarf** der Pflanze aufgeführt. Beim Nährstoffbedarf ist besonders das Element Stickstoff (N) zu beachten, das im Teich vor allem als Nitrat den Pflanzen zur Verfügung steht (› Seite 31). Zur Messung eignen sich Schnelltests aus dem Aquarien-Zubehör-Handel.

**Nährstoffbedarf gering**
Der Nitratgehalt ($NO_3$) darf unter 3 mg Nitrat/Liter Wasser liegen.

**Nährstoffbedarf mittel**
Der Nitratgehalt sollte bei 3–8 mg Nitrat/Liter Wasser liegen.

**Nährstoffbedarf hoch**
Der Nitratgehalt sollte über 8–10 mg Nitrat/Liter Wasser betragen.

Wenn die Pflanze einen besonders hohen **Wert für Tiere** hat, entweder als Nektar- oder Pollenspender oder als Unterschlupfmöglichkeit, so ist das hier auch aufgeführt.

## Gute Partner
In der letzten Spalte finden Sie die Rubrik »Gute Partner«. Hier ist angegeben, mit welchen anderen Pflanzen die genannte Art bzw. Sorte sich am besten vergesellschaften lässt. Sie finden hier bekannte Vertreter der Pflanzenauswahl, die auch im Porträtteil ausführlich beschrieben sind, aber auch weitere empfehlenswerte Arten oder Sorten.

## Und so gehen Sie vor
**1. Schritt:** Welche Teichzone wollen Sie bepflanzen? Welche Farbkombinationen stellen Sie sich vor?
**2. Schritt:** Wählen Sie zunächst die Gerüstbildner (Wuchshöhe über 80 cm) nach Ihren Farbwünschen aus.
**3. Schritt:** Suchen Sie sich jetzt die entsprechenden Begleiter (Wuchshöhe 40–80 cm) aus, die mit ihrer Blütenfarbe die Vorzüge der Gerüstbildner unterstützen.
**4. Schritt:** Kombinieren Sie nun noch die farblich passenden Bodendecker (Wuchshöhe bis 40 cm) dazu.
Achten Sie darauf, dass:
- die Pflanzen auch zu den Lichtverhältnissen am geplanten Standort passen,
- alle ausgewählten Pflanzen ähnliche Substrat- und Nährstoffansprüche haben – das macht die Pflege nachher leichter,
- zu jeder Jahreszeit irgendwo am und im Gartenteich etwas blüht.

# So finden Sie die richtigen Pflanzen

## Zu den Pflanzenporträts

In diesem Kapitel (ab Seite 118) werden die Pflanzen in alphabetischer Reihenfolge ihrer botanischen Namen genauer vorgestellt.

### Aufbau der Steckbriefe

→ Die Steckbriefe zeigen die Pflanzen noch einmal im **Bild**.
→ Unter dem Foto stehen deutscher und botanischer **Pflanzenname**.
→ Danach folgen Angaben zur **Höhe** der Pflanze. Es handelt sich hierbei stets um die Endgrößen.
→ Darunter ist die **Blüte-** oder **Fruchtzeit** angegeben.
Höhe und Blütezeiten sind nur Anhaltswerte. Sie können je nach Witterung, Klima und Nährstoffgehalt des Bodens schwanken.
→ Die **Seitenangaben** verweisen auf das Kapitel »Pflanzen auswählen« und nennen die Zone, für die die Pflanze bestimmt ist.
→ Jeder Pflanze sind **Symbole** zugeordnet, die einen raschen Überblick über ihre Verwendung und Eigenschaften ermöglichen.
→ **Wuchs:** Hier ist angegeben, zu welcher Pflanzengruppe die Pflanze gehört, welchen Wuchs sie hat, ob sie stark wuchert oder sich übermäßig versamt.
→ **Wert:** Diese Rubrik fasst zusammen, worin der besondere Wert der Pflanze liegt. Blüht sie besonders schön und lange? Verbessert sie die Wasserqualität? Welchen besonderen Wert hat sie für Tiere?
→ **Standort:** Der Standort ist maßgebend für das Gedeihen der Pflanzen. In welcher Teichzone wird sie angesiedelt? Wie soll der Boden sein? Welchen Nährstoffbedarf hat sie?
→ **Verwendung:** Wo und wie kann die Pflanze eingesetzt werden? Wird sie einzeln oder gruppenweise gepflanzt? Wie viel Platz benötigt sie?
→ **Gute Partner:** Was sind empfehlenswerte Nachbarpflanzen?
→ **Mein Tipp:** Erprobte Maßnahmen zur Pflege und Erkenntnisse zum Wachstum der Pflanze aus der Praxis helfen weiter. Muss man sie zurückschneiden? Wie wird gedüngt? Sollte man sie regelmäßig teilen und neu pflanzen?
→ **Weitere Arten/Sorten:** Hier finden Sie weitere empfehlenswerte Arten oder Sorten in anderen Höhen und Blütenfarben.

## Zu den Tierporträts

In diesem Kapitel (ab Seite 166) werden die häufigsten und leicht zu beobachtenden Tiere am und im Gartenteich vorgestellt. Sie sind in folgender Reihenfolge aufgeführt: Kleinkrebse – Weichtiere – Insekten – Amphibien – Reptilien und Vögel.
Innerhalb dieser Gruppen gilt die alphabetische Reihenfolge der zoologischen Namen.

### Aufbau der Steckbriefe

→ Die Steckbriefe zeigen die Tiere zunächst im **Bild**.
→ Unter dem Foto stehen deutscher und zoologischer **Tiername**.
→ Danach folgen Angaben zur **Größe** der Tiere. Es handelt sich hierbei stets um die Größe der ausgewachsenen Tiere.
→ Darunter ist die **Beobachtungszeit** angegeben, zu der man die Tiere am oder im Teich am ehesten sehen kann.
→ Die **Zonenangaben** nennen die Teichzone, in der man am ehesten mit dem genannten Tier rechnen kann. Da es sich jedoch um bewegliche Lebewesen handelt, können viele dieser Tiere auch in den anderen Zonen oder im Garten vorkommen.
→ Jedem Tier sind **Symbole** zugeordnet, die einen raschen Überblick über seine Gruppenzugehörigkeit geben und aussagen, ob es sich um eine geschützte Art handelt.
→ **Vorkommen:** Hier ist angegeben, wo das Tier in freier Natur und im Gartenteich bevorzugt lebt.
→ **Aussehen:** Es wird beschrieben, wie Alt- und Jungtiere aussehen, wie sich Männchen und Weibchen unterscheiden.
→ **Lebensweise:** In Stichworten erfahren Sie, wie das Tier lebt, was es frisst, wo es überwintert und wie alt es werden kann.
→ **Besonderes:** Hier wird auf ganz spezielle Verhaltens- oder Lebensweisen eingegangen.

# Gartenzone

Die vielfältigste Pflanzzone eines Teiches ist zweifellos der Bereich um diesen herum. Die Pflanzen, die hier wachsen, verbinden das Gewässer mit dem restlichen Garten. Schöpfen Sie also alle gestalterischen Möglichkeiten aus, um den Teich so zu umrahmen, dass er zum Gartenstil passt und Teil Ihres grünen Wohnzimmers wird. Die Pflanzenauswahl ist groß – es stehen Ihnen alle Möglichkeiten offen.

## Ein schöner Rahmen

Es gibt eine riesige Auswahl von Pflanzen, die sich für die Gartenzone eignen, da dieser Bereich vom Wasser des Teiches völlig unbeeinflusst ist. Die Bepflanzung richtet sich allein nach den Licht- und Bodenverhältnissen, dem allgemeinen Gartenstil und Ihrem persönlichen Geschmack.
→ Achten Sie darauf, dass ein optisch schöner Übergang zur anschließenden Feuchtzone entsteht.
→ Berücksichtigen Sie bei der Artenzusammenstellung Blütezeiten und Blütenfarben, damit es das ganze Jahr hindurch blüht.

## Blickfang: Bäume und Sträucher

Binden Sie im weiteren Umfeld unbedingt größere Gehölze mit ein. Das lockt nicht nur Vögel und andere Tiere an, sondern schafft auch Struktur und Raumbildung im Garten. So passt z. B. der Japanische Fächer-Ahorn (*Acer palmatum*) mit seinem filigranen Wuchs und der roten Blattfärbung sehr schön zu einem asiatischen Stil. An naturnah gestalteten Teichen bieten sich Kätzchen-Weiden (*Salix caprea* 'Mas'), kleinblumige Strauchrosen oder Pfaffenhütchen (*Euonymus europaeus*) an. Für eher architektonische Anlagen eignen sich schlanke Sorten der Eibe (z. B. *Taxus baccata* 'Fastigiata') oder die schlanke Säulen-Zierkirsche (*Prunus serrulata* 'Amonogava') genauso wie zu Kugeln geschnittener Buchs (*Buxus sempervirens*). Kalkulieren Sie schon bei der Planung ein, wie breit die Kronen der Bäume und Sträucher werden. Laubfall in den Teich führt zu übermäßigem Nährstoffeintrag, und die zunehmende Beschattung wird vielleicht nach einigen Jahren eine Änderung der Unterpflanzung notwendig werden lassen!

## Was wächst wo?

In unserer »Gebrauchsanweisung« auf den vorherigen Seiten definierten wir bereits die Angaben zu Lichtverhältnissen und Nähr-

# Gartenzone

stoffbedarf. In der Gartenzone müssen wir bei den Eigenschaften noch die Bodenfeuchte ins Spiel bringen. Denn hier befinden wir uns außerhalb der Teichdichtung. Es hängt von Bodenart und Witterungsverlauf ab, wie gut die Pflanzung mit Wasser verwöhnt wird.

→ **trockene Standorte:** sandige oder steinige Böden bei unter 800 mm Niederschlag/Jahr oder Lehm- und Tonböden bei unter 500–600 mm Niederschlag/Jahr

→ **frische Standorte:** sandige oder steinige Böden bei 800–1000 mm Niederschlag/Jahr oder Lehm- und Tonböden bei 600–800 mm Niederschlag/Jahr

→ **feuchte Standorte:** sandige oder steinige Böden bei über 1000 mm Niederschlag/Jahr oder Lehm- und Tonböden bei über 800 mm Niederschlag/Jahr oder Staunässe (z. B. durch sehr hohen Grundwasserstand)

In der Pflanzenauswahl finden Sie auch Arten für sehr trockene Standorte wie z. B. die Gebüsch-Aster. Sie passen von ihrem Charakter her gut an naturnahe Teiche.

In architektonischen Anlagen mit voneinander abgesetzten geometrischen Beeten können Sie auch Pflanzungen ganz anderer Themen in Wassernähe platzieren, ohne damit eine peinliche Wirkung zu erzielen.

Die dicht bepflanzte Gartenzone überspielt die Grenze des Badeteiches, so dass er wirkt, als wäre er ein Teil der Natur.

## Machen Sie sich die Pflege leicht

Die Auswahl von Pflanzen mit etwa gleichen Licht- und Feuchtigkeitsansprüchen ist der Schlüssel zu einer einheitlichen und damit auch weniger arbeitsintensiven Pflege. Das gilt sogar, wenn Sie sich für eine Kombination aus lauter Arten mit Angaben »Boden frisch bis feucht« entschieden haben, die Wetterlage Sie aber mit längeren Trockenperioden zu ärgern versucht. Immerhin können Sie jetzt alle Pflanzen gleichmäßig bewässern und müssen nicht auch noch auf individuelle Ansprüche einzelner »Quertreiber« Rücksicht nehmen.

Etwas schwieriger wird es im umgekehrten Fall. Sie wählen Arten für trockene Böden aus und pflanzen diese auf ein überwiegend feuchtes Beet. Hier könnte es zu übermäßig mastigem Wuchs kommen. Wenn dies zu hässlichen Dickichtbildungen führt, sollten Sie die Pflanzen im Frühjahr ausgraben und den Boden intensiv mit Sand und Splitt abmagern. Arbeiten Sie mindestens eine 20 cm starke Schicht des mineralischen Materiales ein. Die Volumenvergrößerung wird dann allerdings eine Geländemodellierung nach sich ziehen. Achten Sie unbedingt darauf, dass kein Oberflächenwasser in den Teich gerät. Eine unmittelbar am Teichrand entlanggezogene, wenigstens 20 cm tiefe Rinne mit Kiesfüllung hilft, das Oberflächenwasser vorher versickern zu lassen.

## Vielfalt in der Gartenzone

Mit englischem Rasen und exotischen Ziersträuchern rund um den Gartenteich werden Sie nicht viele Tiere anlocken können. Je reichhaltiger die Gartenzone mit heimischen Pflanzen ausgestattet ist, desto artenreicher wird auch die Tierwelt sein, die hier passende Lebensräume findet. Ein großes, vielfältiges Pflanzenangebot mit Sträuchern und Stauden, Gräsern und Zwiebelblumen bietet auch einer großen Anzahl ganz unterschiedlicher Tiere Nahrung und Unterschlupf.

### Bunte Welt der Insekten

Die vielfältigen Pflanzen der Gartenzone ziehen vor allem Insekten an, die sich vom Frühjahr bis in den Herbst hinein an den Blüten einfinden. Schlüsselblumen

und Sumpf-Dotterblume bieten schon ab März in ihren gelben Blüten süßen Nektar für Bienen und Hummeln an. Hier finden sich auch die ersten Schmetterlinge ein, z. B. Zitronenfalter (❯ Abb. links) und Kleiner Fuchs (❯ Abb. oben). Pracht-Storchschnabel und Sumpf-Garbe folgen von Juni bis August. Das Schlusslicht bilden spätblühende Astern, die bis in den November hinein Blütenschmuck zeigen. Auf den Blüten von Gebüsch-Aster, Mädesüß und Wasserdost tummeln sich Schwebfliegen (❯ Seite 67) in großer Zahl.
Wenn Sie viele Insekten anlocken wollen, sollten Sie Pflanzen mit einfachen, ungefüllten Blüten bevorzugen. Sorten mit dicht gefüllten Blüten sind oft steril und enthalten kaum Nektar.

### Geschäftiges Treiben im Blumenmeer

Auf den Blüten halten sich vor allem in den Sommermonaten unzählige Insekten auf (❯ Kasten links). Schmetterlinge wie Zitronenfalter, Kleiner Fuchs, Tagpfauenauge, Aurorafalter und viele Bläulings-Arten flattern von Blüte zu Blüte und stecken immer wieder ihre langen Saugrüssel auf der Suche nach Nektar tief in die Blüten. Bienen und Hummeln geben sich ein Stelldichein, und die Doldenblüten sind an sonnigen Tagen übersät mit Schwebfliegen. Eine Etage tiefer krabbeln Marienkäfer auf der Suche nach Blattläusen umher, hüpfen Heupferd und Grashüpfer von Pflanze zu Pflanze, weben sich Kreuzspinne und Wespenspinne ihre kunstvollen Netze. Und am Boden laufen Ameisen und Käfer umher.

# Tiere der Gartenzone

## Ein Platz an der Sonne

Wo es so viele Insekten gibt, da finden sich natürlich auch bald Tiere ein, die von ihnen leben. Ein vielgestaltiges Ufer mit zumindest einer flachen Stelle zum Ein- und Aussteigen ist ein idealer Platz zum Sonnetanken – nicht nur für Insekten und Spinnen, sondern auch für Eidechsen und Ringelnattern (> Seite 181). Wenn Sie darüber hinaus noch für einige trockenwarme Plätzchen im Garten und um den Teich herum sorgen, z. B. eine Steinterrasse, einen Steinhaufen, einen alten Wurzelstock oder einen Baumstamm, an dem sich die Reptilien sonnen und unter dem sie sich verstecken können, dann haben Sie schon viel zur dauerhaften Ansiedlung dieser Tiere getan. Darüber hinaus sollten Sie auf die Verwendung chemischer Schädlings- oder Unkrautbekämpfungsmittel verzichten. Bei einem artenreichen Tierleben sind Schädlingsbekämpfungsmittel meist sowieso nicht notwendig. Die Larven von Marienkäfer und Schwebfliege z. B. sind die besten Blattlausvertilger, die Sie haben können.

## Besonders gern gesehen: der Igel

Und wenn Ihr Garten nicht allzu aufgeräumt ist, sondern irgendwo ein Totholz- oder Reisighaufen liegt, unter dem Gartenhäuschen ein Schlupfloch zu finden ist oder irgendwo Bretterhaufen oder Ziegelstapel lagern, dann können Sie sogar mit Igeln rechnen. Tagsüber schlafen die stacheligen Gesellen gerne im Gebüsch, unter Reisighaufen oder zwischen Wurzelwerk. In der Dämmerung und nachts machen sie sich dann auf die Jagd nach Insekten, Würmern und Schnecken, von denen sie jede Menge vertilgen können. Womit Sie einen weiteren natürlichen Schädlingsbekämpfer in Ihrem Garten hätten.
Igel sind in der Regel Einzelgänger. Sie paaren sich von Mai bis Juli. Lassen Sie sich in dieser Zeit also nicht durch lautes Schnaufen, Grunzen und Prusten im Garten erschrecken – das ist lediglich das lautstarke Liebeswerben der Igel. Nach ca. fünf Wochen Tragzeit bringt das Igelweibchen 5–7 blinde Junge zur Welt, die sie die nächsten 3–4 Wochen in einem Nest aus Reisig, Laub, trockenem Gras und Moos großzieht. In solch einem selbst gebauten Nest überwintern Igel auch. Lassen Sie also im Herbst genügend Laub und trockenes Gras zum Nestbau liegen.

An besonders warmen und trockenen Tagen kommt der Igel auch an den Teich, um seinen Durst zu löschen. Gewöhnlich trinkt er aber Tau.

### Teichmolche in Landtracht

In der feuchten Gartenzone halten sich oftmals an Land gegangene junge Teichmolche (> Seite 180) auf. An Land ist ihre Haut trocken, feinkörnig, wasserabweisend und tarnfarben.
Die Tiere halten sich tagsüber unter Gehölzgruppen, Totholz oder Laubansammlungen versteckt und gehen erst nachts auf die Suche nach Würmern und Asseln.

## WEISS: über 80 cm

| Farbe | Wuchshöhe | Pflanzen | Name/Eigenschaften | Gute Partner |
|---|---|---|---|---|
| weiß | über 80 cm | | **Busch-Knöterich** ☼ ☽ ● <br> *Aconogonon alpinum* <br> → Juni – September <br> › Seite 120 <br> konkurrenzstark; Boden frisch, Nährstoffbedarf hoch; gutes Versteck für Tiere | **Weicher Frauenmantel** <br> *Alchemilla mollis* <br> › Seite 121 <br><br> **Gezähnter Goldkolben** <br> *Ligularia dentata* <br> › Seite 145 |
| | | | **Echtes Mädesüß** ☼ ☽ <br> *Filipendula ulmaria* 'Plena' <br> → Juni – August <br> › Seite 137 <br> gefüllte Sorte, versamt nicht; Boden frisch bis feucht, Nährstoffbedarf mittel | **Schlangen-Knöterich** <br> *Bistorta officinalis* <br> › Seite 126 <br><br> **Wasserdost** <br> *Eupatorium cannabium* 'Plenum' <br> › Seite 135 |
| | | | **Quirl-Haarstrang** ☼ ☽ <br> *Peucedanum verticillare* <br> → Juni – August <br> › Seite 156 <br> Bärenklau-Ersatz, versamt; Boden frisch bis mäßig trocken, Nährstoffbedarf hoch; Insektenmagnet | **Sumpf-Dotterblume** <br> *Caltha palustris* <br> › Seite 127 <br><br> **Dreimasterblume** <br> *Tradescantia* 'I.C.Weguelin' <br> › Seite 163 |
| | 40–80 cm | | **Gebüsch-Aster** ☼ ☽ ● <br> *Aster divaricatus* <br> → August – September <br> › Seite 124 <br> Boden trocken bis frisch, Nährstoffbedarf mittel; Versteck für Tiere | **Bergenie** <br> *Bergenia* 'Morgenröte' <br> › Seite 125 <br><br> **Horst-Reitgras** <br> *Calamagrostis × acutiflora* 'Karl Foerster' <br> › Seite 126 |

# GELB: über 80 cm

| Farbe | Wuchshöhe | Pflanzen | Name/Eigenschaften | Gute Partner |
|---|---|---|---|---|
| weiß | 40–80 cm | | **Sumpf-Garbe** ☼ ◐<br>*Achillea ptarmica* 'Schneeball'<br>→ Juni – August<br>› Seite 120<br>gefüllte Sorte, versamt nicht;<br>Boden frisch bis feucht, Nährstoff-<br>bedarf mittel; Schmetterlingsmagnet | **Pfennigkraut**<br>*Lysimachia nummularia*<br>› Seite 147<br><br>**Blut-Weiderich**<br>*Lythrum salicaria*<br>› Seite 148 |
| | | | **Dreiblattspiere** ◐ ●<br>*Gillenia trifoliata*<br>→ Juni – Juli<br>› Seite 139<br>leuchtend rote Herbstfärbung;<br>Boden frisch bis feucht, Nährstoffbedarf<br>mittel bis hoch | **Funkie**<br>*Hosta plantaginea* 'Honeybells'<br>› Seite 141<br><br>**Japanische Prachtspiere**<br>*Astilbe japonica* 'Red Sentinel'<br>› Seite 125 |
| | | | **Funkie** ◐ ●<br>*Hosta plantaginea* 'Honeybells'<br>→ Juli – September<br>› Seite 141<br>Boden frisch, Nährstoffbedarf hoch;<br>Unterschlupf für Tiere | **Japanische Prachtspiere**<br>*Astilbe japonica* 'Red Sentinel'<br>› Seite 125<br><br>**Japanische Anemone**<br>*Anemone japonica* 'Bressingham Glow'<br>› Seite 123 |
| gelb | über 80 cm | | **Sumpf-Wolfsmilch** ☼ ◐<br>*Euphorbia palustris*<br>→ Mai – Juni<br>› Seite 136<br>orangefarbenes Herbstlaub;<br>Boden mäßig trocken bis feucht,<br>Nährstoffbedarf mittel | **Kriechender Günsel**<br>*Ajuga reptans*<br>› Seite 121<br><br>**Pracht-Storchschnabel**<br>*Geranium × magnificum*<br>› Seite 138 |

Gartenzone

# GELB: über 80 cm

| Farbe | Wuchshöhe | Pflanzen | Name/Eigenschaften | Gute Partner |
|---|---|---|---|---|
| gelb | über 80 cm | | **Weidenblättrige Sonnenblume** ☼-☽ *Helianthus salicifolius* → Oktober – November › Seite 140 blüht nur nach warmen Sommern; Boden trocken, Nährstoffbedarf mittel bis hoch; Insektenmagnet | **Pracht-Storchschnabel** *Geranium × magnificum* › Seite 138  **Ruten-Hirse** *Panicum virgatum* 'Hänse Herms' › Seite 155 |
| | | | **Gezähnter Goldkolben** ☼-☽ *Ligularia dentata* → August – September › Seite 145 Boden frisch bis feucht, Nährstoffbedarf hoch; Insekten-, aber auch Schneckenmagnet | **Weicher Frauenmantel** *Alchemilla mollis* › Seite 121  **Wurmfarn** *Dryopteris filix-mas* › Seite 133 |
| | 40–80 cm | | **Taglilie** ☼-☽ *Hemerocallis* 'Corky' → Juni – Juli › Seite 140 Boden mäßig trocken bis frisch, Nährstoffbedarf mittel bis hoch; Insektenmagnet | **Kriechender Günsel** *Ajuga reptans* › Seite 121  **Horst-Reitgras** *Calamagrostis × acutiflora* 'Karl Foerster' › Seite 126 |
| | bis 40 cm | | **Weicher Frauenmantel** ☼-☽ ● *Alchemilla mollis* → Juni – Juli › Seite 121 versamt leicht; Boden frisch bis feucht, Nährstoffbedarf mittel bis hoch | **Pracht-Storchschnabel** *Geranium × magnificum* › Seite 138  **Runzeliger Wasserdost** *Eupatorium rugosum* › Seite 136 |

Gartenzone

# GELB: bis 40 cm

| Farbe | Wuchshöhe | Pflanzen | Name/Eigenschaften | Gute Partner |
|---|---|---|---|---|
| gelb | bis 40 cm | | **Sumpf-Dotterblume** ☼ ☼ ●<br>*Caltha palustris*<br>→ April – Mai<br>› Seite 127<br>Boden frisch bis feucht, Nährstoffbedarf mittel bis hoch; Insektenmagnet (außer 'Multiplex') | **Morgenstern-Segge**<br>*Carex grayi*<br>› Seite 129<br><br>**Echtes Mädesüß**<br>*Filipendula ulmaria* 'Plena'<br>› Seite 137 |
| | | | **Pfennigkraut** ☼ ☼ ●<br>*Lysimachia nummularia*<br>→ Mai – Juni<br>› Seite 147<br>guter Bodendecker; Boden frisch bis feucht, Nährstoffbedarf mittel bis hoch; Versteck für Tiere | **Pracht-Storchschnabel**<br>*Geranium × magnificum*<br>› Seite 138<br><br>**Busch-Knöterich**<br>*Aconogonon alpinum*<br>› Seite 120 |
| | | | **Hohe Schlüsselblume** ☼ ☼ ●<br>*Primula elatior*<br>→ April – Mai<br>› Seite 159<br>Boden frisch bis feucht, Nährstoffbedarf mittel, Kalk liebend; Insektenmagnet | **Sibirische Schwertlilie**<br>*Iris sibirica*<br>› Seite 143<br><br>**Rosa Seidenblume**<br>*Asclepias incarnata*<br>› Seite 124 |
| | | | **Echte Schlüsselblume** ☼ ☼<br>*Primula veris*<br>→ April – Mai<br>› Seite 159<br>Boden trocken bis frisch, Nährstoffbedarf mittel, Kalk liebend; Insektenmagnet | **Frikarts Aster**<br>*Aster × frikartii* 'Wunder von Stäfa'<br>› Seite 124<br><br>**Steppen-Schwertlilie**<br>*Iris spuria*<br>› Seite 143 |

Gartenzone

## ROSA: über 80 cm

| Farbe | Wuchshöhe | Pflanzen | Name/Eigenschaften | Gute Partner |
|---|---|---|---|---|
| rosa | über 80 cm | | **Rosa Seidenblume** ☼-☽<br>*Asclepias incarnata*<br>→ Juli – August<br>› Seite 124<br>seidig behaarte Samen;<br>Boden frisch bis feucht, Nährstoffbedarf mittel bis hoch | **Sumpf-Dotterblume**<br>*Caltha palustris*<br>› Seite 127<br><br>**Sibirische Schwertlilie**<br>*Iris sibirica*<br>› Seite 143 |
| | | | **Wasserdost** ☼-☽<br>*Eupatorium cannabinum* 'Plenum'<br>→ Juli – September<br>› Seite 135<br>versamt sich nicht; Boden frisch bis sumpfig, Nährstoffbedarf mittel bis hoch; Insektenmagnet | **Weicher Frauenmantel**<br>*Alchemilla mollis*<br>› Seite 121<br><br>**Sumpf-Garbe**<br>*Achillea ptarmica* 'Schneeball'<br>› Seite 120 |
| | 40–80 cm | | **Kuckucks-Lichtnelke** ☼-☽<br>*Lychnis flos-cuculi*<br>→ Mai – Juni<br>› Seite 146<br>kurzlebig; versamt sich;<br>Boden frisch bis feucht, Nährstoffbedarf mittel; Insektenmagnet | **Dreimasterblume**<br>*Tradescantia* 'I.C. Weguelin'<br>› Seite 163<br><br>**Plattährengras**<br>*Chasmanthium latifolium*<br>› Seite 130 |
| | | | **Schlangen-Knöterich** ☼-☽<br>*Bistorta officinalis* 'Superbum'<br>→ Mai – Juni<br>› Seite 126<br>kompakter als die reine Art;<br>Boden frisch bis feucht, Nährstoffbedarf mittel; Insektenmagnet | **Rosa Seidenblume**<br>*Asclepias incarnata*<br>› Seite 124<br><br>**Chinaschilf**<br>*Miscanthus sinensis* 'Morgenröte'<br>› Seite 150 |

# ROSA: 40–80 cm

| Farbe | Wuchshöhe | Pflanzen | Name/Eigenschaften | Gute Partner |
|---|---|---|---|---|
| rosa | 40–80 cm | | **Rosa Schildblume** ☼ ☼<br>*Chelone obliqua*<br>→ August – September<br>› Seite 131<br>Boden frisch bis feucht, Nährstoffbedarf hoch; Versteck für Tiere | **Weiße Sumpf-Dotterblume**<br>*Caltha palustris* 'Alba'<br>› Seite 127<br><br>**Morgenstern-Segge**<br>*Carex grayi*<br>› Seite 129 |
| | | | **Sibirische Spierstaude** ☼ ☼<br>*Filipendula palmata* 'Nana'<br>→ Juli – August<br>› Seite 137<br>kleinbleibende Horststaude;<br>Boden frisch bis feucht, Nährstoffbedarf mittel | **Schachbrettblume**<br>*Fritillaria meleagris*<br>› Seite 137<br><br>**Sumpf-Garbe**<br>*Achillea ptarmica* 'Schneeball'<br>› Seite 120 |
| | | | **Japanische Anemone** ☼ ●<br>*Anemone japonica* 'Bressingham Glow'<br>→ August – September<br>› Seite 123<br>breitwüchsig; Boden frisch bis feucht, Nährstoffbedarf hoch | **Weicher Frauenmantel**<br>*Alchemilla mollis*<br>› Seite 121<br><br>**Dreiblattspiere**<br>*Gillenia trifoliata*<br>› Seite 139 |
| | | | **Japanische Prachtspiere** ☼ ●<br>*Astilbe japonica* 'Red Sentinel'<br>→ Juli – August<br>› Seite 125<br>Boden frisch bis feucht, humos,<br>Nährstoffbedarf hoch; kühleliebend | **Dreiblattspiere**<br>*Gillenia trifoliata*<br>› Seite 139<br><br>**Wurmfarn**<br>*Dryopteris filix-mas*<br>› Seite 133 |

Gartenzone

## ROSA: bis 40 cm

| Farbe | Wuchshöhe | Pflanzen | Name/Eigenschaften | Gute Partner |
|---|---|---|---|---|
| rosa | bis 40 cm | | **Schnittlauch** ☼-☽ *Allium schoenoprasum* → Mai – Juni › Seite 122 Boden trocken bis feucht, Nährstoffbedarf gering bis mittel; Kalkmoorpflanze; Insektenmagnet | **Plattährengras** *Chasmanthium latifolium* › Seite 130  **Echte Schlüsselblume** *Primula veris* › Seite 159 |
| | | | **Pracht-Nelke** ☼-☽ *Dianthus superbus* → Juni – Juli › Seite 146 kurzlebig; Boden frisch bis feucht, Nährstoffbedarf gering bis mittel; Insektenmagnet | **Duft-Lauch** *Allium suaveolens* › Seite 122  **Blut-Weiderich** *Lythrum salicaria* › Seite 148 |
| | | | **Wiesen-Gladiole** ☼-☽ *Gladiolus illyricus* → Juni – Julit › Seite 139 Boden trocken, auch schottrig, Nährstoffbedarf gering; Insektenmagnet | **Schachbrettblume** *Fritillaria meleagris* › Seite 137  **Sumpf-Garbe** *Achillea ptarmica* 'Schneeball' › Seite 120 |
| | | | **Bergenie** ☽ ● *Bergenia* 'Morgenröte' → April – Mai › Seite 125 Boden trocken bis frisch, Nährstoffbedarf mittel bis hoch; Versteck für Tiere | **Riesen-Segge** *Carex pendula* › Seite 129  **Gelbhalmiger Bambus** *Phyllostachys vivax* 'Aureocaulis' › Seite 157 |

Gartenzone

# VIOLETT: 40–80 cm

| Farbe | Wuchshöhe | Pflanzen | Name/Eigenschaften | Gute Partner |
|---|---|---|---|---|
| violett | 40–80 cm | | **Gewöhnliche Akelei** ☼ ☼ ● *Aquilegia vulgaris* → Mai – Juni › Seite 123 versamt sich sehr stark; Boden sehr trocken bis frisch, Nährstoffbedarf mittel; lockt Hummeln an | **Taglilie** *Hemerocallis* 'Corky' › Seite 140 **Gebüsch-Aster** *Aster divaricatus* › Seite 124 |
| | | | **Pracht-Storchschnabel** ☼ ☼ ● *Geranium × magnificum* → Juni – Juli › Seite 138 Boden trocken bis frisch, Nährstoffbedarf mittel; guter Unterschlupf für Tiere | **Taglilie** *Hemerocallis* 'Corky' › Seite 140 **Busch-Knöterich** *Aconogonon alpinum* › Seite 120 |
| | | | **Frikarts Aster** ☼ ☼ *Aster × frikartii* 'Wunder von Stäfa' → September – Oktober › Seite 124 Boden sehr trocken bis mäßig frisch, Nährstoffbedarf mittel | **Gewöhnliche Akelei** *Aquilegia vulgaris* › Seite 123 **Steppen-Schwertlilie** *Iris spuria* › Seite 143 |
| | | | **Sibirische Schwertlilie** ☼ ☼ *Iris sibirica* → Mai – Juni › Seite 143 Boden frisch bis feucht, Nährstoffbedarf mittel; Kalkmoorpflanze; Insektenmagnet | **Schlangen-Knöterich** *Bistorta officinalis* › Seite 126 **Sumpf-Garbe** *Achillea ptarmica* 'Schneeball' › Seite 120 |

Gartenzone

## VIOLETT: 40–80 cm

| Farbe | Wuchshöhe | Pflanzen | Name/Eigenschaften | Gute Partner |
|---|---|---|---|---|
| violett | 40–80 cm | | **Prachtscharte** ☼ ☽ *Liatris spicata* → Juli – August › Seite 145 horstig, Blüte rosaviolett, schwach versamend; Boden trocken bis feucht, Nährstoffbedarf mittel | **Pfeifengras** *Molinia caerulea* 'Moorhexe' › Seite 150  **Rosa Seidenblume** *Asclepias incarnata* › Seite 124 |
| | bis 40 cm | | **Kriechender Günsel** ☼ ☽ *Ajuga reptans* → April – Mai › Seite 121 kriechender, immergrüner Bodendecker; Boden frisch bis feucht, Nährstoffbedarf mittel bis hoch | **Schlangen-Knöterich** *Bistorta officinalis* › Seite 126  **Echtes Mädesüß** *Filipendula ulmaria* 'Plena' › Seite 137 |
| | | | **Dreimasterblume** ☼ ☽ *Tradescantia* 'I. C. Weguelin' → Juni – August › Seite 163 Boden frisch bis feucht, Nährstoffbedarf hoch; Insektenmagnet | **Taglilie** *Hemerocallis* 'Corky' › Seite 140  **Busch-Knöterich** *Euphorbia palustris* › Seite 120 |
| blau | 40–80 cm | | **Steppen-Schwertlilie** ☼ ☽ *Iris spuria* → Mai – Juni › Seite 143 Sorten in anderen Farben; Boden trocken bis frisch, Nährstoffbedarf mittel bis hoch; Insektenmagnet | **Pracht-Storchschnabel** *Geranium × magnificum* › Seite 126  **Weidenblättrige Sonnenblume** *Helianthus salicifolius* › Seite 140 |

# GRÜN/BRAUN: über 80 cm

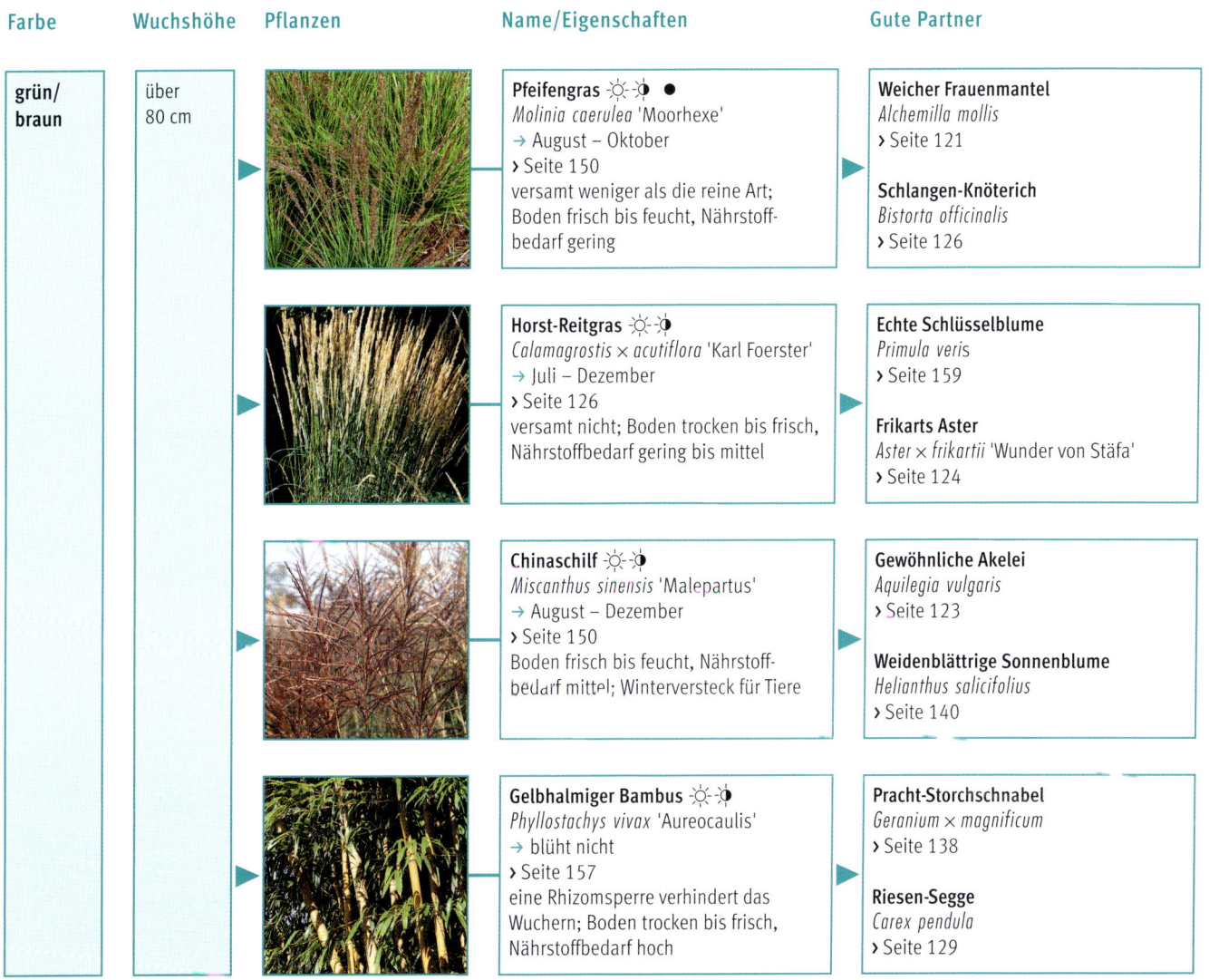

| Farbe | Wuchshöhe | Pflanzen | Name/Eigenschaften | Gute Partner |
|---|---|---|---|---|
| grün/braun | über 80 cm | | **Pfeifengras** ☼ ☼ ● *Molinia caerulea* 'Moorhexe' → August – Oktober › Seite 150 versamt weniger als die reine Art; Boden frisch bis feucht, Nährstoffbedarf gering | **Weicher Frauenmantel** *Alchemilla mollis* › Seite 121 **Schlangen-Knöterich** *Bistorta officinalis* › Seite 126 |
| | | | **Horst-Reitgras** ☼ ☼ *Calamagrostis × acutiflora* 'Karl Foerster' → Juli – Dezember › Seite 126 versamt nicht; Boden trocken bis frisch, Nährstoffbedarf gering bis mittel | **Echte Schlüsselblume** *Primula veris* › Seite 159 **Frikarts Aster** *Aster × frikartii* 'Wunder von Stäfa' › Seite 124 |
| | | | **Chinaschilf** ☼ ☼ *Miscanthus sinensis* 'Malepartus' → August – Dezember › Seite 150 Boden frisch bis feucht, Nährstoffbedarf mittel; Winterversteck für Tiere | **Gewöhnliche Akelei** *Aquilegia vulgaris* › Seite 123 **Weidenblättrige Sonnenblume** *Helianthus salicifolius* › Seite 140 |
| | | | **Gelbhalmiger Bambus** ☼ ☼ *Phyllostachys vivax* 'Aureocaulis' → blüht nicht › Seite 157 eine Rhizomsperre verhindert das Wuchern; Boden trocken bis frisch, Nährstoffbedarf hoch | **Pracht-Storchschnabel** *Geranium × magnificum* › Seite 138 **Riesen-Segge** *Carex pendula* › Seite 129 |

Gartenzone

## GRÜN/BRAUN: über 80 cm

| Farbe | Wuchshöhe | Pflanzen | Name/Eigenschaften | Gute Partner |
|---|---|---|---|---|
| grün/ braun | über 80 cm | | **Schirm-Bambus** ☽ *Fargesia murielae* → blüht erst in hohem Alter › Seite 136 immergrün; Boden frisch, Nährstoffbedarf hoch; Versteck für Tiere | **Gebüsch-Aster** *Aster divaricatus* › Seite 124  **Taglilie** *Hemerocallis* 'Corky' › Seite 140 |
| | | | **Riesen-Segge** ☽ ● *Carex pendula* → Juni – August › Seite 129 immergrün; Boden trocken bis frisch, Nährstoffbedarf mittel; Versteck für Tiere | **Bergenie** *Bergenia* 'Morgenröte' › Seite 125  **Gebüsch-Aster** *Aster divaricatus* › Seite 124 |
| | | | **Wurmfarn** ☽ ● *Dryopteris filix-mas* → blüht nicht › Seite 133 robuster Solitärfarn; Boden frisch, Nährstoffbedarf mittel bis hoch, kalkverträglich | **Weicher Frauenmantel** *Alchemilla mollis* › Seite 121  **Dreiblattspiere** *Gillenia trifoliata* › Seite 139 |
| | 40–80 cm | | **Morgenstern-Segge** ☼ ☽ ● *Carex grayi* → Juni – Oktober › Seite 129 bildet imposante Fruchtsterne aus; Boden frisch bis feucht, Nährstoffbedarf mittel | **Sumpf-Dotterblume** *Caltha palustris* › Seite 127  **Sibirische Spierstaude** *Filipendula palmata* 'Nana' › Seite 137 |

# GRÜN/BRAUN: bis 40 cm

| Farbe | Wuchshöhe | Pflanzen | Name/Eigenschaften | Gute Partner |
|---|---|---|---|---|
| grün/braun | 40–80 cm | | **Ruten-Hirse** ☼ ☽<br>*Panicum virgatum* 'Hänse Herms'<br>→ August – November<br>› Seite 155<br>rote Herbstfärbung; Boden trocken bis frisch, Nährstoffbedarf mittel | **Pracht-Storchschnabel**<br>*Geranium × magnificum*<br>› Seite 138<br><br>**Taglilie**<br>*Hemerocallis* 'Corky'<br>› Seite 140 |
| | bis 40 cm | | **Frühlings-Segge** ☼ ☽<br>*Carex caryophylla* 'The Beatles'<br>→ April – Juli<br>› Seite 129<br>Boden trocken, Nährstoffbedarf gering bis mittel; Versteck für Tiere | **Wiesen-Gladiole**<br>*Gladiolus illyricus*<br>› Seite 139<br><br>**Schnittlauch**<br>*Allium schoenoprasum*<br>› Seite 122 |
| | | | **Bunte Oshima-Segge** ☽ ●<br>*Carox oshimensis* 'Evergold'<br>→ April – Juni<br>› Seite 129<br>Boden mäßig trocken bis frisch, Nährstoffbedarf mittel; Versteck für Tiere | **Hirschzungenfarn**<br>*Phyllitis scolopendrium*<br>› Seite 156<br><br>**Funkie**<br>*Hosta plantaginea* 'Honeybells'<br>› Seite 141 |
| | | | **Hirschzungenfarn** ☽ ●<br>*Phyllitis scolopendrium*<br>→ blüht nicht<br>› Seite 156<br>immergrün; gut zwischen Steinen; Boden frisch, Nährstoffbedarf mittel, liebt Kalk | **Hohe Schlüsselblume**<br>*Primula elatior*<br>› Seite 159<br><br>**Bunte Oshima-Segge**<br>*Carex oshimensis* 'Evergold'<br>› Seite 129 |

Gartenzone

# Feuchtzone

Sie erscheint auf den ersten Blick wie eine Weiterführung der Gartenzone, ist aber echter Teil der Teichbepflanzung. Von unten staunass, aber nicht überflutet: die Feuchtzone. Hier sind durstige Arten der Gartenzone genauso verwendbar wie mancherlei Stauden, die sonst im Röhricht zu Hause sind. Aber auch die spektakulären fleischfressenden Pflanzen der Hochmoore und Feuchtwiesen-Orchideen gehören hierher.

## Zwischen Land und Wasser

Falls Sie sich fragen, ob eine Feuchtzone überhaupt nötig ist, lautet die klare Antwort: Nein, das ist sie nicht. Sie können genauso gut die freie Wasserfläche an den Rand der Teichdichtung stoßen lassen. Doch ist die Feuchtzone die einfachste und gleichzeitig am natürlichsten wirkende Möglichkeit, Folienränder unsichtbar zu machen.

### Schön, aber manchmal lästig

Unter den »üblichen« Vertretern der Feuchtzone befinden sich viele sehr schöne, aber auch sehr versamungsfreudige Stauden. Zum »Lästling« können sich z. B. Gelbe Gauklerblume, viele Binsen (*Juncus effusus, J. inflexus*), einige Groß-Seggen (*Carex paniculata, C. pendula, C. pseudocyperus*) oder der Blut-Weiderich entwickeln. Besonders an sehr kleinen Teichen ist es ratsam, auf diese Arten lieber ganz zu verzichten.

Weniger problematisch sind Kuckucks-Lichtnelke, Pracht-Nelke, Lobelien (*Lobelia cardinalis* u. a.), Sumpf-Vergissmeinnicht oder Sumpf-Primeln (*Primula japonica, Primula florindae* u.a.). Sie setzen zwar auch reichlich Samen an, doch weil sie konkurrenzschwach bzw. sehr kleinwüchsig sind, ist hier eine gewisse Versamung sogar wünschenswert!

### Düngen notwendig?

Die Feuchtzone wird vom Teichwasser nur langsam durchdrungen. Somit gelangen auch Nährstoffe nur sehr behäbig an die Pflanzenwurzeln. Hinzu kommt, dass gierige Mikroorganismen nichts Besseres im Sinn haben, als das Nitrat als wichtigste von Pflanzen aufnehmbare Stickstoffform »anzuknabbern«. Ergebnis: Das nasse, sauerstoffarme Substrat der Feuchtzone wird zum Stickstoffmangelstandort. Dieser Effekt ist auch in den anderen Teichzonen zu beobachten (› Seite 31), führt jedoch vor allem in der Feuchtzone oft zu besonders deutlichen Mangelsymptomen an nährstoffbedürftigen Arten.

# Feuchtzone

Viele Arten eher nährstoffreicher Wiesen wie Trollblume und Schlangen-Knöterich oder Hochstauden wie Mädesüß, Wasserdost und Seidenblume leiden dann oft unter Nährstoffmangel. Düngung im Frühjahr ist dann angebracht! Wenn Sie ein entsprechend schwaches Wachstum feststellen, können Sie in der Feuchtzone im März etwa 20–30 g Hornspäne/$m^2$ ausstreuen. Das hält die Pflanzen vital und macht sie weniger anfällig gegen Krankheitserreger und Schädlinge.

## Moor statt Düngung

Genau diese beschriebene Tendenz zum Nährstoffmangel-Standort können Sie aber auch zur Gestaltung von sehr artenreichen Themen mit ungewöhnlichen Pflanzen nutzen: Moorlandschaften (> Seite 7) lassen sich im Garten in der Feuchtzone des Teiches recht gut nachbauen.

→ Bei **hartem Wasser** ist das nährstoffarme Kalkmoor die richtige Variante. Zwischen niedrigen, feingliedrigen Gräsern (*Carex davalliana, C. viridula*) erheben sich grazile Blütenstände von Sumpf-Gladiolen und Orchideen (*Dactylorhiza, Epipactis*). Das Breite Wollgras lässt seine Wattebäuschchen im Wind wehen. Im Sommer und Herbst sorgen Schwalbenwurz-Enzian und Duft-Lauch für Farbe. Etwas Geduld brauchen Sie bei dieser Pflanzung allerdings. Viele hier vorkommende Blütenpflanzen – besonders die Orchideen – zeigen im ersten Jahr keinen erkennbaren Zuwachs. Ein Frühjahrsaustrieb – das war's dann auch. Alles Weitere läuft unterirdisch ab, wo ein deutlich stärkerer Austrieb für das Folgejahr vorbereitet wird.

→ Bei **weichem Wasser** können Sie auch eine Pflanzung mit Arten der Hochmoore zusammenstellen. Die Hochmoorvariante sollte eine Bodendecke aus lebendem Torfmoos (*Sphagnum*) bekommen, das in der Lage ist, seine Umgebung aktiv anzusäuern. Im Torfmoos fühlt sich die rosa blühende Moor-Orchidee (*Pogonia ophioglossoides*) besonders wohl. Wenn das Wachstum der Schlauchpflanzen (*Sarracenia*-Arten) und Kobralilien (*Darlingtonia*) ins Stocken gerät, kann dies an einem zu sehr angestiegenen pH-Wert liegen. Hier gibt es ein relativ einfaches Mittel: Überbrausen mit Essigessenz. Für eine Fläche von 3 $m^2$ brauchen Sie pro Gießgang eine Flasche Essigessenz (meist 0,7 Liter), die mit 10 Liter Wasser verdünnt wird. Gießen Sie damit von April bis September alle zwei Wochen Ihre Moorfläche, und brausen Sie sie anschließend leicht mit Teichwasser ab. Zum Dank werden Ihre fleischfressenden Lieblinge eifrig blühen und auf Insektenfang gehen.

Dem Blütenreichtum von Schwertlilie, Breitem Wollgras und Knabenkraut in der Kalkmoorzone kann die Seerose im Teich kaum folgen.

## Leben im feuchten Milieu

Vom feuchten Randbereich des Teiches, der Feuchtzone, bis ins tiefe Wasser hinein lebt eine Vielzahl von kleinen und großen Tieren, die man keiner Zone richtig zuordnen kann. So sitzen auf hohen, im Wind wiegenden Ufergräsern, aber auch auf aus dem Wasser ragenden Blättern der Krebsschere oder den Blüten der Gelben Teichrose Libellen, die nach Beute oder Weibchen Ausschau halten. Frösche sonnen sich am Uferrand (> Kasten links), aber auch auf Seerosenblättern mitten im Teich (> Abb. Seite 109).

### Wespenimitator

Schwebfliegen sind für den Menschen trotz ihrer großen farblichen Ähnlichkeit mit Wespen völlig harmlos. Ihre Tarnfärbung hilft ihnen, vor Fressfeinden sicher zu sein. Im Unterschied zu Wespen haben sie nur ein Flügelpaar (> Abb. rechts) und einen abgeplatteten Hinterleib. Schwebfliegen können schwebend in der Luft stehen – daher auch ihr Name –, um dann blitzschnell vorwärts, seitwärts oder rückwärts zu fliegen, wobei sie sehr hohe Geschwindigkeiten erreichen, aber auch ebenso abrupt abbremsen können. Schwebfliegen legen ihre Eier ganz gezielt in Blattlauskolonien ab. Die schlüpfenden Larven sind äußerst gefräßige Blattlausvertilger. Eine einzige Larve kann bis zur Verpuppung

### Sonnenbaden im Moos

Grünfrösche wie Wasser- und Teichfrosch (> Seite 179) gehören zu den ersten »größeren« Teichbewohnern. Sie wandern in naturnahen Gärten mit guten Versteckmöglichkeiten schnell ein und sind im Gartenteich von der Feucht- bis zur Seerosenzone anzutreffen. Sehr interessant ist, dass sich die Frösche gerne am gleichen Platz am Uferrand aufhalten, um hier ein Sonnenbad zu nehmen (> Abbildungen). Bei genauerem Hinsehen können Sie in unmittelbarer Ufernähe eigenartige Mulden erkennen, in denen keine andere Vegetation außer Moos aufkommt. An diesen Stellen werden Sie – bei vorsichtigem Anpirschen – immer wieder Frösche finden. Werden die Tiere gestört, dann hüpfen sie mit wasserfroschtypischen weiten Sätzen ins Wasser und verstecken sich so lange in der Unterwasserflora, bis »die Luft wieder rein« ist. Dann schwimmen sie meist zielstrebig wieder ihren Ruheplatz an.

# Tiere der Feuchtzone

bis zu 1000 Blattläuse fressen. Je nach Art ähneln die Larven kleinen, mehlig bestäubten Nacktschnecken oder sind borstig behaart. Diese Tiergruppe im Garten zu haben ist gerade im Blick auf die biologische Schädlingsbekämpfung sehr zu begrüßen.

## Träge Flieger

Die Schlamm- oder Wasserflorfliege (> Seite 174) sieht ähnlich aus wie eine Köcherfliege, ist aber sehr gut an ihrem trägen, flatternden Flug zu erkennen. Meist sind Schlammfliegen nur an warmen Sommertagen in der Luft zu beobachten. Ansonsten verbringen sie den Tag eher passiv in der Ufervegetation oder auf nahe gelegenen Gehölzen, auf denen sie unsicher herumkrabbeln. Schlammfliegen haben eine recht kurze Lebensdauer, in der sie fast keine Nahrung zu sich nehmen. Zur Paarungszeit im Mai/Juni locken die Weibchen die Männchen mit Hilfe eines speziellen Duftstoffes an. Nach der Paarung legt das Weibchen bis zu 2000 Eier in kunstvollen Gelegen ab (> Abb. rechts). Die schlüpfenden Junglarven kriechen entweder aktiv an der Pflanze ins Wasser hinunter oder lassen sich einfach hineinfallen. Die Entwicklung bis zum Vollinsekt dauert zwei Jahre. In dieser Zeit leben die Larven im schlammigen Bodengrund des Teiches und häuten sich neunmal. Als Nahrung dienen andere kleine Wassertiere, die sie im Bodengrund aufstöbern und mit ihren kräftigen, zangenartigen Kiefern packen.

Zur Verpuppung krabbeln die Larven an Land und graben sich in den Boden ein. Die Puppe hat keinen Kokon. Wenn es Zeit zum Schlüpfen der Schlammfliege ist, dann gräbt sich die Puppe an die Erdoberfläche.

## Gedeckter Tisch am Gartenteich

Der Graureiher (> Seite 181) sucht seine Nahrung – Mäuse, Fische, Frösche, Kröten, Molche und größere Insekten – in der Regel auf Feuchtwiesen, Seen und Bächen in freier Natur. Manchmal kann er aber auch am Gartenteich auftauchen, vor allem wenn dieser ungestört liegt und mit Fischen besetzt ist, also reiches und leicht zu fangendes Futter bietet. Sollten Sie solch einen Fischräuber an Ihrem Gartenteich haben, dann können Sie nur mit Spanndrähten in der Garten- und Feuchtzone gegen ihn ankommen.

Schwebfliegen können auf den ersten Blick mit Wespen verwechselt werden – das liegt an ihrer gelb-schwarzen Tarnfärbung.

### Eier in Reih und Glied

Die Schlammfliege legt ihre Eier kunstvoll aufgereiht in über 1 cm breiten Gelegen an den Stängeln und Blättern hochwachsender Uferpflanzen ab. Das Gelege ist so fest an der Unterlage angeheftet, dass es jedem Wind und Wetter trotzt.
Nach 10–24 Tagen schlüpfen die Junglarven aus, deren weitere Entwicklung dann im Wasser stattfindet.

## WEISS: 40–80 cm

| Farbe | Wuchshöhe | Pflanzen | Name/Eigenschaften | Gute Partner |
|---|---|---|---|---|
| weiß (Feuchtzone) | 40–80 cm | | **Breites Wollgras** ☼ ◐ <br> *Eriophorum latifolium* <br> → Mai – Juli <br> › Seite 135 <br> lange fruchtend, versamt kaum; Substrat kalkhaltig bis neutral (Kalkmoor), Nährstoffbedarf gering | **Wiesen-Schaumkraut** <br> *Cardamine pratensis* <br> › Seite 128 <br><br> **Sumpf-Stendelwurz** <br> *Epipactis palustris* <br> › Seite 134 |
| | | | **Scheidiges Wollgras** ☼ ◐ <br> *Eriophorum vaginatum* <br> → April – Mai <br> › Seite 135 <br> geringe Versamung; Substrat sauer, torfig (saures Moor), Nährstoffbedarf gering | **Cranberry** <br> *Vaccinium macrocarpon* <br> › Seite 165 <br><br> **Lavendel-Heide** <br> *Andromeda polifolia* <br> › Seite 122 |
| | | | **Grönland-Sumpfporst** ☼ ◐ <br> *Ledum groenlandicum* <br> → April – Mai <br> › Seite 144 <br> kompakter Kleinstrauch; Substrat sauer, kalkfrei (saures Moor), Nährstoffbedarf gering | **Cranberry** <br> *Vaccinium macrocarpon* <br> › Seite 165 <br><br> **Rote Schlauchpflanze** <br> *Sarracenia purpurea* <br> › Seite 162 |
| | | | **Echtes Mädesüß** ☼ ◐ <br> *Filipendula ulmaria* 'Plena' <br> → Juni – August <br> › Seite 137 <br> gefüllte Sorte versamt nicht; Nährstoffbedarf mittel | **Schlangen-Knöterich** <br> *Bistorta officinalis* <br> › Seite 126 <br><br> **Wasserdost** <br> *Eupatorium cannabium* 'Plenum' <br> › Seite 135 |

**WEISS: bis 40 cm**

Feuchtzone

| Farbe | Wuchshöhe | Pflanzen | Name/Eigenschaften | Gute Partner |
|---|---|---|---|---|
| weiß | bis 40 cm | | **Märzenbecher** ☼ ☼ ●<br>*Leucojum vernum*<br>→ März – April<br>› Seite 145<br>kleine Zwiebelpflanze;<br>Nährstoffbedarf hoch;<br>Insektenmagnet | **Japanische Etagenprimel**<br>*Primula japonica*<br>› Seite 159<br><br>**Sumpf-Eibisch**<br>*Hibiscus moscheutos* 'Chatelaine'<br>› Seite 140 |
| | | | **Lavendel-Heide** ☼ ☼<br>*Andromeda polyfolia*<br>→ April – Mai<br>› Seite 122<br>immergrüner Kleinstrauch;<br>Substrat sauer, torfig (saures Moor),<br>Nährstoffbedarf gering | **Alpen-Haarsimse**<br>*Trichophorum alpinum*<br>› Seite 133<br><br>**Rote Schlauchpflanze**<br>*Sarracenia purpurea*<br>› Seite 162 |
| | | | **Weiße Sumpf-Kalla** ☼ ☼<br>*Caltha palustris* var. *alba*<br>→ April – Mai<br>› Seite 127<br>Sämlinge wieder weiß blühend;<br>bevorzugt weiches Wasser,<br>Nährstoffbedarf hoch | **Rosen-Primel**<br>*Primula rosea*<br>› Seite 159<br><br>**Rosa Schildblume**<br>*Chelone obliqua*<br>› Seite 131 |
| | | | **Wiesen-Schaumkaut** ☼ ☼<br>*Cardamine pratensis*<br>→ April – Mai<br>› Seite 128<br>gefüllte Sorte steril; Substrat<br>kalkarm, Nährstoffbedarf gering bis<br>mittel | **Gelb-Segge**<br>*Carex flava*<br>› Seite 128<br><br>**Blut-Weiderich**<br>*Lythrum salicaria*<br>› Seite 148 |

# WEISS: bis 40 cm

**Feuchtzone**

| Farbe | Wuchshöhe | Pflanzen | Name/Eigenschaften | Gute Partner |
|---|---|---|---|---|
| weiß | bis 40 cm | | **Sumpf-Stendelwurz** ☼ ◐<br>*Epipactis palustris*<br>→ Juni – Juli<br>› Seite 134<br>Orchidee mit Ausläufern; Substrat kalkhaltig, Nährstoffbedarf gering (Kalkmoorpflanze); Insektenmagnet | **Duft-Lauch**<br>*Allium suaveolens*<br>› Seite 122<br><br>**Große Kopfbinse**<br>*Schoenus nigricans*<br>› Seite 162 |
| | | | **Sommer-Knotenblume** ☼ ◐<br>*Leucojum aestivum*<br>→ April – Mai<br>› Seite 145<br>Zwiebelpflanze; versamt sich; Nährstoffbedarf hoch; Insektenmagnet | **Chinesische Trollblume**<br>*Trollius chinensis*<br>› Seite 164<br><br>**Echtes Mädesüß**<br>*Filipendula ulmaria* 'Plena'<br>› Seite 137 |
| | | | **Alpen-Haarsimse** ☼ ◐<br>*Trichophorum alpinum*<br>→ Mai – Juli<br>› Seite 135<br>reich fruchtendes Kleingras; Substrat neutral bis sauer, Nährstoffbedarf gering (saures Moor) | **Grönland-Sumpfporst**<br>*Ledum groenlandicum*<br>› Seite 144<br><br>**Scheidiges Wollgras**<br>*Eriophorum vaginatum*<br>› Seite 135 |
| gelb | über 80 cm | | **Sumpf-Wolfsmilch** ☼ ◐<br>*Euphorbia palustris*<br>→ Mai – Juni<br>› Seite 136<br>orangefarbenes Herbstlaub, breiter Wuchs; Nährstoffbedarf mittel | **Zwerg-Binse**<br>*Juncus ensifolius*<br>› Seite 44<br><br>**Wasserdost**<br>*Eupatorium cannabium* 'Plenum'<br>› Seite 135 |

## GELB: 40–80 cm

| Farbe | Wuchshöhe | Pflanzen | Name/Eigenschaften | Gute Partner |
|---|---|---|---|---|
| gelb | 40–80 cm | | **Europäische Trollblume** ☼-☽ ●<br>*Trollius europaeus* 'Superbus'<br>→ Mai – Juni<br>› Seite 164<br>gut am Bachlauf; Nährstoffbedarf mittel bis hoch; Insektenmagnet | **Sibirische Schwertlilie**<br>*Iris sibirica*<br>› Seite 143<br><br>**Schwalbenwurz-Enzian**<br>*Gentiana asclepiadea*<br>› Seite 138 |
| | | | **Gelbe Gauklerblume** ☼-☽<br>*Mimulus luteus*<br>→ Juni – September<br>› Seite 149<br>wuchert durch Versamung; Nährstoffbedarf mittel bis hoch; Insektenmagnet | **Sumpf-Vergissmeinnicht**<br>*Myosotis palustris*<br>› Seite 150<br><br>**Rosa Seidenblume**<br>*Asclepias incarnata*<br>› Seite 124 |
| | | | **Tibet-Primel** ☼-☽<br>*Primula florindae*<br>→ Juni – Juli (August)<br>› Seite 159<br>realtiv kurzlebig, aber versamend; bevorzugt leicht saures Substrat, Nährstoffbedarf mittel bis hoch | **Kammfarn**<br>*Dryopteris cristata*<br>› Seite 132<br><br>**Rosa Schildblume**<br>*Chelone obliqua*<br>› Seite 131 |
| | | | **Chinesische Trollblume** ☼-☽<br>*Trollius chinensis* 'Orange Queen'<br>→ Juni – Juli<br>› Seite 164<br>gut am Bachlauf; Nährstoffbedarf mittel bis hoch; Insektenmagnet | **Weiße Sumpf-Dotterblume**<br>*Caltha palustris* var. *alba*<br>› Seite 127<br><br>**Blaue Lobelie**<br>*Lobelia sessilifolia*<br>› Seite 146 |

Feuchtzone

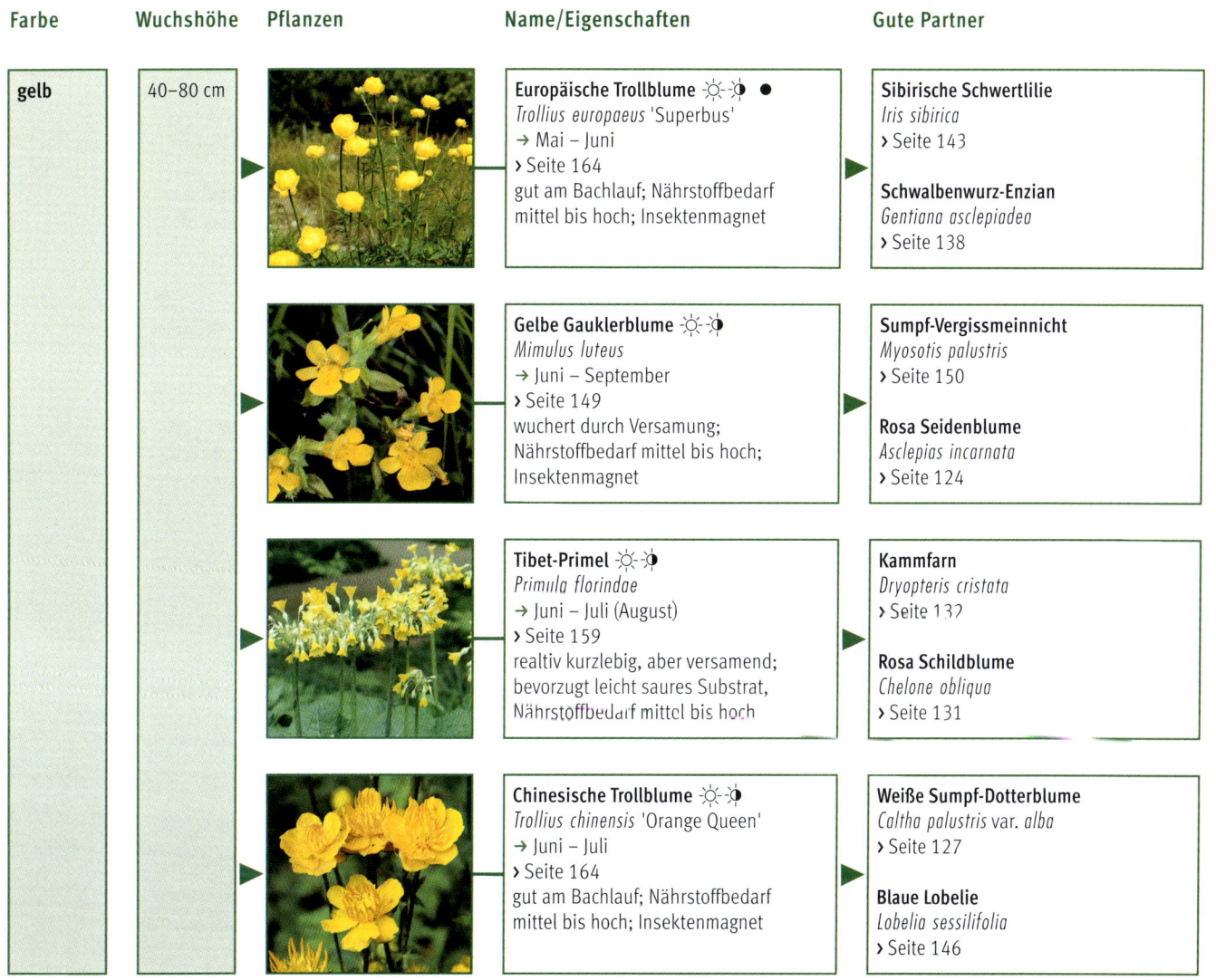

# GELB: 40–80 cm

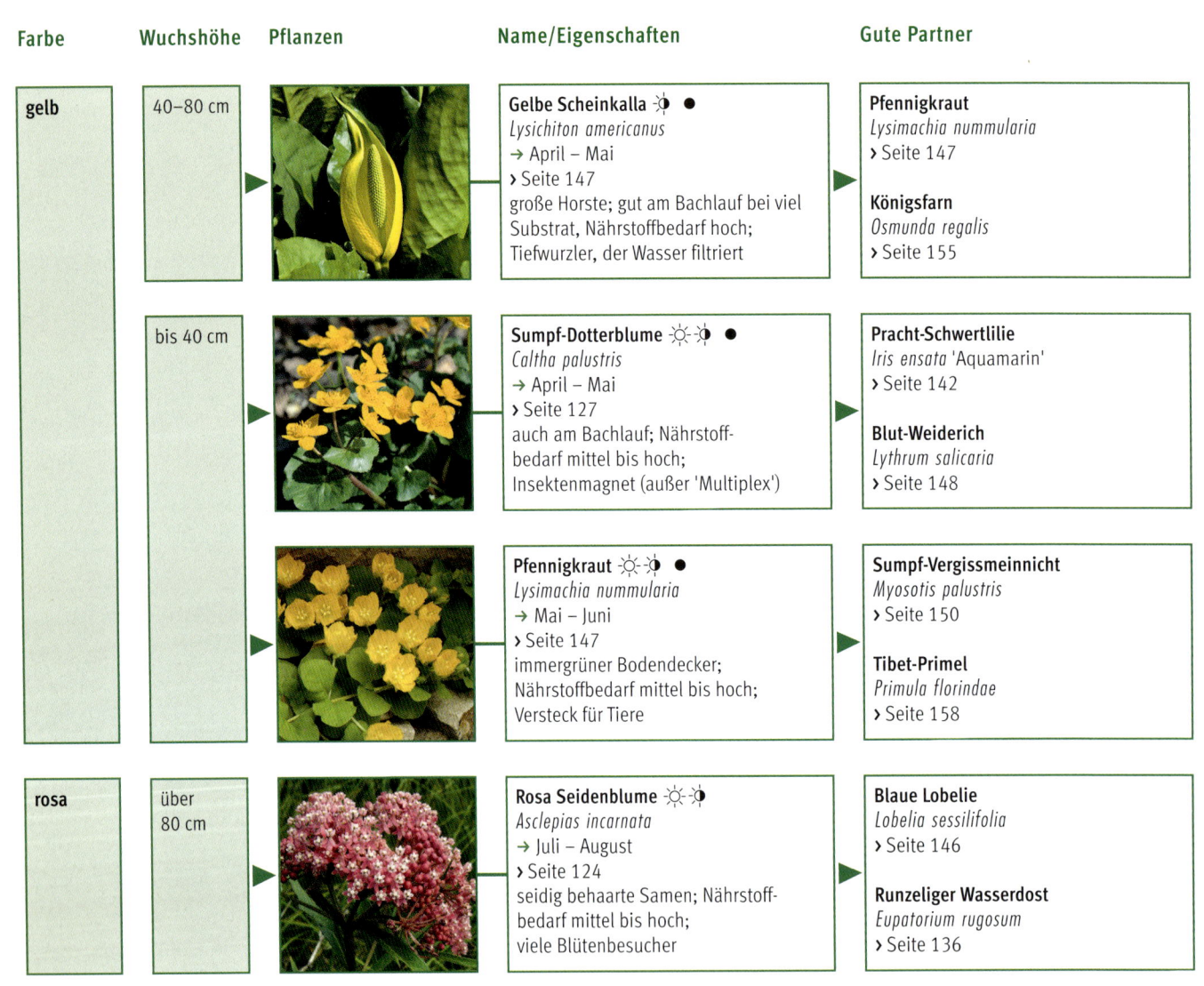

| Farbe | Wuchshöhe | Pflanzen | Name/Eigenschaften | Gute Partner |
|---|---|---|---|---|
| gelb | 40–80 cm | | **Gelbe Scheinkalla** ☼ ● <br> *Lysichiton americanus* <br> → April – Mai <br> › Seite 147 <br> große Horste; gut am Bachlauf bei viel Substrat, Nährstoffbedarf hoch; Tiefwurzler, der Wasser filtriert | **Pfennigkraut** <br> *Lysimachia nummularia* <br> › Seite 147 <br><br> **Königsfarn** <br> *Osmunda regalis* <br> › Seite 155 |
| | bis 40 cm | | **Sumpf-Dotterblume** ☼☼ ● <br> *Caltha palustris* <br> → April – Mai <br> › Seite 127 <br> auch am Bachlauf; Nährstoffbedarf mittel bis hoch; Insektenmagnet (außer 'Multiplex') | **Pracht-Schwertlilie** <br> *Iris ensata* 'Aquamarin' <br> › Seite 142 <br><br> **Blut-Weiderich** <br> *Lythrum salicaria* <br> › Seite 148 |
| | | | **Pfennigkraut** ☼☼ ● <br> *Lysimachia nummularia* <br> → Mai – Juni <br> › Seite 147 <br> immergrüner Bodendecker; Nährstoffbedarf mittel bis hoch; Versteck für Tiere | **Sumpf-Vergissmeinnicht** <br> *Myosotis palustris* <br> › Seite 150 <br><br> **Tibet-Primel** <br> *Primula florindae* <br> › Seite 158 |
| rosa | über 80 cm | | **Rosa Seidenblume** ☼☼ <br> *Asclepias incarnata* <br> → Juli – August <br> › Seite 124 <br> seidig behaarte Samen; Nährstoffbedarf mittel bis hoch; viele Blütenbesucher | **Blaue Lobelie** <br> *Lobelia sessilifolia* <br> › Seite 146 <br><br> **Runzeliger Wasserdost** <br> *Eupatorium rugosum* <br> › Seite 136 |

Feuchtzone

## ROSA: 40–80 cm

| Farbe | Wuchshöhe | Pflanzen | Name/Eigenschaften | Gute Partner | |
|---|---|---|---|---|---|
| rosa | über 80 cm | 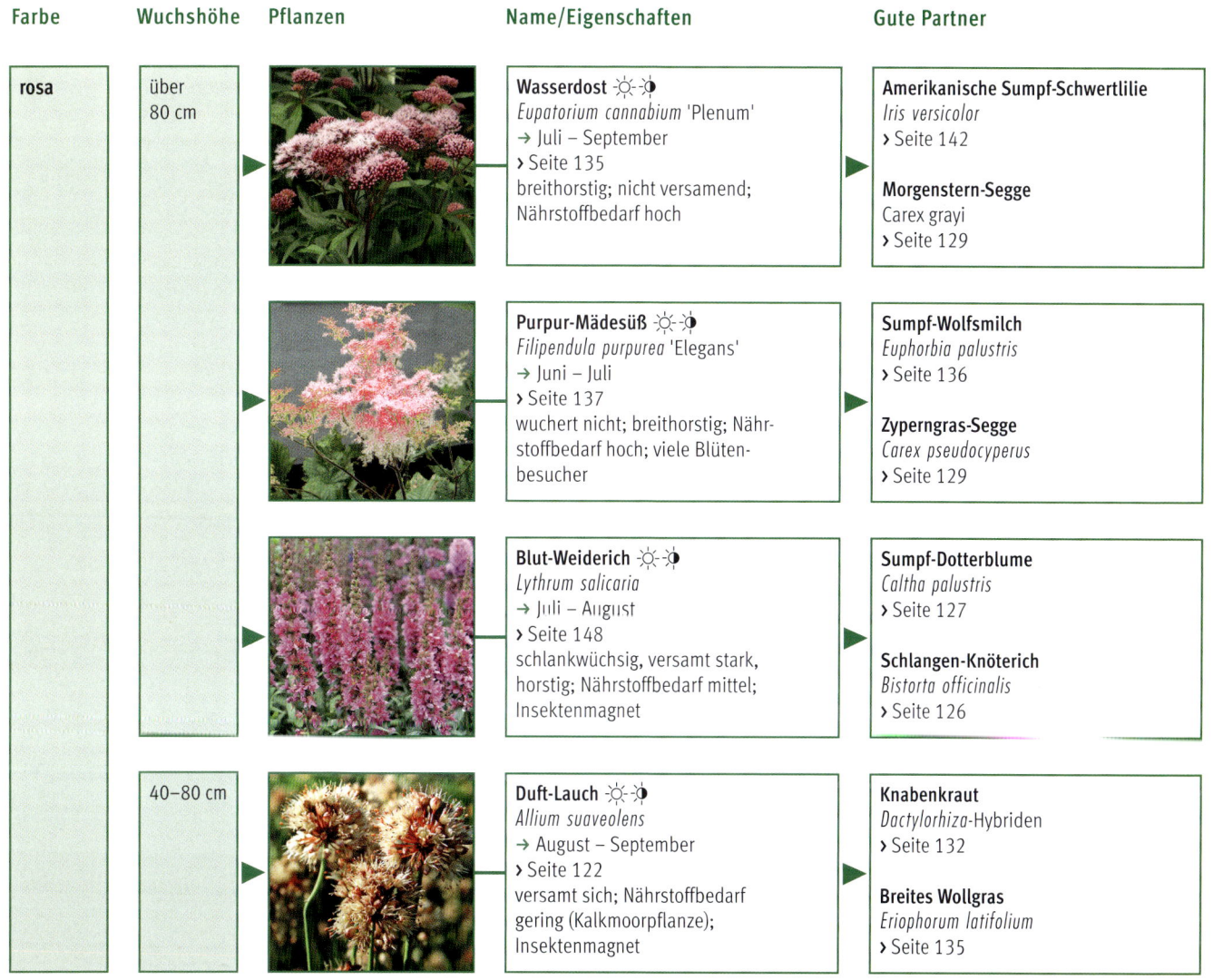 | **Wasserdost** ☼-◐<br>*Eupatorium cannabium* 'Plenum'<br>→ Juli – September<br>› Seite 135<br>breithorstig; nicht versamend; Nährstoffbedarf hoch | **Amerikanische Sumpf-Schwertlilie**<br>*Iris versicolor*<br>› Seite 142<br><br>**Morgenstern-Segge**<br>*Carex grayi*<br>› Seite 129 | Feuchtzone |
| | | | **Purpur-Mädesüß** ☼-◐<br>*Filipendula purpurea* 'Elegans'<br>→ Juni – Juli<br>› Seite 137<br>wuchert nicht; breithorstig; Nährstoffbedarf hoch; viele Blütenbesucher | **Sumpf-Wolfsmilch**<br>*Euphorbia palustris*<br>› Seite 136<br><br>**Zyperngras-Segge**<br>*Carex pseudocyperus*<br>› Seite 129 | |
| | | | **Blut-Weiderich** ☼-◐<br>*Lythrum salicaria*<br>→ Juli – August<br>› Seite 148<br>schlankwüchsig, versamt stark, horstig; Nährstoffbedarf mittel; Insektenmagnet | **Sumpf-Dotterblume**<br>*Caltha palustris*<br>› Seite 127<br><br>**Schlangen-Knöterich**<br>*Bistorta officinalis*<br>› Seite 126 | |
| | 40–80 cm | | **Duft-Lauch** ☼-◐<br>*Allium suaveolens*<br>→ August – September<br>› Seite 122<br>versamt sich; Nährstoffbedarf gering (Kalkmoorpflanze); Insektenmagnet | **Knabenkraut**<br>*Dactylorhiza*-Hybriden<br>› Seite 132<br><br>**Breites Wollgras**<br>*Eriophorum latifolium*<br>› Seite 135 | |

## ROSA: 40–80 cm

**Feuchtzone**

| Farbe | Wuchshöhe | Pflanzen | Name/Eigenschaften | Gute Partner |
|---|---|---|---|---|
| rosa | 40–80 cm | | **Schlangen-Knöterich** ☼ ☼<br>*Bistorta officinalis* 'Superbum'<br>→ Mai – Juni<br>› Seite 126<br>kompakter als die reine Art; Nährstoffbedarf mittel bis hoch; Insektenmagnet | **Morgenstern-Segge**<br>*Carex grayi*<br>› Seite 129<br><br>**Echtes Mädesüß**<br>*Filipendula ulmaria* 'Plena'<br>› Seite 137 |
| | | | **Rosa Schildblume** ☼ ☼<br>*Chelone obliqua*<br>→ August – September<br>› Seite 131<br>bildet Ausläufer; Nährstoffbedarf hoch; Versteck für Tiere | **Amerikanische Sumpf-Schwertlilie**<br>*Iris versicolor*<br>› Seite 142<br><br>**Weiße Seidenblume**<br>*Asclepias incarnata* 'Ice Pearl'<br>› Seite 124 |
| | | | **Prachtscharte** ☼ ☼<br>*Liatris spicata*<br>→ Juli – August<br>› Seite 145<br>horstig, schwach versamend; Nährstoffbedarf mittel | **Knabenkraut**<br>*Dactylorhiza*-Hybriden<br>› Seite 132<br><br>**Gelb-Segge**<br>*Carex flava*<br>› Seite 128 |
| | | | **Kuckucks-Lichtnelke** ☼ ☼<br>*Lychnis flos-cuculi*<br>→ Mai – Juni<br>› Seite 146<br>kurzlebig, versamt sich; Nährstoffbedarf mittel; Insektenmagnet | **Sumpf-Vergissmeinnicht**<br>*Myosotis palustris*<br>› Seite 150<br><br>**Blut-Weiderich**<br>*Lythrum salicaria*<br>› Seite 148 |

# ROSA: bis 40 cm

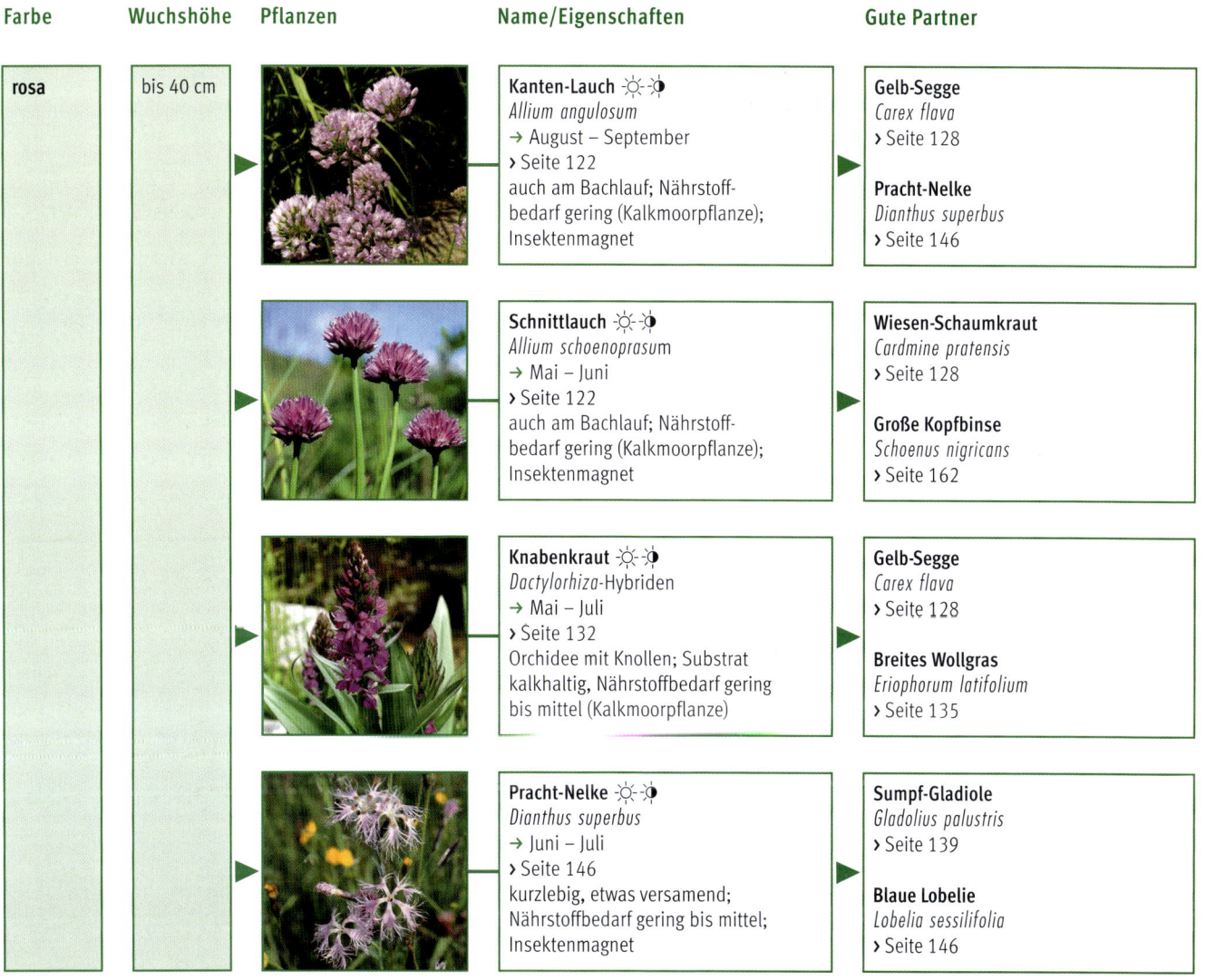

| Farbe | Wuchshöhe | Pflanzen | Name/Eigenschaften | Gute Partner |
|---|---|---|---|---|
| rosa | bis 40 cm | | **Kanten-Lauch** ☼-◐<br>*Allium angulosum*<br>→ August – September<br>› Seite 122<br>auch am Bachlauf; Nährstoffbedarf gering (Kalkmoorpflanze); Insektenmagnet | **Gelb-Segge**<br>*Carex flava*<br>› Seite 128<br><br>**Pracht-Nelke**<br>*Dianthus superbus*<br>› Seite 146 |
| | | | **Schnittlauch** ☼-◐<br>*Allium schoenoprasum*<br>→ Mai – Juni<br>› Seite 122<br>auch am Bachlauf; Nährstoffbedarf gering (Kalkmoorpflanze); Insektenmagnet | **Wiesen-Schaumkraut**<br>*Cardmine pratensis*<br>› Seite 128<br><br>**Große Kopfbinse**<br>*Schoenus nigricans*<br>› Seite 162 |
| | | | **Knabenkraut** ☼-◐<br>*Dactylorhiza*-Hybriden<br>→ Mai – Juli<br>› Seite 132<br>Orchidee mit Knollen; Substrat kalkhaltig, Nährstoffbedarf gering bis mittel (Kalkmoorpflanze) | **Gelb-Segge**<br>*Carex flava*<br>› Seite 128<br><br>**Breites Wollgras**<br>*Eriophorum latifolium*<br>› Seite 135 |
| | | | **Pracht-Nelke** ☼-◐<br>*Dianthus superbus*<br>→ Juni – Juli<br>› Seite 146<br>kurzlebig, etwas versamend; Nährstoffbedarf gering bis mittel; Insektenmagnet | **Sumpf-Gladiole**<br>*Gladiolius palustris*<br>› Seite 139<br><br>**Blaue Lobelie**<br>*Lobelia sessilifolia*<br>› Seite 146 |

Feuchtzone

## ROSA: bis 40 cm

| Farbe | Wuchshöhe | Pflanzen | Name/Eigenschaften | Gute Partner |
|---|---|---|---|---|
| rosa | bis 40 cm | | **Glocken-Heide** ☼ ☽<br>*Erica tetralix*<br>→ August – Oktober<br>› Seite 134<br>Zwergstrauch; Substrat sauer, torfig, kalkarm (saures Moor); Nährstoffbedarf gering; Insektenmagnet | **Scheidiges Wollgras**<br>*Eriophorum vaginatum*<br>› Seite 135<br><br>**Moor-Orchidee**<br>*Pogonia ophioglossoides*<br>› Seite 165 |
| | | | **Schachbrettblume** ☼ ☽<br>*Fritillaria meleagris*<br>→ April – Mai<br>› Seite 137<br>Zwiebelpflanze, gut am Bachlauf; Substrat leicht sauer bis neutral; Nährstoffbedarf mittel bis hoch | **Rosa Schildblume**<br>*Chelone obliqua*<br>› Seite 131<br><br>**Sibirische Schwertlilie**<br>*Iris sibirica*<br>› Seite 143 |
| | | | **Bach-Nelkenwurz** ☼ ☽<br>*Geum rivale*<br>→ Mai – Juni<br>› Seite 138<br>horstig; Nährstoffbedarf mittel; Insektenmagnet | **Zyperngras-Segge**<br>*Carex pseudocyperus*<br>› Seite 129<br><br>**Purpur-Mädesüß**<br>*Filipendula purpurea 'Elegans'*<br>› Seite 137 |
| | | | **Sumpf-Gladiole** ☼ ☽<br>*Gladiolus palustris*<br>→ Mai – Juni<br>› Seite 139<br>Kalk liebend (Kalkmoorpflanze); Nährstoffbedarf gering; Insektenmagnet | **Davall-Segge**<br>*Carex davalliana*<br>› Seite 128<br><br>**Lungen-Enzian**<br>*Gentiana pneumonanthe*<br>› Seite 138 |

Feuchtzone

**ROT: 40–80 cm**

Feuchtzone

| Farbe | Wuchshöhe | Pflanzen | Name/Eigenschaften | Gute Partner |
|---|---|---|---|---|
| rosa | bis 40 cm | | **Rosen-Primel** ☼-◐<br>*Primula rosea*<br>→ April – Mai<br>› Seite 159<br>sehr kleinwüchsig;<br>Nährstoffbedarf mittel | **Japanische Schwertlilie**<br>*Iris ensata* 'Aquamarin'<br>› Seite 142<br><br>**Blut-Weiderich**<br>*Lythrum salicaria*<br>› Seite 148 |
| | | | **Cranberry** ☼-◐<br>*Vaccinium macrocarpon*<br>→ Juni<br>› Seite 165<br>immergrüner, kriechender Strauch,<br>Beeren essbar; Substrat sauer,<br>Nährstoffbedarf gering | **Lavendel-Heide**<br>*Andromeda polyfolia*<br>› Seite 122<br><br>**Glocken-Heide**<br>*Erica tetralix*<br>› Seite 134 |
| rot | über 80 cm | | **Sumpf-Eibisch** ☼-◐<br>*Hibiscus moscheutos* 'Chatelaine'<br>→ Juli – September<br>› Seite 140<br>Großstaude für Einzelstellung, riesige<br>Blüten, Sorten in weiß und rosa;<br>Nährstoffbedarf sehr hoch | **Japanische Etagen-Primel**<br>*Primula japonica*<br>› Seite 159<br><br>**Japanische Schwertlilie**<br>*Iris ensata* 'Aquamarin'<br>› Seite 142 |
| | 40–80 cm | | **Japanische Etagen-Primel** ◐ ●<br>*Primula japonica*<br>→ Juni – Juli<br>› Seite 159<br>relativ kurzlebig, aber versamend;<br>Substrat leicht sauer, Nährstoff-<br>bedarf hoch | **Pfennigkraut**<br>*Lysimachia nummularia*<br>› Seite 147<br><br>**Königsfarn**<br>*Osmunda regalis*<br>› Seite 155 |

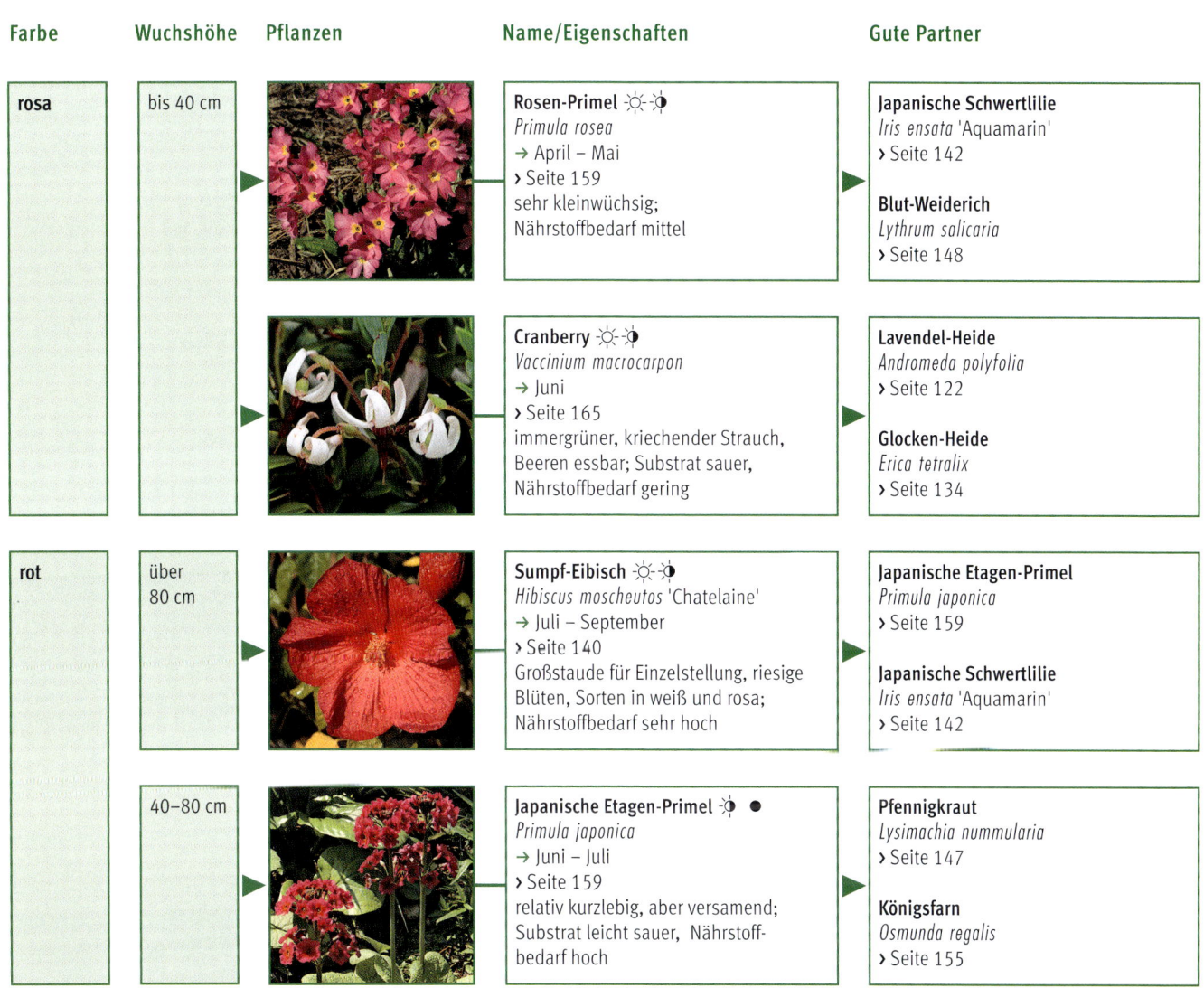

## ROT: bis 40 cm

Feuchtzone

| Farbe | Wuchshöhe | Pflanzen | Name/Eigenschaften | Gute Partner |
|---|---|---|---|---|
| rot | bis 40 cm | | **Rote Schlauchpflanze** ☼-◐<br>*Sarracenia purpurea*<br>→ Mai – Juni<br>› Seite 162<br>fleischfressende Pflanze; Substrat sauer, Nährstoffbedarf gering bis mittel (saures Moor) | **Moor-Orchidee**<br>*Pogonia ophioglossoides*<br>› Seite 165<br><br>**Scheidiges Wollgras**<br>*Eriophorum vaginatum*<br>› Seite 135 |
| violett | 40–80 cm | | **Schwalbenwurz-Enzian** ☼-◐ ●<br>*Gentiana asclepiadea*<br>→ August – September<br>› Seite 138<br>horstig, wenig versamend; Substrat sauer (Kalkmoorpflanze), Nährstoffbedarf mittel | **Schachbrettblume**<br>*Fritillaria meleagris*<br>› Seite 137<br><br>**Große Kopfbinse**<br>*Schoenus nigricans*<br>› Seite 162 |
| | | | **Pracht-Schwertlilie** ☼-◐<br>*Iris ensata* 'Yoake Mae'<br>→ Juni – Juli<br>› Seite 142<br>viele weitere großblumige Sorten; Substrat kalkarm, Nährstoffbedarf hoch | **Sommer-Knotenblume**<br>*Leucojum aestivum*<br>› Seite 145<br><br>**Kardinals-Lobelie**<br>*Lobelia cardinalis*<br>› Seite 146 |
| | | | **Sibirische Schwertlilie** ☼-◐<br>*Iris sibirica*<br>→ Mai – Juni<br>› Seite 143<br>Kalkmoorpflanze, Nährstoffbedarf mittel; Insektenmagnet | **Breites Wollgras**<br>*Eriophorum latifolium*<br>› Seite 135<br><br>**Duft-Lauch**<br>*Allium suaveolens*<br>› Seite 122 |

# BLAU: bis 40 cm

| Farbe | Wuchshöhe | Pflanzen | Name/Eigenschaften | Gute Partner |
|---|---|---|---|---|
| violett | 40–80 cm | | **Amerikanische Sumpf-Schwertlilie** ☼-☽<br>*Iris versicolor*<br>→ Mai – Juni<br>› Seite 142<br>reich verzweigte Blütenstände;<br>bis 20 cm Wassertiefe, Nährstoffbedarf hoch | **Sumpf-Dotterblume**<br>*Caltha palustris*<br>› Seite 127<br><br>**Echtes Mädesüß**<br>*Filipendula ulmaria* 'Plena'<br>› Seite 137 |
| | | | **Blaue Lobelie** ☼-☽<br>*Lobelia sessilifolia*<br>→ September – Oktober<br>› Seite 146<br>Nährstoffbedarf mittel;<br>Insektenmagnet | **Draht-Segge**<br>*Carex diandra*<br>› Seite 128<br><br>**Sibirische Schwertlilie**<br>*Iris sibirica*<br>› Seite 143 |
| | bis 40 cm | | **Lungen-Enzian** ☼-☽<br>*Gentiana pneumonanthe*<br>→ Juli – August<br>› Seite 138<br>Substrat neutral bis leicht sauer, (Kalkmoorpflanze), Nährstoffbedarf mittel | **Wiesen-Schaumkraut**<br>*Cardamine pratensis*<br>› Seite 128<br><br>**Breites Wollgras**<br>*Eriophorum latifolium*<br>› Seite 135 |
| blau | bis 40 cm | | **Sumpf-Vergissmeinnicht** ☼-☽<br>*Myosotis palustris*<br>→ Mai – Juni<br>› Seite 150<br>polsterbildend, versamt sich stark;<br>Nährstoffbedarf hoch | **Purpur-Mädesüß**<br>*Filipendula purpurea* 'Elegans'<br>› Seite 137<br><br>**Sumpf-Wolfsmilch**<br>*Euphorbia palustris*<br>› Seite 136 |

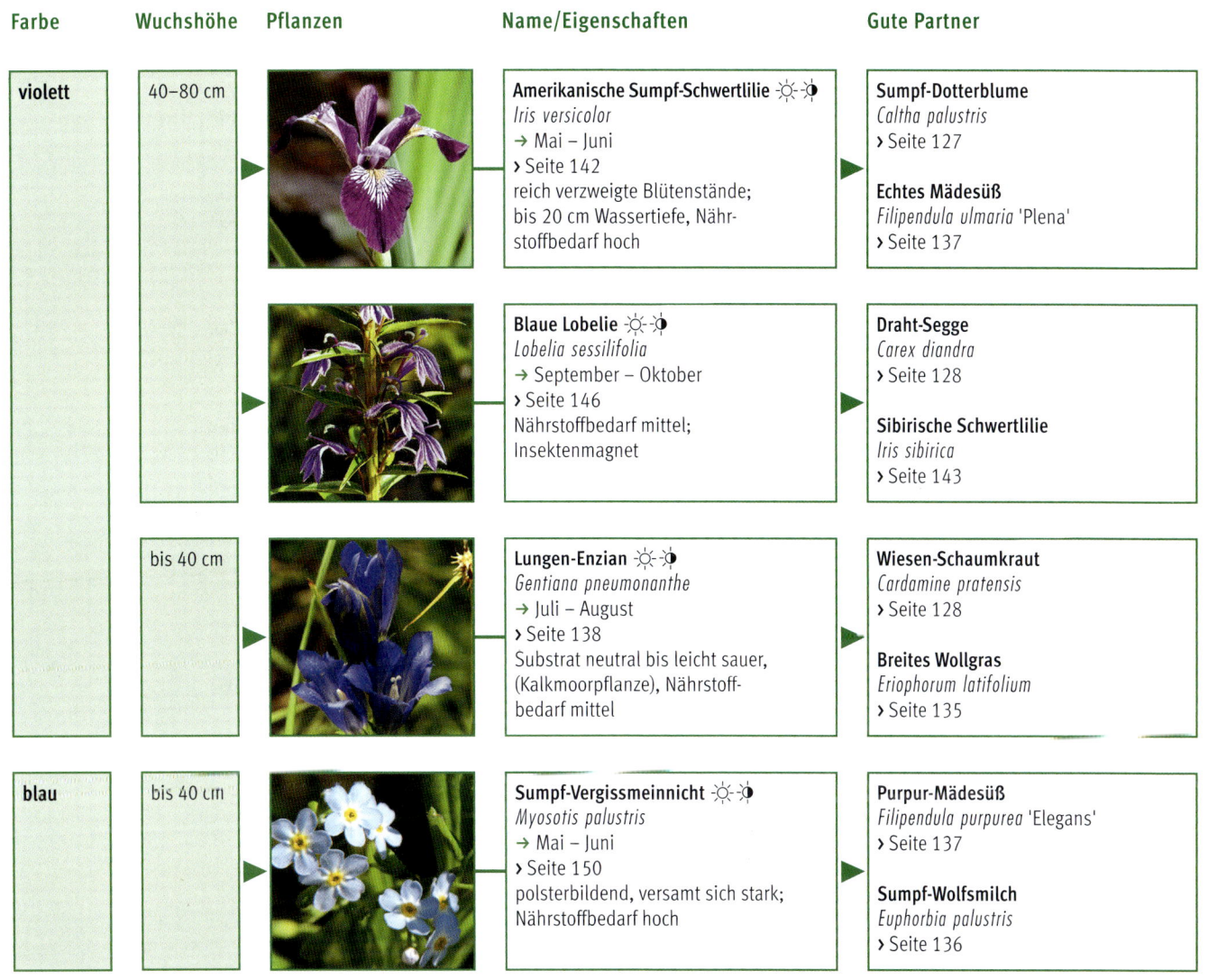

Feuchtzone

## GRÜN/BRAUN: über 80 cm

| Farbe | Wuchshöhe | Pflanzen | Name/Eigenschaften | Gute Partner |
|---|---|---|---|---|
| grün/braun (Feuchtzone) | über 80 cm | | **Königsfarn** ☼ ◐ ●<br>*Osmunda regalis*<br>→ blüht nicht, braune Sporenwedel<br>› Seite 155<br>Substrat leicht sauer bis neutral, Nährstoffbedarf hoch; Versteck für Tiere | **Märzenbecher**<br>*Leucojum vernum*<br>› Seite 145<br><br>**Zyperngras-Segge**<br>*Carex pseudocyperus*<br>› Seite 129 |
| | | | **Riesen-Segge** ◐ ●<br>*Carex pendula*<br>→ Juni – August<br>› Seite 129<br>immergrün, versamt; Nährstoffbedarf mittel bis hoch; Versteck für Tiere | **Japanische Etagen-Primel**<br>*Primula japonica*<br>› Seite 159<br><br>**Königsfarn**<br>*Osmunda regalis*<br>› Seite 155 |
| | 40–80 cm | | **Morgenstern-Segge** ☼ ◐ ●<br>*Carex grayi*<br>→ Juni – Juli<br>› Seite 129<br>bildet imposante Fruchtsterne aus, versamt kaum; Nährstoffbedarf mittel | **Pfennigkraut**<br>*Lysimachia nummularia*<br>› Seite 147<br><br>**Tibet-Primel**<br>*Primula florindae*<br>› Seite 158 |
| | | | **Kammfarn** ☼ ◐ ●<br>*Dryopteris cristata*<br>→ blüht nicht<br>› Seite 132<br>schlanke Horste; Substrat kalkarm, Nährstoffbedarf mittel; Versteck für Tiere | **Gelbe Scheinkalla**<br>*Lysichiton americanus*<br>› Seite 147<br><br>**Riesen-Segge**<br>*Carex pendula*<br>› Seite 129 |

## GRÜN/BRAUN: bis 40 cm

| Farbe | Wuchshöhe | Pflanzen | Name/Eigenschaften | Gute Partner |
|---|---|---|---|---|
| grün/braun | 40–80 cm | | **Blaue Binse** ☼-☽<br>*Juncus inflexus*<br>→ Juni – Oktober<br>› Seite 144<br>starke Versamung; Kalk liebend, Nährstoffbedarf mittel | **Sumpf-Vergissmeinnicht**<br>*Myosotis palustris*<br>› Seite 150<br><br>**Gelbe Gauklerblume**<br>*Mimulus luteus*<br>› Seite 149 |
| | bis 40 cm | | **Draht-Segge** ☼-☽<br>*Carex diandra*<br>→ Mai – August<br>› Seite 128<br>niedrige bis mittelhohe Segge, versamend; Nährstoffbedarf gering | **Schlangen-Knöterich**<br>*Bistorta officinalis*<br>› Seite 126<br><br>**Sibirische Schwertlilie**<br>*Iris sibirica*<br>› Seite 143 |
| | | | **Gelb-Segge** ☼-☽<br>*Carex flava*<br>→ Mai – August<br>› Seite 128<br>bildet kleine Fruchtsternchen, schwach versamend; Kalkmoorpflanze, Nährstoffbedarf gering | **Kanten-Lauch**<br>*Allium angulosum*<br>› Seite 122<br><br>**Sumpf-Gladiole**<br>*Gladiolus palustris*<br>› Seite 139 |
| | | | **Große Kopfbinse** ☼-☽<br>*Schoenus nigricans*<br>→ Mai – Dezember<br>› Seite 162<br>schön am Bachlauf; Substrat kalkhaltig (Kalkmoorpflanze), Nährstoffbedarf gering | **Knabenkraut**<br>*Dactylorhiza*-Hybriden<br>› Seite 132<br><br>**Breites Wollgras**<br>*Eriophorum latifolium*<br>› Seite 135 |

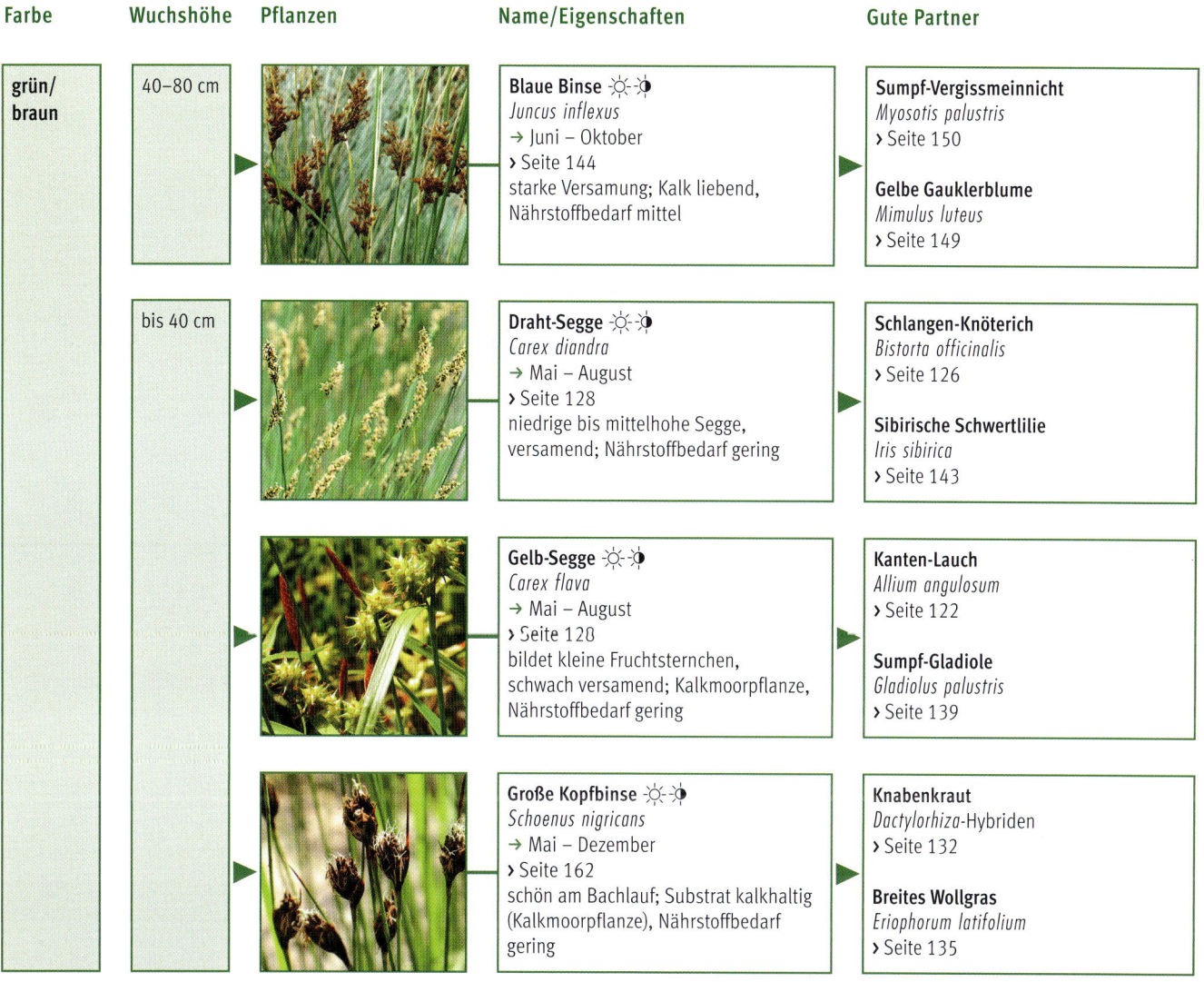

Feuchtzone

# Sumpfzone

Nirgends merken Sie deutlicher als hier, wie die Übergänge der einzelnen Zonen tatsächlich »fließen«. In den Diagrammen finden Sie daher etliche Arten, die auch in einer der Nachbarzonen auftauchen. In der Sumpfzone darf der Wasserstand schwanken, und die Bepflanzung steht mal 10 cm unter, mal knapp über der Wasserlinie. Flach überspülte Bereiche an Bachläufen sind auch diesem Lebensbereich zuzuordnen.

## Schwankende Wasserstände

In der Sumpfzone finden Sie viele Pflanzen, die unterschiedliche Wuchsformen entwickeln – je nachdem, ob sie nun über oder unter Wasser stehen. Der Tannenwedel etwa wächst in dieser Zone als reine Landform und baut Miniatur-»Wäldchen« aus schachtelhalmartigen Trieben auf. Pfeilkraut und Goldkeule, die in tieferem Wasser Schwimmblätter entwickeln, tragen hier aufrechtes Laub und verzahnen sich mit Gräsern und Hochstauden der Feuchtwiese.

Nadelkraut, Wasserfeder und Wasserstern bilden normalerweise schöne Teppiche unter Wasser, wobei sie in flachem Terrain auch mal an die Oberfläche stoßen. Im Sumpfbereich entwickeln sie sich über den Sommer zu Polsterstauden. Alle drei Arten bevorzugen weiches Wasser. Die Winterkälte treibt sie wieder in die Tiefe zurück. Die Spähtruppen an Land erfrieren, das untergetauchte »Basislager« überlebt.

## Flotte Flotten schwimmender Rasen

Ideal ist die Sumpfzone für die Ansiedlung von »Schwingrasenbildnern«. Dank der Luftkammern in ihren Kriechsprossen können die Triebe von Fieberklee oder Sumpf-Blutauge auf der Wasseroberfläche treibend in den Teich hineinwachsen. An natürlichen Seen entstehen durch Verzahnung dieser Triebe schwimmende Vegetationsdecken, die nun wiederum zum Lebensraum für andere Pflanzen und Tiere werden.

→ Einzeltriebe des **Fieberklees** können sich innerhalb eines Sommers weit in tiefere Zonen hineinschieben. Zu vorwitzige Ausleger können Sie aber problemlos abschneiden.

→ Auch die **Sumpf-Kalla** besitzt schwimmfähige Triebe, von denen jedoch im Winter die älteren Partien absterben. Im Frühjahr können wurzellose Sprossspitzen umhertreiben, in der Sumpfzone »anlegen«, um hier mit frischen Wurzeln vor Anker zu gehen.

# Sumpfzone

## Prima Primeln

Die spektakulären Etagen-Primeln (*Primula japonica*, *Primula poissonii*, *Primula × bullesiana*) fühlen sich nicht nur in der Feuchtzone, sondern auch im Wasserübergangsbereich richtig wohl. Leichter Schatten tut ihnen gut, während Rosen-Primel und Tibet-Primel eher Sonnenkinder sind. Diese kurzlebigen Arten freuen sich über eine leichte Düngung mit Hornspänen im Frühjahr. Dauerhaft können sie sich durch Versamung halten, wenn Sie dafür sorgen, dass die Begleitvegetation nicht zu sehr wuchert und offene Stellen bleiben, an denen die Samen keimen können. Leichte Wasserbewegung im Substrat fördert das Gedeihen von Primeln sehr.

## Sumpf am Bach

Bachläufe bepflanzen verlangt Sparsamkeit (> Seite 194). Effektvoll sind kleine Bachläufe im Privatgarten besonders, wenn eine geschickte Steinsetzung das Wasser hin und her lenkt und über Kaskaden plätschern lässt. Die ausgewählten Pflanzen dürfen diese Wasserspiele nicht behindern oder gar verdecken. Zum Bepflanzen ist besonders die nasse Randzone zwischen den Steinen geeignet. Das sauerstoffreiche, fließende Wasser ermöglicht auch Pflanzen, die sonst lieber in der Feuchtzone stehen, das Gedeihen im Bereich der Wasserlinie. So können Knabenkraut (*Dactylorhiza*), Lauch-Arten und Trollblumen hier kräftige Exemplare bilden. Sehr elegant wirken zwischen den Steinen Breites Wollgras und Kopfbinsen (*Schoenus*-Arten). In genügend breiten Bachläufen oder durchströmten Sumpfbereichen des Teiches finden viele Primeln, Bachbunge, Sumpf-Dotterblume und Sumpf-Vergissmeinnicht gute Wachstumsbedingungen.

## Der Sumpf als Rettungszone

Nicht nur in den Teich gefallenen Tieren bietet ein allmählicher Übergang vom Wasser zum Land Ausstiegsmöglichkeiten. In umgekehrter Richtung gesehen, kann eine deutlich ausgeprägte Sumpfzone auch Kleinkindern das Leben retten. Ein plötzlich mit dem Gesicht voran ins Wasser fallendes Kleinkind bleibt vor Schreck eine Zeit lang regungslos liegen – lebensgefährlich, wenn dabei die Nase unter Wasser ist! Besser noch als ein Zaun um den Teich – das Türchen kann auch mal offen stehen – oder ein Gitter auf der Wasserfläche, schützt eine breite Sumpfzone an den zugänglichen Stellen. Wenn der unerfahrene Knirps beim Marschieren dort im »Matsch« einsinkt, wird sein Tatendrang jäh unterbrochen, und er wird – wenn auch quengelnd – den Rückzug antreten.

Im Bereich der Wasserlinie fühlen sich viele Seggen, Japanische Schwertlilie und Tibet-Primel sehr wohl.

## Warm und feucht

In der Sumpfzone, dem Bereich zwischen Feuchtzone und Flachwasserzone liegt die Wassertiefe bei 0–10 cm. Bei geringem Wasserstand heizt sich das Wasser in der wärmeren Jahreszeit relativ schnell auf. Das beschleunigt nicht nur das Wachstum der Pflanzen, die hier angesiedelt sind, sondern auch die Stoffwechselaktivitäten der hier lebenden Wassertiere.

### Gefrässige Larven

Es ist immer günstig, das Teichufer so zu gestalten, dass man an einer Stelle bis ans Wasser herantreten und so gut auf den Gewässergrund schauen kann (Achtung bei Kleinkindern!). Hier können Sie verschiedene Larvenarten auf ihren Raubzügen beobachten. Da ist z. B. die schlanke, bis zu 8 cm lange Gelbrandkäferlarve (> Seite 174), ein äußerst gefrässiges Tier, das sich über Frosch- und Fischlaich, Kaulquappen und sogar Jungfische hermacht – andererseits aber auch Mengen von Stechmückenlarven vertilgt. Hier leben auch die schlanken Larven der Kleinlibellen und die etwas größeren und plumperen Larven der Großlibellen, die ebenfalls auf Beutefang gehen und sogar vor Artgenossen nicht haltmachen. Vielleicht sehen Sie auch wandernde Aststückchen oder Kieselhäufchen. Das sind die Larven der

### Die Libellen schlüpfen

Ab dem Frühsommer fangen die Libellen an auszuschlüpfen. Es ist ein ganz besonderes Erlebnis, in den frühen Morgenstunden die Veränderung von der plumpen

Larve am Gewässergrund (> Abb. unten) zur erwachsenen Plattbauchlibelle (> Abb. oben) zu beobachten. Es ist einfach überwältigend, diese Veränderung vom »kleinen, hässlichen Entlein« zum Kunstflieger miterleben zu dürfen. Die Larve verlässt das Wasser, kriecht an einem Pflanzenstängel empor und krallt sich dann dort fest. Danach presst die Larve Körperflüssigkeit in die Brust. Diese schwillt an, und die Larvenhülle reißt an einer extra dafür vorgesehenen Stelle am Rücken auf. Langsam schiebt sich nun das fertige Insekt aus der Hülle und entfaltet die knittrigen Flügel. Jetzt lässt die Libelle Körper und Flügel in der Sonne trocknen und aushärten. Nach 1–2 Stunden startet sie dann zu ihrem ersten Flug über den Teich.

# Tiere der Sumpfzone

Köcherfliege (› Seite 171). Sie schützen ihren weichen, raupenartigen Körper mit einem selbst gebauten Köcher, den sie wie ein Schneckenhaus mit sich herumtragen. Der Köcher ist mit den verschiedensten am Teichboden befindlichen Materialien wie Laubresten, Aststückchen oder Sand und Steinchen bekleidet. Auch die Larven der Zuckmücken (› Seite 171) und Eintagsfliegen (› Seite 171), von Rückenschwimmer (› Seite 173) und Furchenschwimmer (› Seite 174) halten sich gerne in diesem »Warmwasserbereich« auf. Und es gibt sogar Schmetterlingsraupen, die im Wasser leben: die Larven des Seerosenzünslers (› Seite 172). Sie schneiden sich Stücke aus Seerosenblättern heraus und bauen sich daraus einen schützenden Köcher, in dem sie sich dann auch verpuppen und den Winter überstehen.

## Kümmel auf dem Wasser?

Auf der Wasseroberfläche können Sie hin und wieder eigenartige Gebilde entdecken, die wie überdimensionale Kümmelkörner aussehen. Fischen Sie einmal so ein »Kümmelkörnchen« aus dem Wasser. Jetzt sehen Sie, dass es sich um Eigelege handelt. Stechmückenweibchen (› Seite 172) legen ihre Eier – zu Hunderten in Eischiffchen verklebt – auf der Wasseroberfläche ab. Die Mückenschiffchen treiben wie ein Floß auf der Wasseroberfläche, sind unbenetzbar und gehen nicht unter. Und aus all den Eiern werden dann die lästig surrenden und blutsaugenden Plagegeister? Keine Angst: Es wird gar nicht zu einer Massenvermehrung kommen können, weil für Rückenschwimmer, die Larven des Furchenkäfers und für Wasserläufer (› Seite 172) die schlüpfenden Mückenlarven eine wahre Delikatesse sind.

## Tanzende Mückenschwärme

Zur Paarungszeit der Zuckmücken können Sie an lauen, windstillen Sommertagen große Mückenschwärme beobachten, die in Teichnähe auf und ab tanzen. Es sind die Männchen der Zuckmücke, die auf sich aufmerksam machen. Zur Paarung fliegen die Weibchen in den Schwarm und werden hier in Sekundenschnelle begattet.
Ähnliche große, auf und ab steigende Schwärme bilden auch die Männchen der Eintagsfliegen (› Seite 171).

### Zuck- oder Stechmücke?

Zuckmücken können auf den ersten Blick mit Stechmücken verwechselt werden. Sie stechen aber nicht. Im Sitzen fallen die überlangen Vorderbeine auf, mit denen sie in Ruhestellung immer wieder zucken. Die Weibchen legen je nach Art mehrere Hundert bis einige Tausend Eier ab. Die roten Larven werden sehr gerne von Fischen und Molchen gefressen.

Stechmücken legen ihre dunkelbraunen, zugespitzten Eier in kleinen »Schiffchen« auf der Wasseroberfläche ab.

# WEISS: 40–80 cm

Sumpfzone

| Farbe | Wuchshöhe | Pflanzen | Name/Eigenschaften | Gute Partner |
|---|---|---|---|---|
| weiß | 40–80 cm | | **Schmaler Froschlöffel** ☼ ☽ ●<br>*Alisma lanceolatum*<br>→ Juni – August<br>› Seite 121<br>schleierkrautartige Blütenrispen, kurzlebig, versamend; Nährstoffbedarf hoch | **Sumpf-Kalla**<br>*Calla palustris*<br>› Seite 127<br><br>**Sumpf-Schwertlilie**<br>*Iris pseudacorus*<br>› Seite 143 |
| | bis 40 cm | | **Gnadenkraut** ☼ ☽<br>*Gratiola officinalis*<br>→ Juni – Juli<br>› Seite 139<br>sumpfig bis niedriger Wasserstand, weiches Wasser; Nährstoffbedarf mittel; Versteck für Tiere | **Rispen-Segge**<br>*Carex paniculata*<br>› Seite 128<br><br>**Blaue Gauklerblume**<br>*Mimulus ringens*<br>› Seite 149 |
| | | | **Fieberklee** ☼ ☽<br>*Menyanthes trifoliata*<br>→ April – Mai<br>› Seite 149<br>Schwimmtriebe auf dem Wasser; sumpfig bis niedriger Wasserstand, weiches Wasser, Nährstoffbedarf mittel | **Nadelkraut**<br>*Crassula helmsii*<br>› Seite 131<br><br>**Draht-Segge**<br>*Carex diandra*<br>› Seite 128 |
| | | | **Sumpf-Kalla** ☽ ●<br>*Calla palustris*<br>→ Mai – Juni<br>› Seite 127<br>im Sommer rote Frucht, giftig! sumpfig bis Flachwasser, weiches Wasser, Nährstoffbedarf hoch | **Strauß-Felberich**<br>*Lysimachia thyrsiflora*<br>› Seite 147<br><br>**Shuttleworth's Rohrkolben**<br>*Typha shuttleworthii*<br>› Seite 164 |

# GELB: bis 40 cm

| Farbe | Wuchshöhe | Pflanzen | Name/Eigenschaften | Gute Partner |
|---|---|---|---|---|
| gelb | über 80 cm | | **Sumpf-Schwertlilie** ☼ ☽ ● <br> *Iris pseudacorus* <br> → Mai – Juni <br> › Seite 143 <br> versamt sich, wasserreinigend; bis 30 cm Wassertiefe, Nährstoffbedarf hoch; viele Blütenbesucher | **Nadel-Minze** <br> *Mentha cervina* <br> › Seite 148 <br><br> **Herzblättriges Hechtkraut** <br> *Pontederia cordata* <br> › Seite 157 |
| | 40–80 cm | | **Gelbe Scheinkalla** ☽ ● <br> *Lysichiton americanus* <br> → April – Mai <br> › Seite 147 <br> bildet große Horste; Tiefwurzler, der Wasser filtriert; Nährstoffbedarf sehr hoch | **Pfennigkraut** <br> *Lysimachia nummularia* <br> › Seite 47 <br><br> **Sumpfkalla** <br> *Calla palustris* <br> › Seite 127 |
| | bis 40 cm | | **Sumpf-Dotterblume** ☼ ☽ ● <br> *Caltha palustris* <br> → April – Mai <br> › Seite 127 <br> horstig; etwas versamend; Nährstoffbedarf mittel bis hoch; Insektenmagnet (außer 'Multiplex') | **Herzblättriges Hechtkraut** <br> *Pontederia cordata* <br> › Seite 157 <br><br> **Blut-Weiderich** <br> *Lythrum salicaria* <br> › Seite 148 |
| | | | **Strauß-Felberich** ☼ ☽ <br> *Lysimachia thyrsiflora* <br> → Mai - Juni <br> › Seite 147 <br> wuchert etwas, bildet lange Ausläufer; weiches Wasser, Nährstoffbedarf mittel bis gering; Ausstiegshilfe für Insekten | **Wasserstern** <br> *Callitriche palustris* <br> › Seite 127 <br><br> **Fieberklee** <br> *Menyanthes trifoliata* <br> › Seite 149 |

Sumpfzone

## GELB: bis 40 cm

| Farbe | Wuchshöhe | Pflanzen | Name/Eigenschaften | Gute Partner |
|---|---|---|---|---|
| gelb | bis 40 cm | | **Wasser-Goldkeule** ☼-☽ *Orontium aquaticum* → Mai – Juni › Seite 154 schwarze Beeren, nicht essbar! bis 40 cm Wassertiefe; Nährstoffbedarf hoch | **Nadelkraut** *Crassula helmsii* › Seite 131 **Schmaler Froschlöffel** *Alisma lanceolatum* › Seite 121 |
| | | | **Brennender Hahnenfuß** ☼-☽ *Ranunculus flammula* → Juni – August › Seite 160 bis 20 cm Wassertiefe, weiches Wasser, Nährstoffbedarf mittel; Insektenmagnet | **Pillenfarn** *Pilularia globulifera* › Seite 133 **Pfeil-Aronstab** *Peltandra virginica* › Seite 155 |
| rosa | über 80 cm | | **Blumenbinse** ☼-☽ *Butomus umbellatus* → Juni – Juli › Seite 126 bis 40 cm Wassertiefe; Nährstoffbedarf hoch; Ausstiegshilfe für Libellenlarven | **Sumpf-Vergissmeinnicht** *Myosotis palustris* › Seite 150 **Schmaler Froschlöffel** *Alisma lanceolatum* › Seite 121 |
| | | | **Blut-Weiderich** ☼-☽ *Lythrum salicaria* → Juli – August › Seite 148 Versamung mittel bis stark; Nährstoffbedarf mittel; Insektenmagnet | **Gnadenkraut** *Gratiola officinalis* › Seite 139 **Kleiner Rohrkolben** *Typha minima* › Seite 164 |

Sumpfzone

**VIOLETT: 40–80 cm**

| Farbe | Wuchshöhe | Pflanzen | Name/Eigenschaften | Gute Partner |
|---|---|---|---|---|
| rosa | bis 40 cm | | **Igelschlauch** ☼ ☽ *Baldellia ranunculoides* → Juni – August › Seite 125 kleine, sternförmige Früchte; Sumpf- bis Seerosenzone; Nährstoffbedarf gering bis mittel | **Kleiner Rohrkolben** *Typha minima* › Seite 164 **Echtes Pfeilkraut** *Sagittaria sagittifolia* › Seite 161 |
| rot | 40–80 cm | | **Kardinals-Lobelie** ☽ ● *Lobelia cardinalis* → Juli – August › Seite 146 kurzlebig, Versamung schwach; Sumpf- bis Flachwasserzone; Nährstoffbedarf mittel bis hoch; Insekten anziehend | **Amerikanische Sumpf-Schwertlilie** *Iris versicolor* › Seite 142 **Shuttleworth's Rohrkolben** *Typha shuttleworthii* › Seite 164 |
| | bis 40 cm | | **Sumpf-Blutauge** ☼ ☽ *Potentilla palustris* → Mai – Juni › Seite 158 bis 20 cm Wassertiefe, Substrat sauer, kalkarm, Nährstoffbedarf gering bis mittel; Schwimmtriebe als Tierversteck | **Wasserschlauch** *Utricularia vulgaris* › Seite 165 **Strauß-Felberich** *Lysimachia thyrsiflora* › Seite 147 |
| violett | 40–80 cm | | **Japanische Schwertlilie** ☼ ☽ *Iris laevigata* → Juni – August › Seite 142 im Sommer nachblühend; bis 20 cm Wassertiefe; Nährstoffbedarf mittel bis hoch | **Sumpfkalla** *Calla palustris* › Seite 127 **Blumenbinse** *Butomus umbellatus* › Seite 126 |

Sumpfzone

## VIOLETT: 40–80 cm

| Farbe | Wuchshöhe | Pflanzen | Name/Eigenschaften | Gute Partner |
|---|---|---|---|---|
| violett | 40–80 cm | | **Amerikanische Sumpf-Schwertlilie** ☼ ☽<br>*Iris versicolor*<br>→ Mai – Juni<br>› Seite 142<br>reich verzweigte Blütenstände;<br>bis 20 cm Wassertiefe;<br>Nährstoffbedarf mittel bis hoch | **Sumpf-Dotterblume**<br>*Caltha palustris*<br>› Seite 127<br><br>**Gnadenkraut**<br>*Gratiola officinalis*<br>› Seite 139 |
| | | | **Wasser-Minze** ☼ ☽<br>*Mentha aquatica*<br>→ Juni – Juli<br>› Seite 148<br>wasserreinigend; Feucht- bis<br>Flachwasserzone; Nährstoffbedarf<br>mittel bis hoch; Versteck für Tiere | **Zungen-Hahnenfuß**<br>*Ranunculus lingua*<br>› Seite 160<br><br>**Shuttleworth's Rohrkolben**<br>*Typha shuttleworthii*<br>› Seite 164 |
| | | | **Blaue Gauklerblume** ☼ ☽<br>*Mimulus ringens*<br>→ Juli – August<br>› Seite 149<br>unterirdische Ausläufer;<br>Sumpf- bis Flachwasserzone,<br>Nährstoffbedarf mittel bis hoch | **Brennender Hahnenfuß**<br>*Ranunculus flammula*<br>› Seite 160<br><br>**Steif-Segge**<br>*Carex elata*<br>› Seite 128 |
| | bis 40 cm | | **Nadel-Minze** ☼ ☽<br>*Mentha cervina*<br>→ Juni – September<br>› Seite 148<br>wasserreinigend; Sumpf- bis<br>Flachwasserzone; Nährstoffbedarf<br>mittel | **Steif-Segge**<br>*Carex elata*<br>› Seite 128<br><br>**Japanische Schwertlilie**<br>*Iris laevigata*<br>› Seite 142 |

Sumpfzone

# GRÜN/BRAUN: über 80 cm

| Farbe | Wuchshöhe | Pflanzen | Name/Eigenschaften | Gute Partner |
|---|---|---|---|---|
| violett | bis 40 cm | | **Bachbunge** ☼-☼<br>*Veronica beccabunga*<br>→ Mai – Juni<br>› Seite 165<br>nicht sehr langlebig, gut am Bachlauf; in fließendem Wasser am vitalsten; Nährstoffbedarf hoch | **Blumenbinse**<br>*Butomus umbellatus*<br>› Seite 126<br><br>**Sumpf-Schwertlilie**<br>*Iris pseudacorus*<br>› Seite 143 |
| blau | bis 40 cm | | **Sumpf-Vergissmeinnicht** ☼-☼<br>*Myosotis palustris*<br>→ Mai – Juni<br>› Seite 150<br>bildet lockere Polster, versamt sich stark, gut am Bachlauf; Nährstoffbedarf hoch | **Sumpf-Schwertlilie**<br>*Iris pseudacorus*<br>› Seite 143<br><br>**Shuttleworth's Rohrkolben**<br>*Typha shuttleworthii*<br>› Seite 164 |
| grün/braun | über 80 cm | | **Kalmus** ☼-☼<br>*Acorus calamus*<br>→ Juni – Juli<br>› Seite 120<br>wasserreinigend, etwas wuchernd; Sumpf- bis Flachwasserzone; Nährstoffbedarf hoch | **Nadel-Simse**<br>*Eleocharis acicularis*<br>› Seite 133<br><br>**Zungen-Hahnenfuß**<br>*Ranunculus lingua*<br>› Seite 160 |
| | | | **Schneidried** ☼-☼<br>*Cludlum mariscus*<br>→ September – Dezember<br>› Seite 131<br>attraktiv fruchtend, wuchernd; Sumpf- bis Flachwasserzone; liebt Kalk, Nährstoffbedarf gering | **Igelschlauch**<br>*Baldellia ranunculoides*<br>› Seite 125<br><br>**Nadelsimse**<br>*Eleocharis acicularis*<br>› Seite 133 |

Sumpfzone

## GRÜN/BRAUN: über 80 cm

| Farbe | Wuchshöhe | Pflanzen | Name/Eigenschaften | Gute Partner |
|---|---|---|---|---|
| grün/ braun | über 80 cm |  | **Langes Zyperngras** ☼ ☽ *Cyperus longus* → Juli – Oktober › Seite 132 wasserreinigend, wuchernd; Sumpf- bis Flachwasserzone; Nährstoffbedarf gering; Ausstiegshilfe für Insekten | **Sumpf-Kalla** *Calla palustris* › Seite 127  **Tannenwedel** *Hippuris vulgaris* › Seite 141 |
| | |  | **Shuttleworth's Rohrkolben** ☼ ☽ *Typha shuttleworthii* → Juli – Dezember › Seite 164 wasserreinigend, lockerer Wuchs, etwas wuchernd; bis 40 cm Wassertiefe; Nährstoffbedarf mittel bis hoch | **Sumpf-Dotterblume** *Caltha palustris* › Seite 127  **Sumpf-Vergissmeinnicht** *Myosotis palustris* › Seite 150 |
| | 40–80 cm 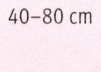 |  | **Zyperngras-Segge** ☼ ☽ ● *Carex pseudocyperus* → Juni – August › Seite 129 hellgrünes Laub; Garten- bis Sumpfzone; Nährstoffbedarf sehr hoch | **Sumpf-Kalla** *Calla palustris* › Seite 127  **Gelbe Scheinkalla** *Lysichiton americanus* › Seite 147 |
| | |  | **Steif-Segge** ☼ ☽ *Carex elata* → April – Juni › Seite 128 wasserreinigend, stark wurzelnd; Sumpf- bis Flachwasserzone; Nährstoffbedarf mittel bis gering | **Sumpf-Vergissmeinnicht** *Myosotis palustris* › Seite 150  **Blut-Weiderich** *Lythrum salicaria* › Seite 148 |

Sumpfzone

## GRÜN/BRAUN: bis 40 cm

| Farbe | Wuchshöhe | Pflanzen | Name/Eigenschaften | Gute Partner |
|---|---|---|---|---|
| grün/braun | 40–80 cm |  | **Kleiner Rohrkolben** ☼-☽<br>*Typha minima*<br>→ Mai – Juni<br>› Seite 164<br>etwas wuchernde Ausläufer; bis 20 cm Wassertiefe; Wasser kalkreich (Hartwasser); Nährstoffbedarf gering | **Kuckucks-Lichtnelke**<br>*Lychnis flos-cuculi*<br>› Seite 146<br><br>**Nadel-Minze**<br>*Mentha cervina*<br>› Seite 148 |
|  | bis 40 cm |  | **Schmales Wollgras** ☼-☽<br>*Eriophorum russeolum*<br>→ Mai – Juli<br>› Seite 134<br>sehr dünne Triebe und Blätter; Substrat neutral bis sauer, kalkarm (saures Moor), Nährstoffbedarf mittel | **Fieberklee**<br>*Menyanthes trifoliata*<br>› Seite 149<br><br>**Strauß-Felberich**<br>*Lysimachia thyrsiflora*<br>› Seite 147 |
|  |  |  | **Zwerg-Binse** ☼-☽<br>*Juncus ensifolius*<br>→ Juni – September<br>› Seite 144<br>starke Ausbreitung und Versamung; Feuchtzone bis ins flache Wasser; Nährstoffbedarf mittel | **Wasser-Minze**<br>*Mentha aquatica*<br>› Seite 148<br><br>**Langes Zyperngras**<br>*Cyperus longus*<br>› Seite 132 |
|  |  |  | **Pfeil-Aronstab** ☼-☽<br>*Peltandra virginica*<br>→ April – Juni<br>› Seite 155<br>Ersatzart für Pfeilkraut; bis 40 cm Wassertiefe; Nährstoffbedarf mittel bis hoch | **Igelschlauch**<br>*Baldellia ranunculoides*<br>› Seite 125<br><br>**Fieberklee**<br>*Menyanthes trifoliata*<br>› Seite 149 |

Sumpfzone

# Flachwasserzone

Im flachen Wasser finden Sie alle Wuchsformen. Unterwasserrasen und Schwimmblätter durchziehen die schlanken aufrechten Sprosse der Röhrichtgewächse. Mit dieser Vielfalt können Sie kleine Troggärten oder auch großflächige Regenerationszonen am Schwimmteich anspruchsvoll bepflanzen. Auch das Tierleben ist hier sehr vielgestaltig und lädt zu Beobachtungen ein, bei denen Sie nur allzu leicht die Zeit vergessen ...

## Vielfalt und Wuchskraft

Vielgestaltig ist sie fürwahr, die Flachwasserzone mit 20–40 cm Wasserstand, nicht nur hinsichtlich der Formen, auch bezüglich der Wuchskraft: Nirgends im Teich können Sie sich so verschätzen wie hier!

Wir beginnen aus gutem Grund mit einer Warnung und dem nachdrücklichen Rat, die Hinweise zu den Wucherern dringend zu beachten, denn die meisten Vertreter dieser Kampftruppen nutzen die Flachwasserzone als Schlachtfeld und vertreiben in wenigen Jahren kompromisslos die gesamte Begleitvegetation. Da hilft dann nicht selten nur ein komplettes Ausräumen des Teiches, denn die Ausläufer bleiben nicht etwa im Flachwasser, sondern schieben sich gnadenlos in die Tiefe wie auch in Sumpf- und Feuchtzone hinein. Die Steckbriefe der hinterlistigsten Vertreter dieser Gruppe sind auf den Seiten 28–29 zur Warnung ausgehängt.

Die folgende Pflanzenauswahl enthält auch noch ein paar Kandidaten, die Sie nicht unterschätzen dürfen. Pflanzen Sie z. B. Rohrkolben, Schneidried, Teichsimse, Zungen-Hahnenfuß und Zyperngras besser in feste, aber geräumige Kübel, wenn das Substrat Ihrer Flachwasserzone durchgängig mit den Nachbarzonen in Verbindung steht.

## Seerosen für »Niedrigwasser«

→ Die kleinste aller Seerosen, die Zwerg-Seerose, ist schon mit einem Wasserstand von 20 cm zufrieden. Sie ist sehr genügsam und zwischen lockerem Röhricht genauso gut zu halten wie in einer Wasserschale oder einer beckenartigen Verbreiterung (Kolk) im Bachlauf. Wichtig ist nur, dass es ihr nicht zu warm wird. Eine geschützte Überwinterung ist angebracht, aber selbst wenn diese Mini-Seerose erfrieren sollte, finden sich meist im Folgejahr zahlreiche Sämlinge ein, die den Fortbestand der Art sicherstellen.

→ Bei 30–40 cm sind die Seerosen-Sorten 'Froebeli' und 'Perry's Baby Red' in Rot,

# Flachwasserzone

'Walter Pagels' in Weiß und 'Berthold' in Zartrosa empfehlenswert.

## Weiches Wasser bevorzugt!

In der Flachwasserzone können auch einige Unterwasserpflanzen angesiedelt werden. Beachten Sie aber, dass einige dieser Pflanzen kein hartes Wasser mögen. Besonders empfindlich ist z. B. die Wasserfeder (❯ Seite 141). In Wasser mittlerer Härte stirbt sie in der Regel bereits ab.

Etwas härter im Nehmen sind da Nadelkraut, Wasserschlauch und Wasserstern. Diese Pflanzen sind in härterem Wasser allerdings weniger wüchsig – und wenn es ganz hart kommt, weichen auch sie zurück.

## Die Flachwasserzone als Kläranlage

Den meisten heute gängigen Schwimmteich-Systembauweisen ist neben einer intensiven Filtertechnik noch eine Regenerationszone zugeordnet, die meist einen Wasserstand von 20–40 cm aufweist. Hier soll üppig wucherndes Röhricht die Reinigung und Entkeimung des Wassers unterstützen. Die Stickstoffdiebe, die wir bei der Feuchtzone beschreiben, arbeiten jedoch auch hier meist so effizient, dass das Pflanzenwachstum stagniert. Sollte

das der Fall sein, dann helfen Ihnen folgende Maßnahmen:
→ Verwenden Sie besser die wenigen Flachwasserpflanzen, die Stickstoffarmut ertragen (Igelschlauch und Wasserschlauch, bei ausreichend Substrat auch Seerosen).
→ Düngen Sie ganz gezielt in dieser Zone.
→ Durch leichte Wasserbewegung im Wurzelraum gelangt immer wieder nährstoffreicheres Wasser an die Pflanzen.

## Flachwasserzone im Trog

Einen Trog mit etwa 60 cm Durchmesser, gefüllt mit kiesigem Substrat, können Sie bei 20 cm Wasserstand in zwei bis drei Höhenetagen gestaffelt bepflanzen (❯ Seite 195). Als dominante Arten empfehlenswert sind z. B. Hechtkraut, Japanische Schwertlilie (*Iris laevigata*) oder Blut-Weiderich. In zweiter Etage bilden Gnadenkraut oder Nadel-Minze halbhohe Polster aus. Als Schwimmblattpflanze kommt neben den Miniatur-Seerosen auch Froschbiss infrage. In kleineren Gefäßen verwenden Sie statt Schwimmblattpflanzen lieber nur den kleinen Igelschlauch.

Den Winter sollten solche Kübel im kühlen Keller verbringen, um Schäden an Pflanzen und Gefäß zu verhindern. Es genügt dann ein flacher Wasserstand über dem Substrat. Ganz wichtig ist die Stickstoffdüngung, die Sie bereits beim Aufstellen der Gefäße im Freien Anfang Mai vornehmen sollten.

Diese Flachwasserzone wirkt auch ohne Röhricht. Das klare nährstoffarme Wasser verhindert, dass die Tannenwedel zu stark wuchern.

## Gemäßigte Temperaturen

In der Flachwasserzone beträgt die Wassertiefe 20–40 cm. Das hat den Vorteil, dass das Wasser hier nicht so warm wird wie in der Sumpfzone. In diesem Übergang zwischen Sumpfzone und tiefem Wasser wachsen Röhrichtpflanzen wie Shuttleworth's Rohrkolben und Kalmus. Tannenwedel, Froschlöffel und verschiedene Seerosen beschatten den Gewässergrund und sorgen für angenehme Wassertemperaturen auch im Hochsommer.

## Frühjahrszeit – Laichzeit

Im Frühjahr gibt es in der Flachwasserzone jede Menge zu entdecken. Jetzt beginnt die Laichzeit der Frösche, Kröten und Molche. Ende Februar, Anfang März treten in den Abendstunden die **Erdkröten** (› Seite 178) ihre Wanderungen zu den Laichgewässern an. Ihr Marsch führt mit einem Tempo von etwa 600 m pro Tag oft mehrere Kilometer weit zum Teich. Erdkröten sind sehr standorttreu. Zur Laichzeit zieht es sie unfehlbar zurück in jenen Teich, in dem sie einst aus dem Ei geschlüpft sind. Manchmal passen die Männchen schon auf dem Weg zum Laichgewässer ein Weibchen ab, umklammern es fest und gelangen so auf bequeme Art und Weise zum Teich. Man sieht die Tiere nicht nur, man hört sie auch. Häufiger als den Paarungsruf hört man den Befreiungsruf

### Die Balz der Erdkröten

Wenn die Erdkröten ihr Laichgewässer erreicht haben, beginnt die Paarung. Die kleineren Männchen, die meist in der Überzahl sind, klettern auf den Rücken der Weibchen und halten sie mit einem festen Griff umklammert (› Abb. oben). Oftmals sieht man mehrere Männchen an einem Weibchen hängen, und oft klammert sich auch ein Männchen an ein anderes. Es wimmelt nur so um Uferrand und brodelt im Wasser. Das Weibchen stößt zwei Laichschnüre aus, die sofort vom Männchen besamt werden. Das Ergebnis der nächtlichen Aktion sind bis zu 5 m lange, gallertartig umhüllte Schnüre, die um Pflanzenstängel und ins Wasser ragende Äste geschlungen wurden, damit sie nicht auf den Teichboden absinken. Nach 2–3 Wochen schlüpfen die ersten schwarzen Kaulquappen. Sie halten sich meist in größeren Gruppen auf (› Abb. links) und sind daher gut zu erkennen und zu beobachten.

# Tiere der Flachwasserzone

der Männchen, die irrtümlicherweise von einem anderen Männchen umklammert wurden. Es ist ein zartes, metallisch klingendes »ük – ük – ük«. Nach dem Ablaichen verlassen die Alttiere das Wasser und suchen in der Umgebung feuchte Verstecke auf. Die kleinen, kommaförmigen Kaulquappen, die nach ca. zwei Wochen aus den Eiern schlüpfen, schwimmen auf Nahrungssuche durchs Wasser, halten sich sonst aber in Schwärmen an seichten, warmen Wasserstellen auf. In ihrer 2–3-monatigen Entwicklungszeit wachsen die Kaulquappen auf 4 cm heran. Bis zur vollständigen Umwandlung zum Landtier ist die Kaulquappe, da der Schwanz schrumpft, sich Hinter- und Vorderfüße entwickeln, nur noch 7–14 mm groß. Kaum zu glauben, dass daraus eine 9–12 cm lange und 50–100 g schwere Erdkröte werden will.

Bereits im Februar laicht der **Grasfrosch** ab. Rund um den Teich sind nun die knurrenden Paarungslaute der Männchen zu hören. Auch hier klettert das Männchen auf das Weibchen und klammert sich fest. Frösche legen ihre Eier aber nicht in Schnüren, sondern in klumpigen Laichballen im Bereich der flachen Sumpfzone ab. Die Ballen enthalten bis zu 4000 Eier. Die Gallerthülle um die einzelnen Eier quillt im Wasser stark auf (› Abb. links), so dass die Laichballen an der Wasseroberfläche schwimmen. Hier sind sie natürlich für viele Tiere (z. B. Fische, Molche, Enten) ein »gefundenes Fressen«, so dass von den Tausenden von Eiern nicht viele übrig bleiben. Die Kaulquappen unterscheiden sich von denen der Kröten durch eine mehr grünlich marmorierte Farbe.

## Vögel am Teich

Auch der Vogelfreund kommt am Teich auf seine Kosten. Ist das Ufer so gestaltet, dass sich kleine Mulden mit festem Untergrund ergeben, sind dies garantiert Magnete für ein erfrischendes Vogelbad. Sie können beobachten, dass Vogelarten, die in Gruppen leben, wie der Stieglitz oder der Haussperling, auch im Verbund zum Baden kommen. Während die einen noch planschen, warten die anderen, bis wieder Platz ist oder sind schon mit der Gefiederpflege beschäftigt. Das ereignet sich dann jeden Tag ungefähr zur selben Zeit. Ein munteres Treiben ohne Streit und Hektik – einfach schön zum Entspannen.

Frösche legen ihre Eier in klumpigen Laichballen ab. Die gallertige Masse schützt das Ei und hält den Laichballen an der Wasseroberfläche.

### Ein scheuer Badegast

Das Rotkehlchen ist eher ein scheuer Einzelgänger. Der kleine Vogel treibt sich gerne auf der Suche nach Kleininsekten im Garten herum. Zu seinem Alltag im Frühjahr und Sommer zählt auch das tägliche Bad. Bis zum Bauchgefieder steigt das kleine Vögelchen ins Wasser, um sich dann mit kräftigen Flügelschlägen Wasser auf den Rücken zu spritzen.

## WEISS: 40–80 cm

| Farbe | Wuchshöhe | Pflanzen | Name/Eigenschaften | Gute Partner |
|---|---|---|---|---|
| weiß | 40–80 cm | | **Schmaler Froschlöffel** ☼ ☽ ●<br>*Alisma lanceolatum*<br>→ Juni – August<br>› Seite 121<br>schleierkrautartige Blütenrispen, kurzlebig, versamend; Nährstoffbedarf hoch | **Sumpf-Kalla**<br>*Calla palustris*<br>› Seite 127<br><br>**Sumpf-Schwertlilie**<br>*Iris pseudacorus*<br>› Seite 143 |
| | bis 40 cm | | **Zwerg-Seerose** ☼ ☽<br>*Nymphaea tetragona*<br>→ Juli – August<br>› Seite 154<br>empfindlich gegen Sommerwärme; Wassertiefe 5–10 cm; Nährstoffbedarf mittel | **Wasserschlauch**<br>*Utricularia vulgaris*<br>› Seite 165<br><br>**Pillenfarn**<br>*Pilularia globulifera*<br>› Seite 133 |
| | | | **Seerose 'Walter Pagels'** ☼ ☽<br>*Nymphaea 'Walter Pagels'*<br>→ Juni – Oktober<br>› Seite 153<br>Ausbreitung langsam; Wassertiefe 20–50 cm; Nährstoffbedarf mittel; Ruheplatz für Tiere | **Wasserschlauch**<br>*Utricularia vulgaris*<br>› Seite 165<br><br>**Seerose 'Maurice Laydeker'**<br>*Nymphaea 'Maurice Laydeker'*<br>› Seite 152 |
| | | | **Zwerg-Pfeilkraut** ☼ ☽<br>*Sagittaria graminea*<br>→ Juni – August<br>› Seite 161<br>Flachwasser- bis Seerosenzone; Unterwasserblätter bandförmig; Nährstoffbedarf mittel | **Pfeil-Aronstab**<br>*Peltandra virginica*<br>› Seite 155<br><br>**Pfeilblättriges Hechtkraut**<br>*Pontederia lanceolata*<br>› Seite 157 |

Flachwasserzone

**GELB: 40–80 cm**

| Farbe | Wuchshöhe | Pflanzen | Name/Eigenschaften | Gute Partner |
|---|---|---|---|---|
| weiß | bis 40 cm | | **Echtes Pfeilkraut** ☼ ☀<br>*Sagittaria sagittifolia*<br>→ Juni – August<br>› Seite 161<br>lange Ausläufer mit Endknollen; Flachwasser- bis Seerosenzone; Nährstoffbedarf mittel bis hoch | **Glänzendes Laichkraut**<br>*Potomogeton lucens*<br>› Seite 157<br><br>**Sumpf-Schwertlilie**<br>*Iris pseudacorus*<br>› Seite 143 |
| | | | **Froschbiss** ☀ ●<br>*Hydrocharis morsus-ranae*<br>→ Juni – Juli<br>› Seite 142<br>starke Ausbreitung; Flachwasser- bis Seerosenzone; Nährstoffbedarf mittel bis hoch; Landeplatz für Insekten | **Tannenwedel**<br>*Hippuris vulgaris*<br>› Seite 141<br><br>**Langes Zyperngras**<br>*Cyperus longus*<br>› Seite 132 |
| gelb | über 80 cm | | **Sumpf-Schwertlilie** ☼ ☀ ●<br>*Iris pseudacorus*<br>→ Mai – Juni<br>› Seite 143<br>versamt sich; wasserreinigend; bis 30 cm Wassertiefe; Nährstoffbedarf hoch; viele Blütenbesucher | **Nadel-Minze**<br>*Mentha cervina*<br>› Seite 148<br><br>**Herzblättriges Hechtkraut**<br>*Pontederia cordata*<br>› Seite 157 |
| | 40–80 cm | | **Zungen-Hahnenfuß** ☼ ☀<br>*Ranunculus lingua*<br>→ Juni – Juli<br>› Seite 160<br>bildet Ausläufer, neigt zum Wuchern; Flachwasserzone; Nährstoffbedarf mittel bis hoch; viele Blütenbesucher | **Froschbiss**<br>*Hybdrocharis morsus-ranae*<br>› Seite 142<br><br>**Langes Zyperngras**<br>*Cyperus longus*<br>› Seite 132 |

Flachwasserzone

# GELB: bis 40 cm

| Farbe | Wuchshöhe | Pflanzen | Name/Eigenschaften | Gute Partner |
|---|---|---|---|---|
| gelb | bis 40 cm | | **Seerose 'Sulphurea'** ☀︎ ◐ *Nymphaea 'Sulphurea'* → Juni – September › Seite 153 Ausbreitung langsam; Wassertiefe 30–50 cm; Nährstoffbedarf mittel | **Igelschlauch** *Baldellia ranuncuoides* › Seite 125  **Herzblättriges Hechtkraut** *Pontederia cordata* › Seite 157 |
| | | | **Wasser-Goldkeule** ☀︎ ◐ *Orontium aquaticum* → Mai – Juni › Seite 154 schwarze, giftige Beeren; bis 40 cm Wassertiefe; Nährstoffbedarf hoch | **Nadelkraut** *Crassula helmsii* › Seite 131  **Schmaler Froschlöffel** *Alisma lanceolatum* › Seite 121 |
| rosa | über 80 cm | | **Blumenbinse** ☀︎ ◐ *Butomus umbellatus* → Juni – Juli › Seite 126 gut in langsam fließendem Wasser, bis 40 cm Wassertiefe, Nährstoffbedarf hoch; Ausstiegshilfe für Libellenlarven | **Sumpf-Vergissmeinnicht** *Myosotis palustris* › Seite 150  **Schmaler Froschlöffel** *Alisma lanceolatum* › Seite 121 |
| | bis 40 cm | | **Igelschlauch** ☀︎ ◐ *Baldellia ranunculoides* → Juni – August › Seite 125 kleine, sternförmige Früchte; Sumpf- bis Seerosenzone; Nährstoffbedarf gering bis mittel | **Kleiner Rohrkolben** *Typha minima* › Seite 164  **Echtes Pfeilkraut** *Sagittaria sagittifolia* › Seite 161 |

Flachwasserzone

# ROT: bis 40 cm

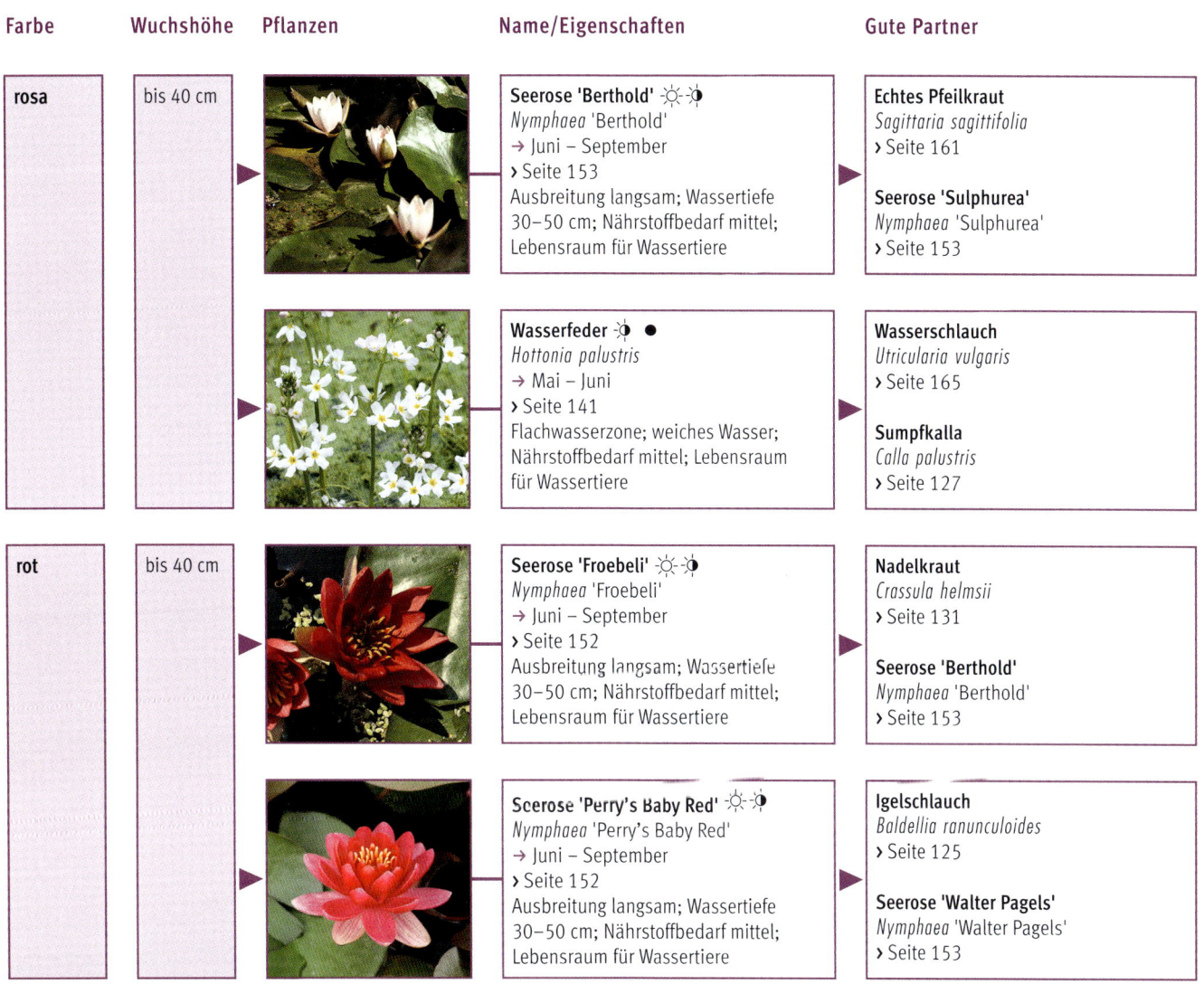

| Farbe | Wuchshöhe | Pflanzen | Name/Eigenschaften | Gute Partner |
|---|---|---|---|---|
| rosa | bis 40 cm | | **Seerose 'Berthold'** ☀ ◐<br>*Nymphaea* 'Berthold'<br>→ Juni – September<br>› Seite 153<br>Ausbreitung langsam; Wassertiefe 30–50 cm; Nährstoffbedarf mittel; Lebensraum für Wassertiere | **Echtes Pfeilkraut**<br>*Sagittaria sagittifolia*<br>› Seite 161<br><br>**Seerose 'Sulphurea'**<br>*Nymphaea* 'Sulphurea'<br>› Seite 153 |
| | | | **Wasserfeder** ◐ ●<br>*Hottonia palustris*<br>→ Mai – Juni<br>› Seite 141<br>Flachwasserzone; weiches Wasser; Nährstoffbedarf mittel; Lebensraum für Wassertiere | **Wasserschlauch**<br>*Utricularia vulgaris*<br>› Seite 165<br><br>**Sumpfkalla**<br>*Calla palustris*<br>› Seite 127 |
| rot | bis 40 cm | | **Seerose 'Froebeli'** ☀ ◐<br>*Nymphaea* 'Froebeli'<br>→ Juni – September<br>› Seite 152<br>Ausbreitung langsam; Wassertiefe 30–50 cm; Nährstoffbedarf mittel; Lebensraum für Wassertiere | **Nadelkraut**<br>*Crassula helmsii*<br>› Seite 131<br><br>**Seerose 'Berthold'**<br>*Nymphaea* 'Berthold'<br>› Seite 153 |
| | | | **Scerose 'Perry's Baby Red'** ☀ ◐<br>*Nymphaea* 'Perry's Baby Red'<br>→ Juni – September<br>› Seite 152<br>Ausbreitung langsam; Wassertiefe 30–50 cm; Nährstoffbedarf mittel; Lebensraum für Wassertiere | **Igelschlauch**<br>*Baldellia ranunculoides*<br>› Seite 125<br><br>**Seerose 'Walter Pagels'**<br>*Nymphaea* 'Walter Pagels'<br>› Seite 153 |

Flachwasserzone

## ROT: bis 40 cm

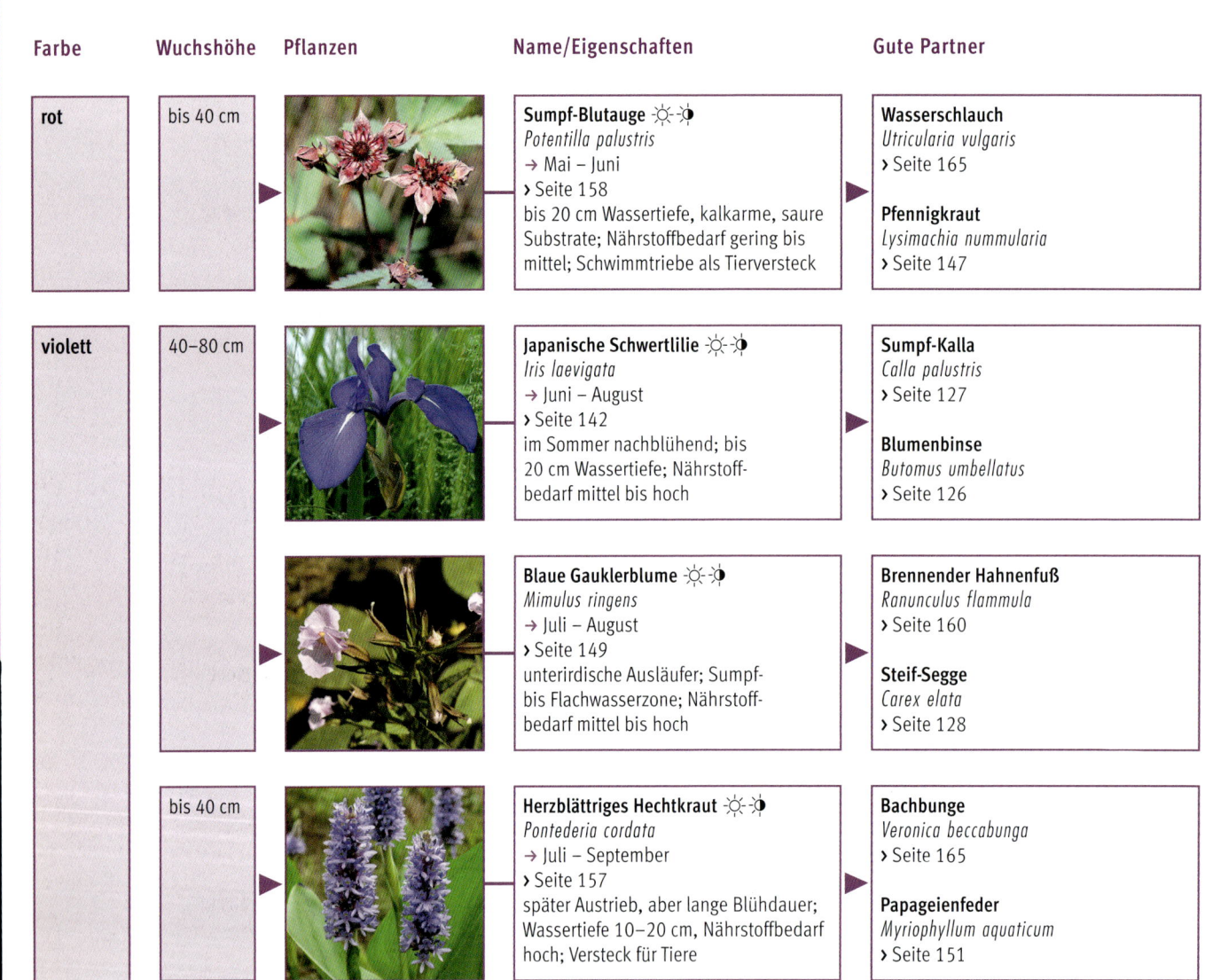

| Farbe | Wuchshöhe | Pflanzen | Name/Eigenschaften | Gute Partner |
|---|---|---|---|---|
| rot | bis 40 cm | | **Sumpf-Blutauge** ☼ ☽<br>*Potentilla palustris*<br>→ Mai – Juni<br>› Seite 158<br>bis 20 cm Wassertiefe, kalkarme, saure Substrate; Nährstoffbedarf gering bis mittel; Schwimmtriebe als Tierversteck | **Wasserschlauch**<br>*Utricularia vulgaris*<br>› Seite 165<br><br>**Pfennigkraut**<br>*Lysimachia nummularia*<br>› Seite 147 |
| violett | 40–80 cm | | **Japanische Schwertlilie** ☼ ☽<br>*Iris laevigata*<br>→ Juni – August<br>› Seite 142<br>im Sommer nachblühend; bis 20 cm Wassertiefe; Nährstoffbedarf mittel bis hoch | **Sumpf-Kalla**<br>*Calla palustris*<br>› Seite 127<br><br>**Blumenbinse**<br>*Butomus umbellatus*<br>› Seite 126 |
| | | | **Blaue Gauklerblume** ☼ ☽<br>*Mimulus ringens*<br>→ Juli – August<br>› Seite 149<br>unterirdische Ausläufer; Sumpf- bis Flachwasserzone; Nährstoffbedarf mittel bis hoch | **Brennender Hahnenfuß**<br>*Ranunculus flammula*<br>› Seite 160<br><br>**Steif-Segge**<br>*Carex elata*<br>› Seite 128 |
| | bis 40 cm | | **Herzblättriges Hechtkraut** ☼ ☽<br>*Pontederia cordata*<br>→ Juli – September<br>› Seite 157<br>später Austrieb, aber lange Blühdauer; Wassertiefe 10–20 cm, Nährstoffbedarf hoch; Versteck für Tiere | **Bachbunge**<br>*Veronica beccabunga*<br>› Seite 165<br><br>**Papageienfeder**<br>*Myriophyllum aquaticum*<br>› Seite 151 |

Flachwasserzone

## GRÜN/BRAUN: über 80 cm

| Farbe | Wuchshöhe | Pflanzen | Name/Eigenschaften | Gute Partner |
|---|---|---|---|---|
| grün/braun | über 80 cm | | **Kalmus** ☼ ☽<br>*Acorus calamus*<br>→ Juni – Juli<br>› Seite 120<br>wasserreinigend, etwas wuchernd; Sumpf- bis Flachwasserzone; Nährstoffbedarf hoch | **Nadelsimse**<br>*Eleocharis acicularis*<br>› Seite 133<br><br>**Zungen-Hahnenfuß**<br>*Ranunculus lingua*<br>› Seite 160 |
| | | | **Langes Zyperngras** ☼ ☽<br>*Cyperus longus*<br>→ Juli – Oktober<br>› Seite 132<br>wasserreinigend, wuchernd; Sumpf- bis Flachwasserzone; Nährstoffbedarf gering; Ausstiegshilfe | **Sumpf-Kalla**<br>*Calla palustris*<br>› Seite 127<br><br>**Tannenwedel**<br>*Hippuris vulgaris*<br>› Seite 141 |
| | | | **Gestreifte Teichsimse** ☼ ☽<br>*Schoenoplectus lacustris* 'Albescens'<br>→ Juli – Oktober<br>› Seite 162<br>wasserreinigend, wuchernd; bis 80 cm Wassertiefe; Nährstoffbedarf mittel bis hoch; Ausstiegshilfe | **Froschbiss**<br>*Hydrocharis morsus-ranae*<br>› Seite 42<br><br>**Zungen-Hahnenfuß**<br>*Ranunculus lingua*<br>› Seite 160 |
| | | | **Zebra Simse** ☼ ☽<br>*Schoenoplectus tabernaemontani*<br>→ Juli – Oktober<br>› Seite 162<br>wasserreinigend, wuchernd; bis 80 cm Wassertiefe; Nährstoffbedarf mittel bis hoch; Ausstiegshilfe | **Nadelsimse**<br>*Eleocharis acicularis*<br>› Seite 133<br><br>**Sumpf-Dotterblume**<br>*Caltha palustris*<br>› Seite 127 |

Flachwasserzone

# GRÜN/BRAUN: über 80 cm

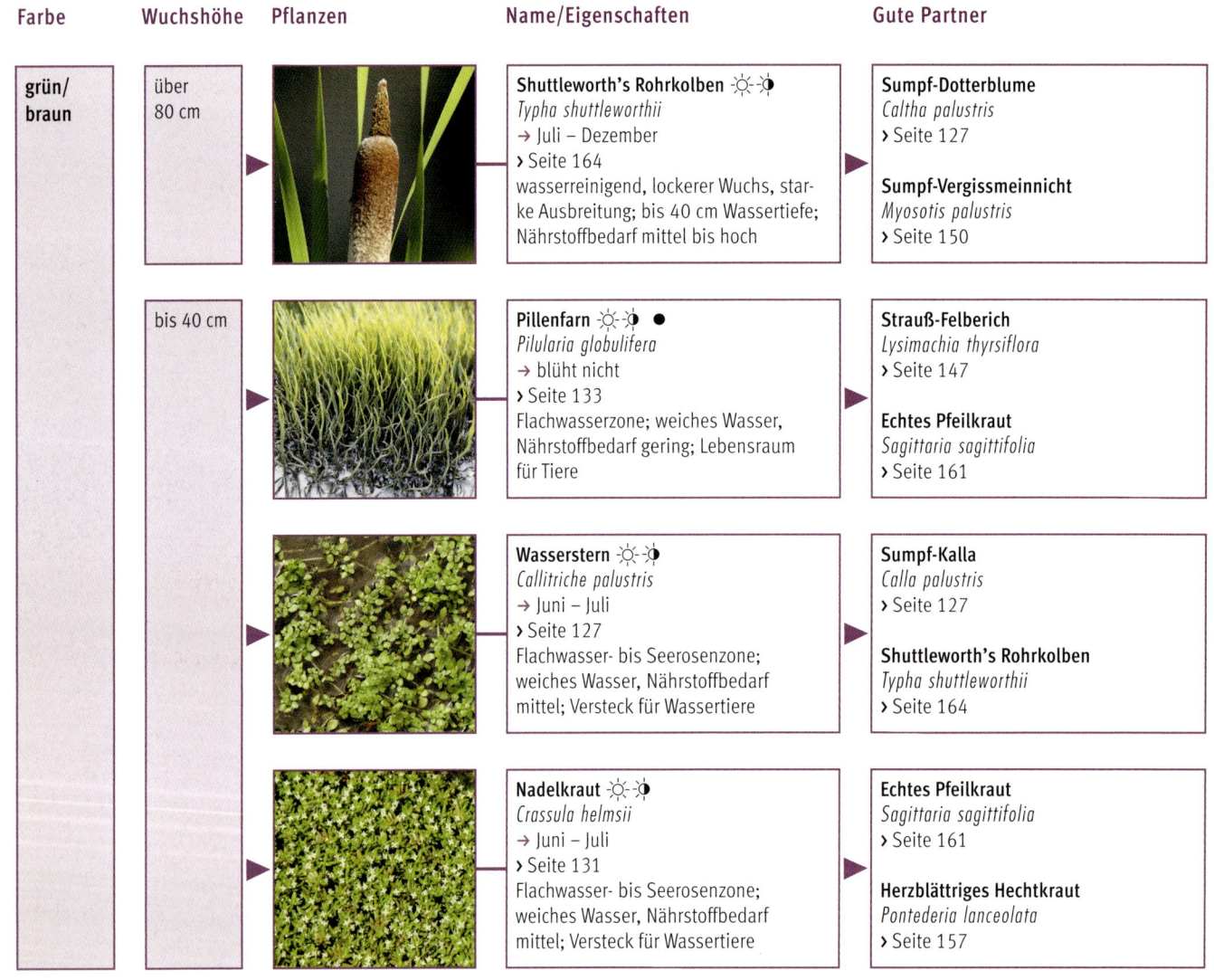

| Farbe | Wuchshöhe | Pflanzen | Name/Eigenschaften | Gute Partner |
|---|---|---|---|---|
| grün/braun | über 80 cm | | **Shuttleworth's Rohrkolben** ☼ ◐ <br> *Typha shuttleworthii* <br> → Juli – Dezember <br> › Seite 164 <br> wasserreinigend, lockerer Wuchs, starke Ausbreitung; bis 40 cm Wassertiefe; Nährstoffbedarf mittel bis hoch | **Sumpf-Dotterblume** <br> *Caltha palustris* <br> › Seite 127 <br><br> **Sumpf-Vergissmeinnicht** <br> *Myosotis palustris* <br> › Seite 150 |
| | bis 40 cm | | **Pillenfarn** ☼ ◐ ● <br> *Pilularia globulifera* <br> → blüht nicht <br> › Seite 133 <br> Flachwasserzone; weiches Wasser, Nährstoffbedarf gering; Lebensraum für Tiere | **Strauß-Felberich** <br> *Lysimachia thyrsiflora* <br> › Seite 147 <br><br> **Echtes Pfeilkraut** <br> *Sagittaria sagittifolia* <br> › Seite 161 |
| | | | **Wasserstern** ☼ ◐ <br> *Callitriche palustris* <br> → Juni – Juli <br> › Seite 127 <br> Flachwasser- bis Seerosenzone; weiches Wasser, Nährstoffbedarf mittel; Versteck für Wassertiere | **Sumpf-Kalla** <br> *Calla palustris* <br> › Seite 127 <br><br> **Shuttleworth's Rohrkolben** <br> *Typha shuttleworthii* <br> › Seite 164 |
| | | | **Nadelkraut** ☼ ◐ <br> *Crassula helmsii* <br> → Juni – Juli <br> › Seite 131 <br> Flachwasser- bis Seerosenzone; weiches Wasser, Nährstoffbedarf mittel; Versteck für Wassertiere | **Echtes Pfeilkraut** <br> *Sagittaria sagittifolia* <br> › Seite 161 <br><br> **Herzblättriges Hechtkraut** <br> *Pontederia lanceolata* <br> › Seite 157 |

Flachwasserzone

# GRÜN/BRAUN: bis 40 cm

| Farbe | Wuchshöhe | Pflanzen | Name/Eigenschaften | Gute Partner |
|---|---|---|---|---|
| grün/braun | bis 40 cm | | **Nadelsimse** ☀ ☽<br>*Eleocharis acicularis*<br>→ Blüte unscheinbar<br>› Seite 133<br>Flachwasser- bis Seerosenzone; Nährstoffbedarf mittel bis gering; Versteck für Wassertiere | **Zwerg-Pfeilkraut**<br>*Sagittaria graminea*<br>› Seite 161<br><br>**Langes Zyperngras**<br>*Cyperus longus*<br>› Seite 132 |
| | | | **Tannenwedel** ☀ ☽<br>*Hippuris vulgaris*<br>→ Juli – August<br>› Seite 141<br>starke Ausbreitung; Flachwasser- bis Seerosenzone; Nährstoffbedarf mittel; Versteck für Wassertiere | **Amerikanische Sumpf-Schwertlilie**<br>*Iris versicolor*<br>› Seite 142<br><br>**Gestreifte Teichsimse**<br>*Schoenoplectus lacustris* 'Albescens'<br>› Seite 162 |
| | | | **Papageienfeder** ☀ ☽<br>*Myriophyllum aquaticum*<br>→ Blüten unscheinbar<br>› Seite 151<br>ab 20 cm Wassertiefe bis Seerosenzone; Nährstoffbedarf hoch; Versteck für Wassertiere | **Wasser-Goldkeule**<br>*Orontium aquaticum*<br>› Seite 154<br><br>**Japanische Schwertlilie**<br>*Iris laevigata*<br>› Seite 142 |
| | | | **Pfeil-Aronstab** ☀ ☽<br>*Peltandra virginica*<br>→ April – Juni<br>› Seite 155<br>Ersatzart für Pfeilkraut; langsam wachsend; bis 40 cm Wassertiefe; Nährstoffbedarf mittel bis hoch | **Igelschlauch**<br>*Baldellia ranunculoides*<br>› Seite 125<br><br>**Fieberklee**<br>*Menyanthes trifoliata*<br>› Seite 149 |

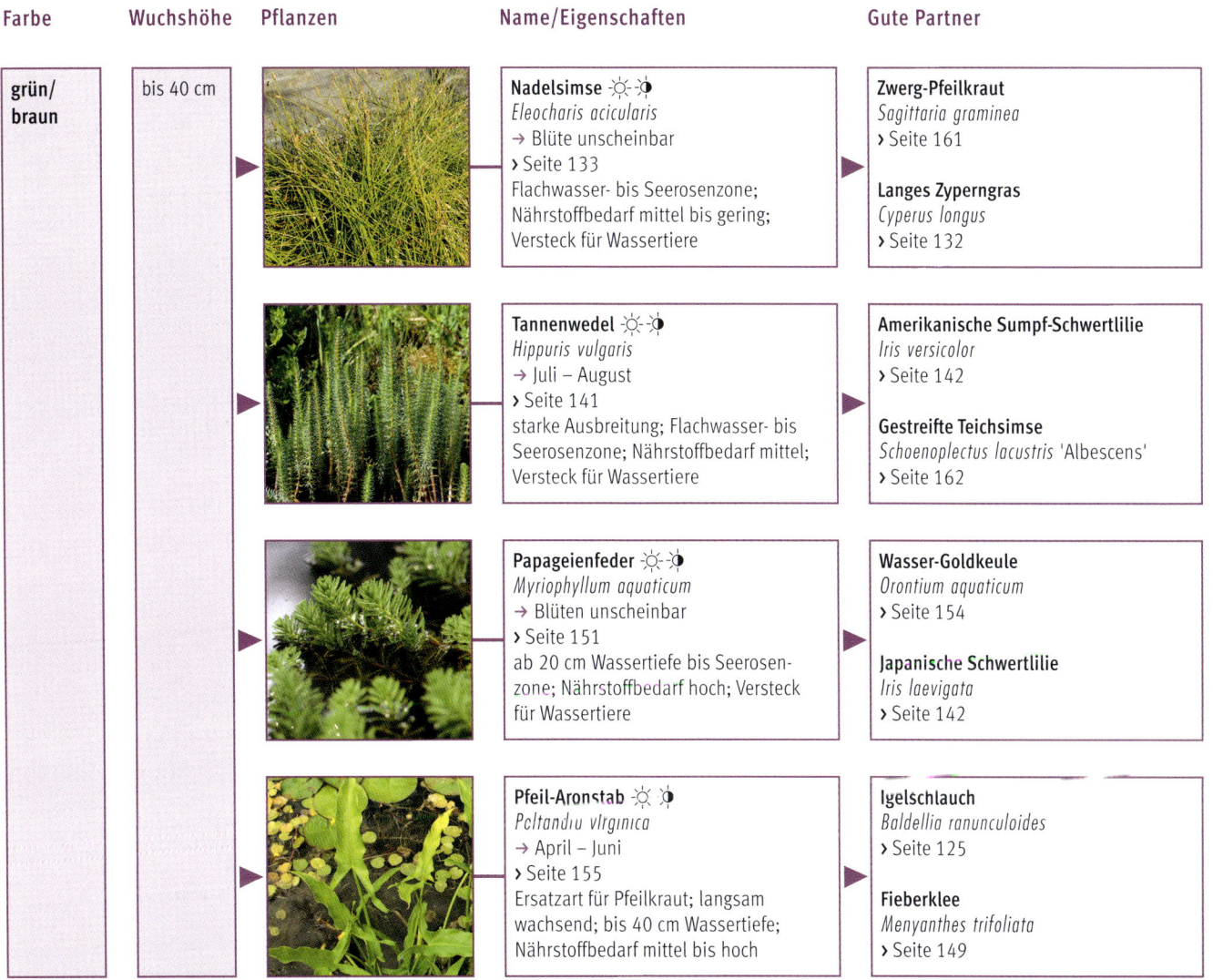

Flachwasserzone

# Seerosenzone

Willkommen im Reich der »Königin der Wasserpflanzen«. Wir haben diese Zone bewusst nach ihr, der Seerose, benannt, denn sie ist der Inbegriff von »Wasser im Garten«. Zugegeben, die Bezeichnung »Tiefenzone« wäre gerechter, denn hier gedeihen neben der Seerose auch viele andere Gewächse. Verwenden Sie alle Schwimmblattpflanzen nur sparsam, damit nicht zu viel Wasserfläche unter üppigem Laub verschwindet.

## Das Reich der Seerosen

Seerosen sind zweifellos der Blickfang in jedem Gartenteich, und es gibt eine Vielzahl von Sorten mit verschiedenen Blütenfarben, mit gefüllten und ungefüllten Blüten, manche sogar duftend.

### Auf die Tiefe kommt es an

Bei der Auswahl der Sorten sollten Sie sich unbedingt an die empfohlene Wassertiefe halten. Besonders die stark wachsende 'Gladstoniana' schiebt in zu flachem Wasser ihre Blätter über die Wasseroberfläche, wodurch grüne Hügel entstehen, unter denen die Blüten unsichtbar bleiben. Ein zu tiefer Wasserstand ist bei dieser Sorte im Gartenteich kaum möglich, wohl aber bei vielen schwächer wachsenden Seerosen. Verbannen Sie Ihre Königin nicht zu weit in den Untergrund, sonst vermiesen Sie ihr die Freude am Blühen und strafen sich damit selbst! Berücksichtigen Sie neben den Wünschen zur Tiefe auch den Flächenbedarf der einzelnen Seerosensorten. Im Zweifelsfall sollten Sie lieber auf Pflanzen verzichten, als deren Herrschaftsgebiete zu sehr zu beschneiden. Die Ausbreitung der Kriechsprosse (Rhizome) am Teichgrund schreitet Jahr für Jahr fort, und es wirkt nicht gut, wenn verschiedene Sorten ineinanderwachsen. Wenn Sie als »Königsthron« große Seerosenkörbe wählen, erleichtert Ihnen das zwar die Kontrolle der Ausbreitung, die Wuchskraft wird aber nur wenig gebremst (› Seite 27).

### Seerosen im Zaum halten

Sie sollten alle zwei Jahre die Seerosenkörbe anheben und ausbrechende Sprosse entfernen. Spätestens bei der dritten derartigen Aktion empfehlen wir eine komplette Entnahme und Teilung. Nur junge Partien mit vitalen Sprossspitzen pflanzen Sie wieder ein. Wenn Sie das Pflanzgefäß »an die Leine legen«, können Sie es besser aus dem Wasser

# Seerosenzone

nehmen. Binden Sie eine verrottungsbeständige Schnur am Gefäß an, und befestigen Sie das andere Ende an einer Stelle, von der aus Sie die Pflanze gut aus dem Wasser ziehen können. Gut eingewurzelte Exemplare verkraften es problemlos, beim Herausziehen in Schieflage zu geraten. Beim Einstellen des neu getopften Teilstückes sollten Sie vorsichtiger vorgehen – dann ist aber auch weniger Gewicht zu bewältigen.

## Beschädigte Blätter

Dass Seerosen keine Strömung und kein Spritzwasser vertrügen, also nichts für Teiche mit Sprudler oder Fontäne seien, ist ein Ammenmärchen. Sicher wird ein Platz unter dem Wasserfall mit Blattschäden quittiert werden, doch ein leichtes dauerhaftes Übersprühen vertragen die Pflanzen gut. Gefahr droht von anderer Seite. Wenn Sie auf Ihrem Teich grünes, oval geformtes »Konfetti« herumtreiben sehen und gleichzeitig die Seerosenblätter an Schweizer Käse erinnern, sind die Larven des Seerosenzünslers (› Seite 172) am Werk. Sie fressen ovale Stücke aus den Blättern, aus denen sie sich einen schützenden Köcher bauen, in dem sie sich verpuppen. Wenn Sie für ein reichhaltiges Tierleben in Ihrem Garten sorgen, sollte der Zünsler aber kein Problem darstellen.

## Schwimmendes Begleitvolk

Eigentlich wirken Seerosen schon ganz allein für sich. Sie können sie aber noch mit der einen oder anderen Schwimmblattpflanze ergänzen. Froschbiss, Wasserähre und der leider oft nur kurzlebige Wasser-Hahnenfuß sind gute Partner und nehmen nicht überhand oder lassen sich durch Abfischen leicht bändigen. Vorsicht ist mit der Seekanne und vor allem der Gelben Teichrose geboten, denen nach einigen Jahren nur mit einem Räumungskommando beizubringen ist, dass sie den Teich wieder verlassen sollen.

## Vielblättriges Unterwasserleben

Die freie Wasserfläche sollte eine ruhige Ausstrahlung haben und einen Gegenpol zur kontrastreichen Vegetation am Ufer bilden. Gehen Sie daher sparsam mit Schwimmblattpflanzen um, sparen Sie aber nicht mit Unterwasserpflanzen. Ein Mosaik aus unterschiedlichen Blattfarben und Formen von Laichkräutern, Tausendblatt und Hornkraut sieht nicht nur zauberhaft aus, sondern sorgt für gute Wasserqualität, verdrängt Algen und bietet vielen Wassertieren Unterschlupf und Lebensraum. Pflanzen Sie nur wenige Exemplare jeder Art, aber dafür viele verschiedene Arten. Die für die jeweilige Wasserqualität geeignetsten werden sich durchsetzen.

Noch ist die Bepflanzung im Teich ausgewogen. Der Revierkampf zwischen den beiden Seerosen-Sorten bahnt sich aber an.

## Leben im freien Wasser

In der Seerosenzone beträgt die Wassertiefe an manchen Stellen über einen Meter. Hierhin ziehen sich dann auch viele Wassertiere zurück, um den Winter frostfrei zu überstehen. Während an den flachen Teichzonen das Wasser vom Rand her zufriert, hat es in der Seerosenzone noch immer Plusgrade.
Hat sich das ökologische Gleichgewicht im Gartenteich eingestellt, können Sie wunderbar die verschiedensten Tiere im klaren Wasser beobachten. Sehr gut geht das, wenn Sie bei der Planung Ihres Teiches auch einen Steg oder eine Brücke vorgesehen haben. Zu sehen ist immer etwas, ob auf der Wasseroberfläche oder im Wasser. Was Sie sehen, ist allerdings abhängig von der Art des Teiches und der Bepflanzung, die Sie gewählt haben. Wenn sich z. B. Seerosen über die gesamte Wasserfläche ausbreiten, ist das zwar ein herrlicher Anblick, für Wasserläufer und Rückenschwimmer ist aber nicht mehr viel Freifläche vorhanden.

### Fische oder Frösche?

Bei einem Teich, der mit Goldfischen oder Kois besetzt ist, werden Sie wohl auf zahlreiche kleine Wassertiere verzichten müssen. Hier wird es auch nicht viel mit der Entwicklung von Fröschen, Kröten und Molchen – Insektenlarven und Laich schmecken den

### Leben in der Muschel

Eine faszinierende Lebensgemeinschaft finden wir zwischen dem Bitterling (> Abb. oben) und der Teichmuschel (> Abb. unten). Leider sind beide Tiere unauffällig gefärbt und deshalb im Teich nur schlecht zu erkennen. Der Bitterling (*Rhodeus sericeus*) ist ein einheimischer, bis 9 cm großer Schwarmfisch, der in ruhig fließenden oder stehenden, pflanzenreichen Gewässern lebt und sich von Wasserinsekten und Algen ernährt. Das Weibchen legt ab April bis Juni mit Hilfe einer langen Legeröhre seine Eier in den Kiemenraum einer Teich- oder Malermuschel. Das Männchen stößt über der Muschel eine Spermawolke aus, die diese mit dem Atemwasser einsaugt und damit die Eier befruchtet. In der Muschel können sich die schlüpfenden Fischlarven gut geschützt entwickeln. Sie bleiben hier, bis sie etwa 1 cm lang sind. Mit dem Atemwasser der Muschel gelangen sie dann ins Freie.

# Tiere der Seerosenzone

Fischen zu gut. Eine Alternative bieten Graskarpfen (› Seite 19), die sich rein pflanzlich ernähren, den Teich fast algenfrei halten und sich nicht an tierischen Lebewesen vergreifen. Auch den Aspekt der explosionsartigen Vermehrung der Wasserpflanzen bei zu hohem Fischbesatz durch starken Nährstoffeintrag – sprich Fischkot – sollten Sie nicht außer Acht lassen. Schnell wird aus einer sonnigen Wasserfläche ein zugewachsenes Gewässer, in dem die Artenvielfalt der Wassertiere sinkt und Sie kaum mehr Tiere der Seerosenzone beobachten können.

## Wasser hat keine Grenzen

Innerhalb des Wassers gibt es keine starren Grenzen. Auf der Wasseroberfläche tummeln sich von der Sumpf- bis zur Seerosenzone an warmen Tagen Dutzende von Wasserläufern (› Seite 172) und Taumelkäfern (› Seite 175), kommen Furchenschwimmer (› Seite 174) und Gelbrandkäfer (› Seite 174) zum Luftholen an die Oberfläche, hängen Rückenschwimmer (› Seite 173) unter der Wasseroberfläche oder gleiten Spitzhornschnecken (› Seite 169) mit dem Fuß nach oben an der Wasseroberfläche entlang. Im Tiefwasser halten sich Hüpferlinge (› Seite 168) und Wasserflöhe (› Seite 168) auf, und über den schlammigen Bodengrund kriechen Posthornschnecke (› Seite 169), Flache Tellerschnecke und Sumpfdeckelschnecke (› Seite 170) auf Nahrungssuche umher. Langweilig wird es beim Blick über und unter die Wasseroberfläche auf gar keinen Fall.

## Schwimmende Begegnung mit Tieren

Falls es die Gegebenheiten zulassen und Sie sich einen Schwimmteich anlegen können, gibt es noch etwas Besonderes. Die Frösche gewöhnen sich an den Wellengang und gelegentlichen Tumult und lassen sich problemlos auf die Hand nehmen, wenn sie entspannt im Wasser hängen oder auf einem Seerosenblatt sitzen. Sie dürfen sich ihnen nur nicht von vorne nähern, sondern langsam die Hand von unten heranführen. Und wer sich traut, kann ihn ja einmal küssen. Es ist einfach viel unterhaltsamer, auf der Luftmatratze auf einem Schwimmteich mit diversen Wassertieren zu treiben, als in einem sterilen Pool. Und für die Kinder bietet sich mehr Abwechslung und Anschauung, was ihnen sicherlich zugutekommt.

### Sonnenterrasse »Seerose«

Auf einem Seerosenblatt mitten im Teich lässt es sich ganz ungestört sonnen. Das hat sich auch dieser Wasserfrosch gedacht. Hin und wieder kommt sogar Nahrung angeflogen. Dann wird rasch zugeschnappt. Und wenn doch etwas stört, dann hilft ein Sprung ins Wasser. Unter den Seerosenblättern ist man dann gut getarnt und kann in Ruhe abwarten.

Der Rückenschwimmer hängt mit dem Bauch nach oben an der Unterseite der Wasseroberfläche. Bei Störung taucht er blitzschnell ab.

## WEISS: 80–100 cm

| Farbe | Wassertiefe | Pflanzen | Name/Eigenschaften | Gute Partner |
|---|---|---|---|---|
| weiß | 80–100 cm | | **Seerose 'Gladstoniana'** ☼-☽<br>*Nymphaea* 'Gladstoniana'<br>→ Juni – September<br>› Seite 152<br>sehr großblumig, Ausbreitung sehr stark; Nährstoffbedarf mittel; Lebensraum für Wassertiere | **Hornblatt**<br>*Ceratophyllum submersum*<br>› Seite 130<br><br>**Zwerg-Pfeilkraut**<br>*Sagittaria graminea*<br>› Seite 161 |
| | | | **Krebsschere** ☼-☽<br>*Stratiotes aloides*<br>→ Juni – Juli<br>› Seite 163<br>Ausbreitung stark; Nährstoffbedarf mittel; Lebensraum für Wassertiere | **Wasserschlauch**<br>*Utricularia vulgaris*<br>› Seite 165<br><br>**Froschbiss**<br>*Hydrocharis morsus-ranae*<br>› Seite 142 |
| | 40–100 cm | | **Zweizeilige Wasserähre** ☼-☽<br>*Aponogeton distachyos*<br>→ Sept. – Okt./März – Mai<br>› Seite 123<br>im Sommer eingezogen, Frucht gekocht essbar, Versamung gering; Nährstoffbedarf mittel bis hoch | **Wasserschlauch**<br>*Utricularia vulgaris*<br>› Seite 165<br><br>**Spreizender Hahnenfuß**<br>*Ranunculus circinalis*<br>› Seite 160 |
| | | | **Wasser-Hahnenfuß** ☼-☽<br>*Ranunculus aquatilis*<br>→ Juni – Juli<br>› Seite 161<br>leider oft kurzlebig; Nährstoffbedarf mittel; Lebensraum für Wassertiere | konkurrenzfrei halten! |

Seerosenzone

## WEISS: 40–80 cm

| Farbe | Wassertiefe | Pflanzen | Name/Eigenschaften | Gute Partner |
|---|---|---|---|---|
| weiß | 40–100 cm | | **Flutender Hahnenfuß** ☼-☼<br>*Ranunculus fluitans*<br>→ Juni – Juli<br>› Seite 160<br>ohne Schwimmblätter, oft kurzlebig; für fließendes, weiches Wasser; Nährstoffbedarf gering | konkurrenzfrei halten! |
| | | | **Wassernuss** ☼-☼<br>*Trapa natans*<br>→ Juni – August<br>› Seite 163<br>rote Herbstfärbung; sommerwarmes Wasser; Nährstoffbedarf hoch; Lebensraum für Wassertiere | **Quirl-Tausendblatt**<br>*Myriophyllum verticillatum*<br>› Seite 151<br><br>**Herzblättriges Hechtkraut**<br>*Pontederia cordata*<br>› Seite 157 |
| | | | **Froschbiss** ☼ ●<br>*Hydrocharis morsus-ranae*<br>→ Juni – Juli<br>› Seite 142<br>starke Ausbreitung; Flachwasser- bis Seerosenzone; Nährstoffbedarf mittel bis hoch; Landeplatz für Insekten | **Nadel-Minze**<br>*Mentha cervina*<br>› Seite 148<br><br>**Herzblättriges Hechtkraut**<br>*Pontederia corduta*<br>› Seite 157 |
| | 40–80 cm | | **Seerose 'Gonnère'** ☼-☼<br>*Nymphaea* 'Gonnère'<br>→ Juni – September<br>› Seite 153<br>Ausbreitung mittelstark; Nährstoffbedarf mittel; Lebensraum für Wassertiere | **Wasserschlauch**<br>*Utricularia vulgaris*<br>› Seite 165<br><br>**Seerose 'James Brydon'**<br>*Nymphaea* 'James Brydon'<br>› Seite 152 |

Seerosenzone

# GELB: 80–100 cm

| Farbe | Wassertiefe | Pflanzen | Name/Eigenschaften | Gute Partner |
|---|---|---|---|---|
| gelb | 80–100 cm | | **Gelbe Teichrose** ☼ ☼ ● <br> *Nuphar lutea* <br> → Juni – August <br> › Seite 151 <br> stark wuchernd; mindestens 100 cm Wassertiefe; Nährstoffbedarf mittel; Lebensraum für Wassertiere | **Glänzendes Laichkraut** <br> *Potamogeton lucens* <br> › Seite 157 <br><br> **Hornblatt** <br> *Ceratophyllum submersum* <br> › Seite 130 |
| | | | **Seekanne** ☼ ☼ <br> *Nymphoides peltata* <br> → Juni – Juli <br> › Seite 154 <br> wuchert stark durch schwimmende Ausläufer; Nährstoffbedarf mittel bis hoch; Lebensraum für Wassertiere | **Glänzendes Laichkraut** <br> *Potamogeton lucens* <br> › Seite 157 <br><br> **Gestreifte Teichsimse** <br> *Schoenoplectus lacustris* 'Albescens' <br> › Seite 162 |
| | 40–100 cm | | **Japanische Teichrose** ☼ ☼ ● <br> *Nuphar japonica* <br> → Juni – August <br> › Seite 151 <br> Blätter stehen über Wasser; Nährstoffbedarf mittel; Lebensraum für Wassertiere | **Brunnenmoos** <br> *Fontinalis antipyretica* <br> › Seite 162 |
| | | | **Wasserschlauch** ☼ ☼ <br> *Utricularia vulgaris* <br> → Juni – Juli <br> › Seite 165 <br> Fangbläschen erbeuten Kleintiere; Flachwasser- bis Seerosenzone; weiches Wasser, Nährstoffbedarf gering | **Froschbiss** <br> *Hydrocharis morsus-ranae* <br> › Seite 142 <br><br> **Seerose 'Perry's Baby Red'** <br> *Nymphaea* 'Perry's Baby Red' <br> › Seite 152 |

Seerosenzone

**ROSA: 40–80 cm**

| Farbe | Wassertiefe | Pflanzen | Name/Eigenschaften | Gute Partner |
|---|---|---|---|---|
| gelb | 40–80 cm | 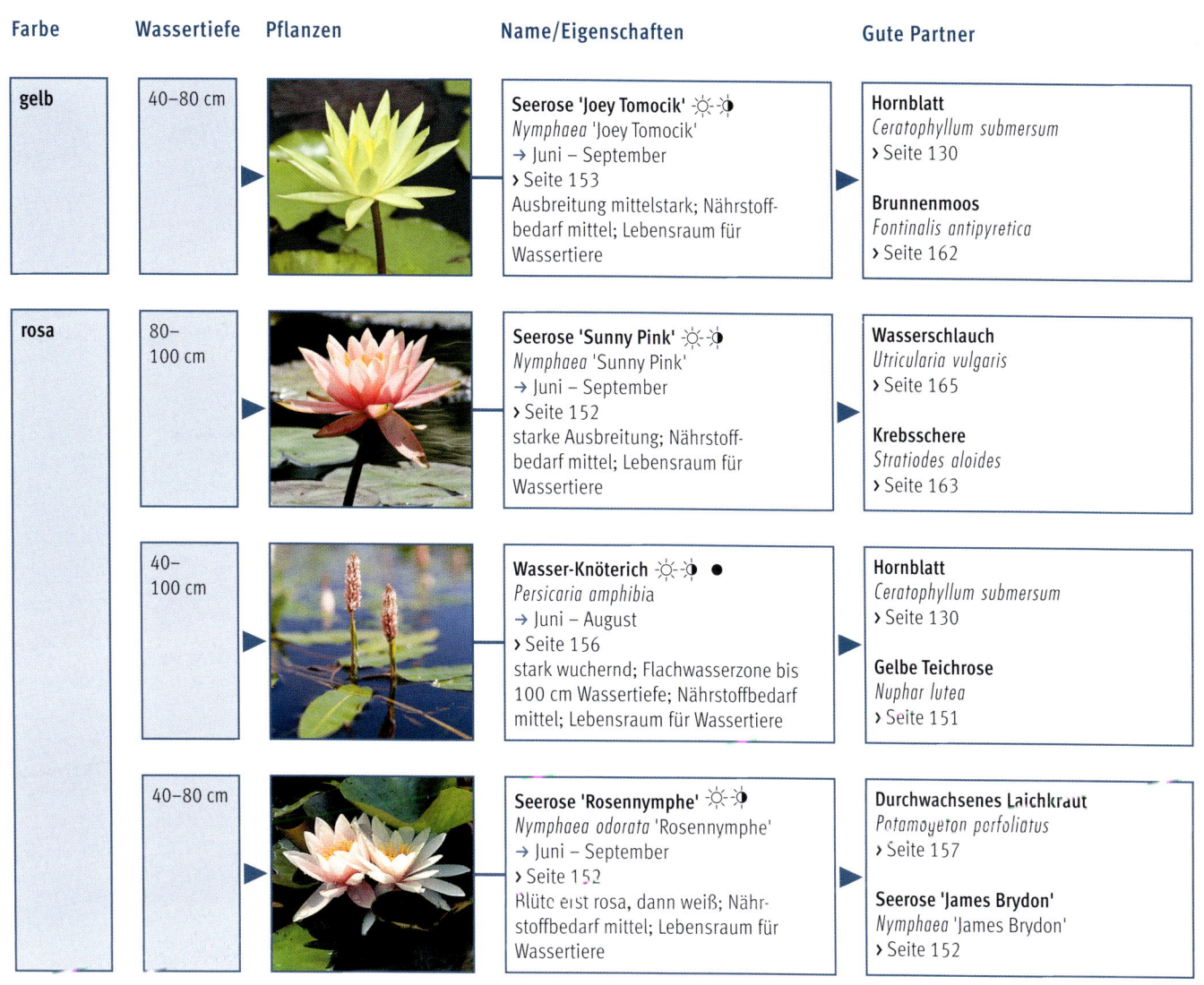 | **Seerose 'Joey Tomocik'** ☼ ☼<br>*Nymphaea* 'Joey Tomocik'<br>→ Juni – September<br>› Seite 153<br>Ausbreitung mittelstark; Nährstoff-bedarf mittel; Lebensraum für Wassertiere | **Hornblatt**<br>*Ceratophyllum submersum*<br>› Seite 130<br><br>**Brunnenmoos**<br>*Fontinalis antipyretica*<br>› Seite 162 |
| rosa | 80–100 cm | | **Seerose 'Sunny Pink'** ☼ ☼<br>*Nymphaea* 'Sunny Pink'<br>→ Juni – September<br>› Seite 152<br>starke Ausbreitung; Nährstoff-bedarf mittel; Lebensraum für Wassertiere | **Wasserschlauch**<br>*Utricularia vulgaris*<br>› Seite 165<br><br>**Krebsschere**<br>*Stratiodes aloides*<br>› Seite 163 |
| | 40–100 cm | | **Wasser-Knöterich** ☼ ☼ ●<br>*Persicaria amphibia*<br>→ Juni – August<br>› Seite 156<br>stark wuchernd; Flachwasserzone bis 100 cm Wassertiefe; Nährstoffbedarf mittel; Lebensraum für Wassertiere | **Hornblatt**<br>*Ceratophyllum submersum*<br>› Seite 130<br><br>**Gelbe Teichrose**<br>*Nuphar lutea*<br>› Seite 151 |
| | 40–80 cm | | **Seerose 'Rosennymphe'** ☼ ☼<br>*Nymphaea odorata* 'Rosennymphe'<br>→ Juni – September<br>› Seite 152<br>Blüte erst rosa, dann weiß; Nährstoffbedarf mittel; Lebensraum für Wassertiere | **Durchwachsenes Laichkraut**<br>*Potamogeton perfoliatus*<br>› Seite 157<br><br>**Seerose 'James Brydon'**<br>*Nymphaea* 'James Brydon'<br>› Seite 152 |

Seerosenzone

## ROT: 80–100 cm

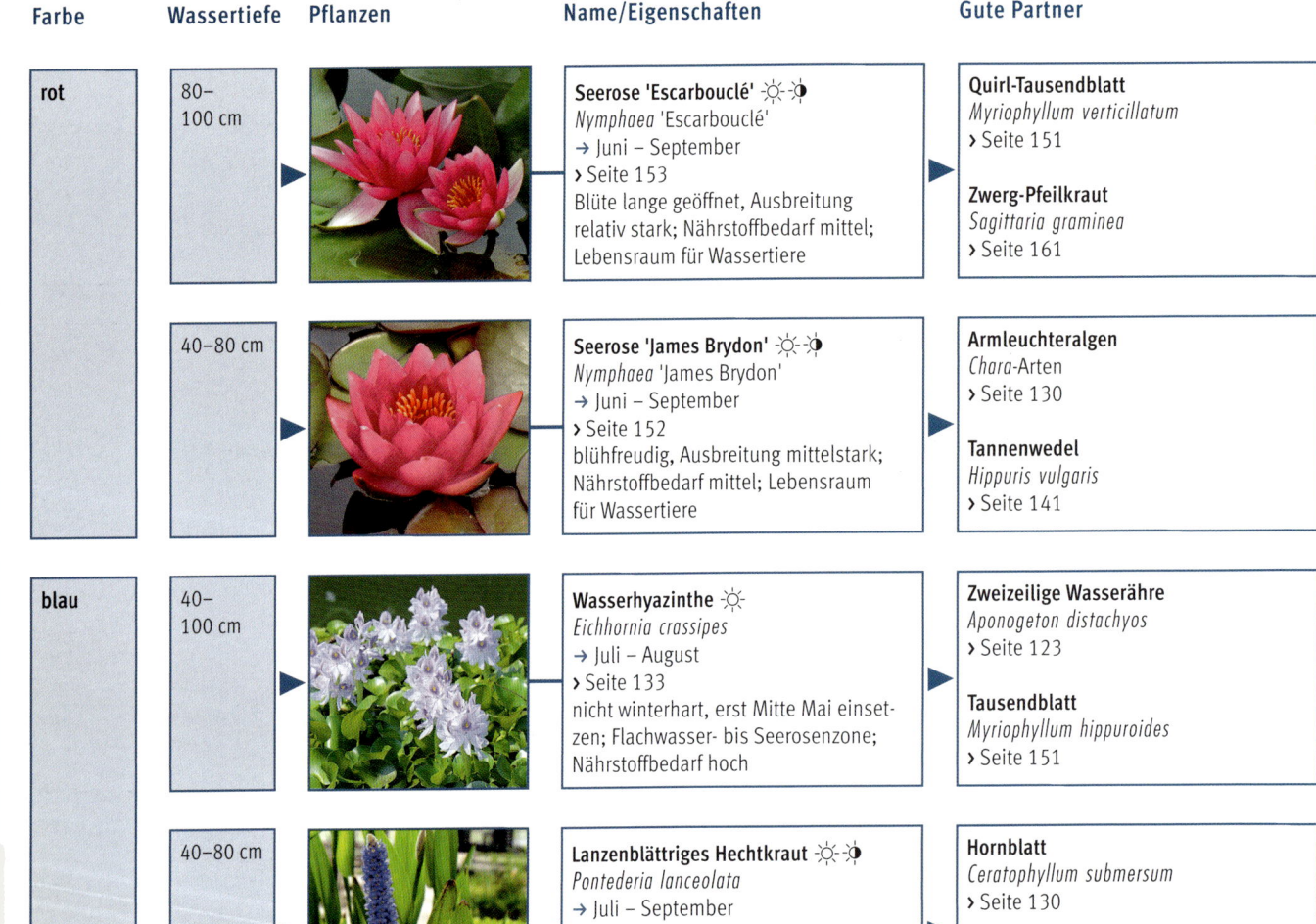

| Farbe | Wassertiefe | Pflanzen | Name/Eigenschaften | Gute Partner |
|---|---|---|---|---|
| rot | 80–100 cm | | **Seerose 'Escarbouclé'** ☀☽<br>*Nymphaea* 'Escarbouclé'<br>→ Juni – September<br>› Seite 153<br>Blüte lange geöffnet, Ausbreitung relativ stark; Nährstoffbedarf mittel; Lebensraum für Wassertiere | **Quirl-Tausendblatt**<br>*Myriophyllum verticillatum*<br>› Seite 151<br><br>**Zwerg-Pfeilkraut**<br>*Sagittaria graminea*<br>› Seite 161 |
| | 40–80 cm | | **Seerose 'James Brydon'** ☀☽<br>*Nymphaea* 'James Brydon'<br>→ Juni – September<br>› Seite 152<br>blühfreudig, Ausbreitung mittelstark; Nährstoffbedarf mittel; Lebensraum für Wassertiere | **Armleuchteralgen**<br>*Chara*-Arten<br>› Seite 130<br><br>**Tannenwedel**<br>*Hippuris vulgaris*<br>› Seite 141 |
| blau | 40–100 cm | | **Wasserhyazinthe** ☀<br>*Eichhornia crassipes*<br>→ Juli – August<br>› Seite 133<br>nicht winterhart, erst Mitte Mai einsetzen; Flachwasser- bis Seerosenzone; Nährstoffbedarf hoch | **Zweizeilige Wasserähre**<br>*Aponogeton distachyos*<br>› Seite 123<br><br>**Tausendblatt**<br>*Myriophyllum hippuroides*<br>› Seite 151 |
| | 40–80 cm | | **Lanzenblättriges Hechtkraut** ☀☽<br>*Pontederia lanceolata*<br>→ Juli – September<br>› Seite 157<br>winterhart ab 50 cm Wassertiefe; Nährstoffbedarf hoch bis mittel; Versteck für Wassertiere | **Hornblatt**<br>*Ceratophyllum submersum*<br>› Seite 130<br><br>**Seerose 'Froebeli'**<br>*Nymphaea* 'Froebeli'<br>› Seite 152 |

Seerosenzone

# GRÜN/BRAUN: 40–100 cm

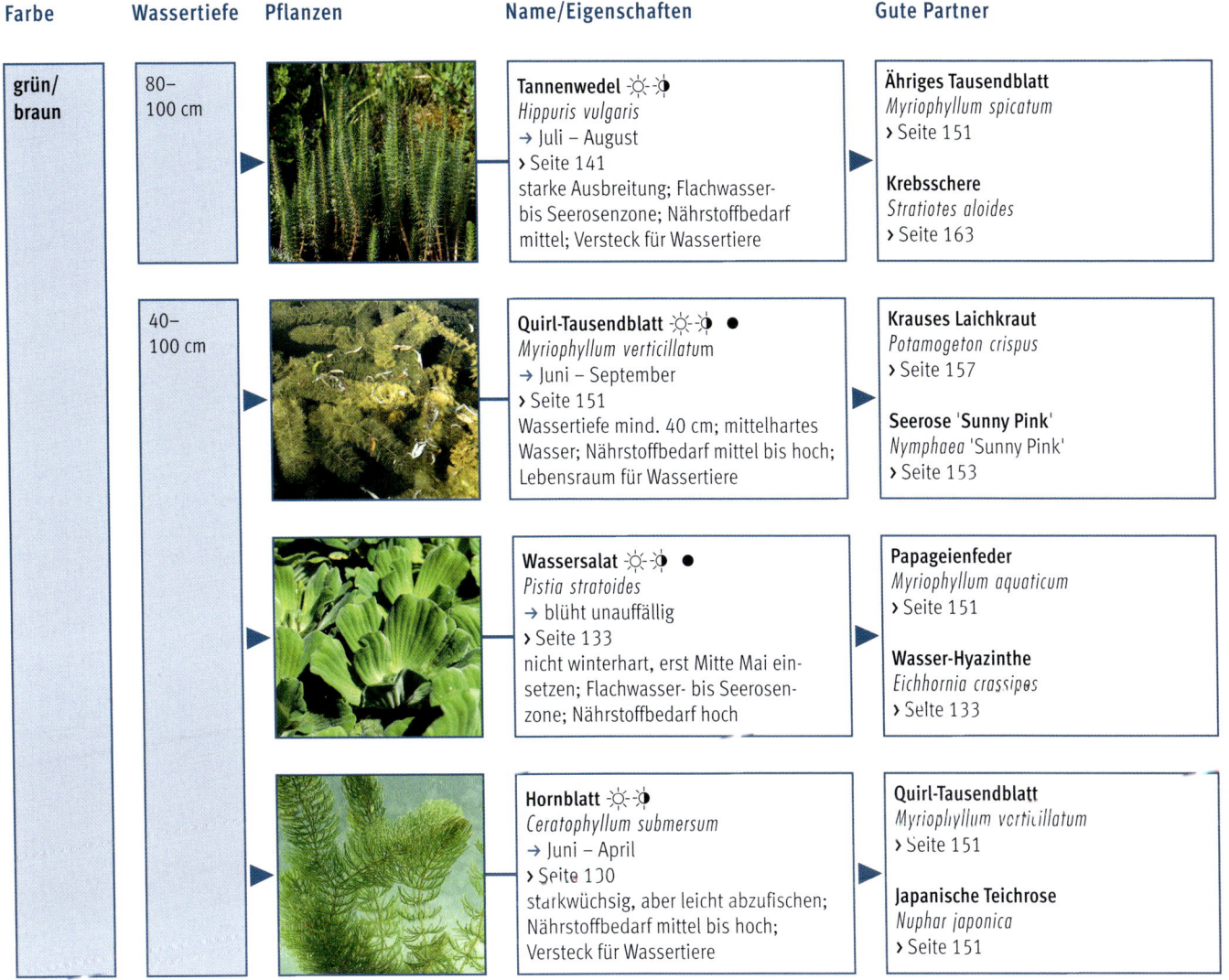

| Farbe | Wassertiefe | Pflanzen | Name/Eigenschaften | Gute Partner |
|---|---|---|---|---|
| grün/braun | 80–100 cm | | **Tannenwedel** ☼ ☼<br>*Hippuris vulgaris*<br>→ Juli – August<br>› Seite 141<br>starke Ausbreitung; Flachwasser- bis Seerosenzone; Nährstoffbedarf mittel; Versteck für Wassertiere | **Ähriges Tausendblatt**<br>*Myriophyllum spicatum*<br>› Seite 151<br><br>**Krebsschere**<br>*Stratiotes aloides*<br>› Seite 163 |
| | 40–100 cm | | **Quirl-Tausendblatt** ☼ ☼ ●<br>*Myriophyllum verticillatum*<br>→ Juni – September<br>› Seite 151<br>Wassertiefe mind. 40 cm; mittelhartes Wasser; Nährstoffbedarf mittel bis hoch; Lebensraum für Wassertiere | **Krauses Laichkraut**<br>*Potamogeton crispus*<br>› Seite 157<br><br>**Seerose 'Sunny Pink'**<br>*Nymphaea 'Sunny Pink'*<br>› Seite 153 |
| | | | **Wassersalat** ☼ ☼ ●<br>*Pistia stratoides*<br>→ blüht unauffällig<br>› Seite 133<br>nicht winterhart, erst Mitte Mai einsetzen; Flachwasser- bis Seerosenzone; Nährstoffbedarf hoch | **Papageienfeder**<br>*Myriophyllum aquaticum*<br>› Seite 151<br><br>**Wasser-Hyazinthe**<br>*Eichhornia crassipes*<br>› Seite 133 |
| | | | **Hornblatt** ☼ ☼<br>*Ceratophyllum submersum*<br>→ Juni – April<br>› Seite 130<br>starkwüchsig, aber leicht abzufischen; Nährstoffbedarf mittel bis hoch; Versteck für Wassertiere | **Quirl-Tausendblatt**<br>*Myriophyllum verticillatum*<br>› Seite 151<br><br>**Japanische Teichrose**<br>*Nuphar japonica*<br>› Seite 151 |

Seerosenzone

# GRÜN/BRAUN: 40–100 cm

| Farbe | Wassertiefe | Pflanzen | Name/Eigenschaften | Gute Partner |
|---|---|---|---|---|
| grün/braun | 40–100 cm | | **Armleuchteralgen** ☼ ☽<br>*Chara*-Arten<br>→ blühen nicht<br>› Seite 130<br>Unterwasserrasen; Flachwasser- bis Seerosenzone; Nährstoffbedarf gering; Versteck für Wassertiere | **Ähriges Tausendblatt**<br>*Myriophyllum spicatum*<br>› Seite 151<br><br>**Igelschlauch**<br>*Baldellia ranunculoides*<br>› Seite 125 |
| | | | **Krauses Laichkraut** ☼ ☽<br>*Potamogeton crispus*<br>→ Juni – August<br>› Seite 157<br>starke Ausbreitung durch Ausläufer; Wasser eher hart, Nährstoffbedarf mittel; Versteck für Wassertiere | **Krebsschere**<br>*Stratiotes aloides*<br>› Seite 163<br><br>**Lanzenblättriges Hechtkraut**<br>*Pontedaria lanceolata*<br>› Seite 157 |
| | | | **Glänzendes Laichkraut** ☼ ☽<br>*Potamogeton lucens*<br>→ Juni – August<br>› Seite 157<br>starke Ausbreitung durch Ausläufer; Nährstoffbedarf mittel bis hoch; Versteck für Wassertiere | **Quirl-Tausendblatt**<br>*Myriophyllum verticillatum*<br>› Seite 151<br><br>**Tannenwedel**<br>*Hippuris vulgaris*<br>› Seite 141 |
| | | | **Durchwachsenes Laichkraut** ☼ ☽<br>*Potamogeton perfoliatus*<br>→ Juni – August<br>› Seite 158<br>starke Ausbreitung durch Ausläufer; Nährstoffbedarf gering bis mittel; Versteck für Wassertiere | **Wasserschlauch**<br>*Utricularia vulgaris*<br>› Seite 165<br><br>**Lanzenblättriges Hechtkraut**<br>*Pontedaria lanceolata*<br>› Seite 157 |

Seerosenzone

# GRÜN/BRAUN: 40–100 cm

| Farbe | Wassertiefe | Pflanzen | Name/Eigenschaften | Gute Partner |
|---|---|---|---|---|
| grün/braun | 40–100 cm | | **Schwimmfarn** ☼-☽ *Salvinia natans* → blüht nicht › Seite 161 subtropischer Schwimmfarn; Winterschutz erforderlich oder im Mai neu einsetzen; Nährstoffbedarf hoch | **Tausendblatt** *Myriophyllum hippuroides* › Seite 151 **Langes Zyperngras** *Cyperus longus* › Seite 132 |
| | | | **Zwerg-Pfeilkraut** ☼-☽ *Sagittaria graminea* → Juni – August › Seite 161 Unterwasserblätter bandförmig; Flachwasser- bis Seerosenzone; eher weiches Wasser, Nährstoffbedarf mittel | **Tannenwedel** *Hippuris vulgaris* › Seite 141 **Seerose 'Escarbouclé'** *Nymphaea 'Escarbouclé'* › Seite 153 |
| | | | **Papageienfeder** ☼-☽ *Myriophyllum aquaticum* → Juni – September › Seite 151 ab 20 cm Wassertiefe bis Seerosenzone; Nährstoffbedarf hoch; Versteck für Wassertiere | **Wasserhyazinthe** *Eichhornia crassipes* › Seite 133 **Lanzenblättriges Hechtkraut** *Pontederia lanceolata* › Seite 157 |
| | | | **Gestreifte Teichsimse** ☼-☽ *Schoenoplectus lacustris 'Albescens'* → Juli – Oktober › Seite 162 wasserreinigend, wuchernd; bis 80 cm Wassertiefe; Nährstoffbedarf mittel bis hoch; Ausstiegshilfe | **Spreizender Hahnenfuß** *Ranunculus circinalis* › Seite 160 **Froschbiss** *Hydrocharis morsus-ranae* › Seite 142 |

Seerosenzone

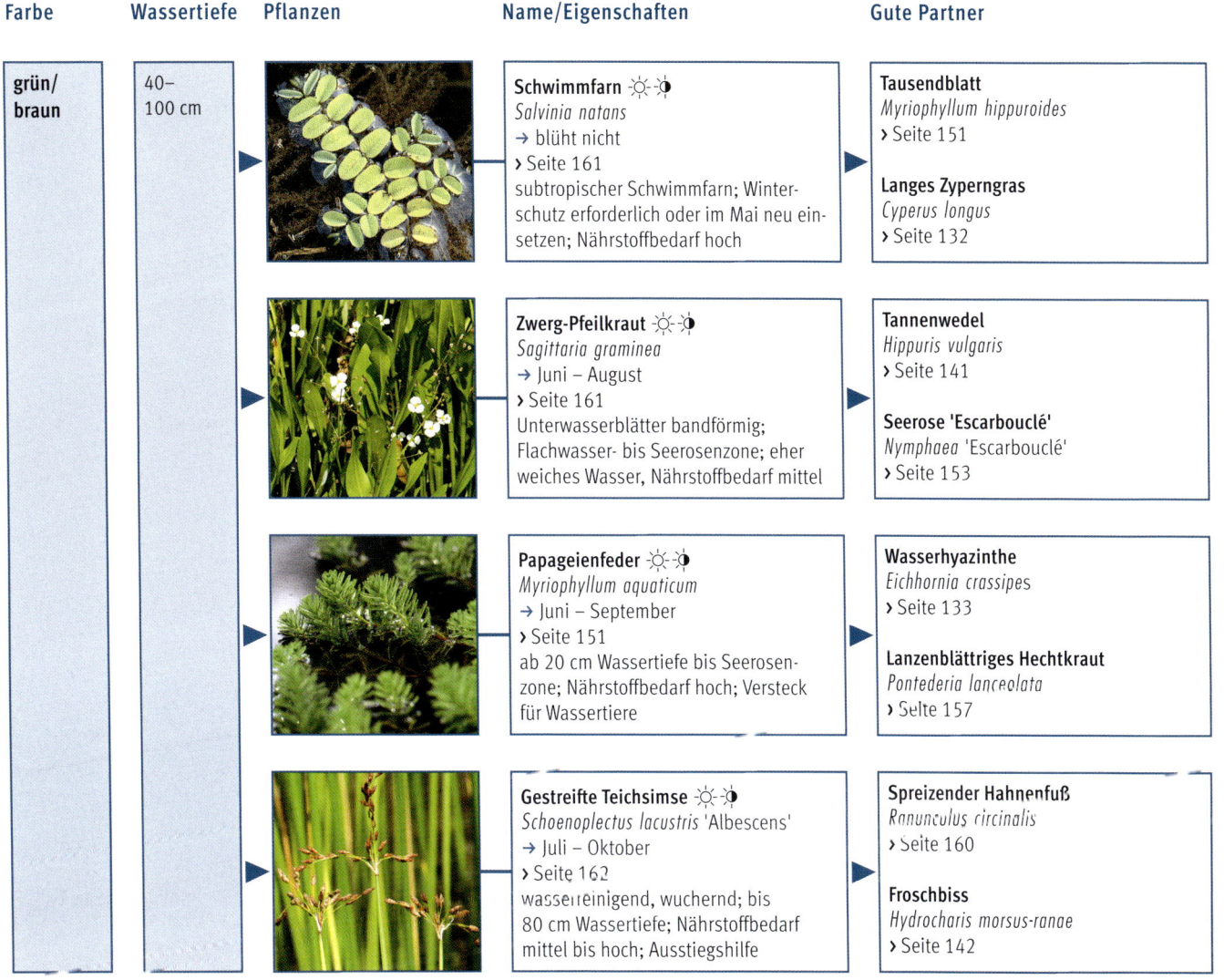

# Pflanzenporträts

»Und wie sieht die Pflanze nun aus? Wie kann ich sie am besten kombinieren?« Diese und ähnliche Fragen werden sich Ihnen beim Studieren der vielen Tipps zur Pflanzenauswahl in diesem Buch regelmäßig gestellt haben. Die Antworten finden Sie in den Porträttexten. Wertvolle Tipps aus eigener Erfahrung ergänzen die Beschreibungen von Wuchs und Standort, von geeigneten Partnern sowie weiteren Sorten und Arten.

## Sumpf-Garbe
*Achillea ptarmica*

**Höhe:** 60–90 cm
**Blütezeit:** Juni – August
› Gartenzone S. 53

   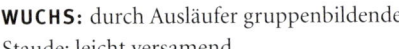

**WUCHS:** durch Ausläufer gruppenbildende Staude; leicht versamend
**WERT:** heimische, lang blühende Feuchtwiesenpflanze; Schmetterlingsmagnet
**STANDORT:** Garten- und Feuchtzone; Boden frisch bis nass, nicht überstaut; bevorzugt leicht saure Substrate
**VERWENDUNG:** Solitär- bis Begleitstaude; für höherwüchsige, wiesenartige Pflanzungen für größere Flächen; für Naturgärten
**GUTE PARTNER:** horstige Seggen wie Morgenstern-Segge und Rispen-Segge (*Carex paniculata*), Ehrenpreis (*Veronica longifolia*), Schlangen-Knöterich
**MEIN TIPP:** Sie verhindern eine übermäßige Versamung, wenn Sie verblühte Blütenstände gleich abschneiden.
**SORTE:** 'Schneeball': gefüllt blühende, beliebte Bauerngartenstaude, etwas niedriger und später blühend, verträgt weniger Nässe und versamt nicht, › S. 53

## Busch-Knöterich
*Aconogonon alpinum*

**Höhe:** 150–200 cm
**Blütezeit:** Juni – September
› Gartenzone S. 52

**WUCHS:** breithorstige Großstaude; konkurrenzstark, aber nicht wuchernd
**WERT:** weiße Blütenrispen, sehr lange Blütezeit; Unterschlupf für Tiere
**STANDORT:** Gartenzone; Boden frisch und nährstoffreich
**VERWENDUNG:** Solitärstaude, als Hintergrund oder im Randbereich von Teichen
**GUTE PARTNER:** Dreimasterblume, Goldkolben, Morgenstern-Segge, Sumpf-Wolfsmilch, Weicher Frauenmantel
**MEIN TIPP:** Der Busch-Knöterich wird z. T. noch unter dem Namen *Polygonum polymorphum* oder *Aconogonon* 'Johanniswolke' angeboten. Nach den ersten Frösten im Herbst fallen die Triebe der Pflanze bald in sich zusammen.
**WEITERE ART:** *Aconogonon weyrichii*: 120–150 cm hohe, breitbuschige Staude mit weißen, fedrigen Blütenständen; Blütezeit August – September

## Bunter Kalmus
*Acorus calamus* 'Variegatus'

**Höhe:** 60–80 cm
**Blütezeit:** Juni – Juli
› Sumpfzone S. 91, Flachwasserzone S. 103

**WUCHS:** durch waagerechte Kriechsprosse (Rhizome) zum Wuchern neigende Staude, Blätter und Triebe aufstrebend
**WERT:** sehr zierende grün-weiß gestreifte Blätter, der weiße Blütenkolben ist unscheinbar; riecht aromatisch; verbessert die Wasserqualität in der Flachwasserzone
**STANDORT:** Sumpf- bis Flachwasserzone; Boden nährstoffreich
**VERWENDUNG:** Gruppenpflanze; nur für große Teiche in der Röhrichtzone; am besten in architektonischen Anlagen
**GUTE PARTNER:** konkurrenzkräftige Arten wie Zebra-Simse (*Schoenoplectus tabernaemontani*) und Zungen-Hahnenfuß; niedrige Begleiter wie Nadel-Simse und Sumpf-Vergissmeinnicht
**MEIN TIPP:** Bei Nährstoffmangel mit Stickstoff düngen. Im Herbst zurückschneiden.
**ART:** Kalmus (*Acorus calamus*): grünes Laub, noch etwas starkwüchsiger

 Sonne  Halbschatten  Schatten  Blütenschmuck  Blattschmuck  Fruchtschmuck

## Kriechender Günsel
*Ajuga reptans*

**Höhe:** Laub 10 cm, Blütenkerzen 30 cm
**Blütezeit:** April – Mai
› Gartenzone S. 60

**WUCHS:** lockere Bodendecke bildende Staude aus immergrünen Blattrosetten
**WERT:** gut geeignet zum Kaschieren offen liegender Folienränder; die blauen Blütenkerzen locken Insekten an
**STANDORT:** Garten- und Feuchtzone; Boden frisch bis feucht, mäßig nährstoffreich
**VERWENDUNG:** als Bodendecker, bei genügend Feuchtigkeit auch zwischen lockeren Sträuchern und Hochstauden
**GUTE PARTNER:** Blut-Weiderich, Echtes Mädesüß, Pfennigkraut, Sorten der Roten Nelkenwurz (*Geum coccineum*), Wasserdost
**MEIN TIPP:** Bei längerer Trockenheit sind partielle Ausfälle möglich. Kombinieren Sie die Pflanze daher stets mit anderen Stauden.
**SORTEN UND WEITERE ART:** 'Alba': hellgrün belaubt, weiße Blüten; 'Atropurpurea': dunkel-purpurrote Blätter und Blütenstände; *Ajuga genevensis*: mit unterirdischen Ausläufern, trockenheitsverträglich

## Weicher Frauenmantel
*Alchemilla mollis*

**Höhe:** 20–40 cm
**Blütezeit:** Juni – Juli
› Gartenzone S. 54

**WUCHS:** breithorstige Staude; versamt leicht
**WERT:** schleierartige, gelbgrüne Blütenstände mit langer Blühzeit, sehr robust
**STANDORT:** Gartenzone; Boden frisch bis feucht, mäßig nährstoffreich
**VERWENDUNG:** in kleineren Gruppen oder flächendeckend; Begleiter für höhere Stauden und Gehölze
**GUTE PARTNER:** Echtes Mädesüß, Pfeifengras (*Molinia arundinacea*), Pracht-Storchschnabel, Taglilien, Wasserdost
**MEIN TIPP:** Um eine übermäßige Versamung zu verhindern, sollten Sie die Blütenstände im Juli zurückschneiden. Ein radikaler Rückschnitt nach der Blüte sorgt für neuen Austrieb und eine zweite Blüte.
**WEITERE ARTEN:** Alpen-Frauenmantel (*Alchemilla alpina*): 10–20 cm, spät blühend, frischgrün, für kalkarme Böden; Zwerg-Frauenmantel (*Alchemilla erythropoda*): 10–20 cm, grau-grüne Blätter, dunkle Blattstiele

## Schmaler Froschlöffel
*Alisma lanceolatum*

**Höhe:** Laub 40 cm, Blütenstände bis 90 cm
**Blütezeit:** Juni – August
› Sumpfzone S. 86, Flachwasserzone S. 98

**WUCHS:** Rosettenstaude; kurzlebig, versamt sich aber reichlich; in tieferem Wasser mit Schwimmblättern
**WERT:** schlanke Blätter; aufrechte Blütenstände mit Hunderten kleiner Blütchen
**STANDORT:** Sumpf- bis Flachwasserzone; hoher Nährstoffbedarf
**VERWENDUNG:** gute Füllpflanze zwischen lockerem Röhricht
**GUTE PARTNER:** Echtes Pfeilkraut, Shuttleworth's Rohrkolben, Tannenwedel
**MEIN TIPP:** Wenn die Blätter vergilben, sollten Sie mit Harnstoff oder Hornspänen düngen. Bei Nährstoffmangel wird die Pflanze eher vom Froschlöffel-Brandpilz befallen.
**WEITERE ARTEN:** Breiter Froschlöffel (*Alisma plantago-aquatica*): breitere Blätter; Rundblättriger Froschlöffel (*Alisma subcordatum*): amerikanische Art, fast kreisrunde Blätter. Beide Arten sind empfänglicher für den Froschlöffel-Brandpilz.

 immergrün   verbessert Wasserqualität   günstig für Tiere   giftig  ! geschützt

## Schnittlauch
*Allium schoenoprasum*

**Höhe:** 20–40 cm
**Blütezeit:** Mai – Juni
› Gartenzone S. 58, Feuchtzone S. 75

**WUCHS:** ausdauernde Zwiebelpflanze mit horstigem Wuchs, versamt allmählich
**WERT:** rosaviolette, kugelige Blütenköpfe, grasartige, essbare Blätter; Insektenmagnet
**STANDORT:** Garten- und Feuchtzone; erträgt starke Trockenheit ebenso wie stauende Nässe; oberhalb der Wasserlinie verwenden; Boden mäßig nährstoffreich
**VERWENDUNG:** Streupflanze in niedriger Vegetation mit dem Charakter von Moorwiesen; zwischen locker gepflanzten, halb hohen Gräsern; sehr gut zum Überspielen der Kapillarsperre, da innerhalb und außerhalb verwendbar, auch am Bachlauf und im Steingarten
**GUTE PARTNER:** Breites Wollgras, Knabenkraut, Lungen-Enzian, Plattährengras
**MEIN TIPP:** Wenn Sie die Schnittlauch-Staude regelmäßig nach der Blüte bodennah zurückschneiden, treibt sie frischgrün durch und versamt nicht.

## Duft-Lauch
*Allium suaveolens*

**Höhe:** 40–50 cm
**Blütezeit:** August – September
› Feuchtzone S. 73

**WUCHS:** Horststaude; die Versamung kann nach einigen Jahren lästig werden
**WERT:** heimischer Spätblüher mit blassrosa bis weißlichen Blütendolden, dünne, grasartige Blätter; bei Sonne süßlich duftend; lockt viele Insekten an
**STANDORT:** Garten- bis Feuchtzone; erträgt auch starke Trockenheit; oberhalb der Wasserlinie verwenden; Boden nährstoffarm
**VERWENDUNG:** Streupflanze in niedriger Vegetation mit Moorwiesen-Charakter
**GUTE PARTNER:** Kleinseggen wie *Carex davalliana* oder *Carex flava*, Knabenkraut, Sumpf-Gladiole, Wiesen-Schaumkraut
**MEIN TIPP:** Damit sich der Duft-Lauch nicht zu sehr versamt, sollten Sie den größten Teil der Fruchtstände nach der Blüte (Oktober) abschneiden.
**WEITERE ART:** Kanten-Lauch (*Allium angulosum*): kräftig rosa, Blütezeit August, für niedrige Feuchtwiesen und Bachläufe

## Lavendel-Heide
*Andromeda polifolia*

**Höhe:** 20–30 cm
**Blütezeit:** April – Mai
› Feuchtzone S. 69

**WUCHS:** lockerer Zwergstrauch mit unterirdischen Ausläufern; wuchert nicht
**WERT:** heimische Hochmoorpflanze, glockenförmige Blütchen, wintergrünes Laub
**STANDORT:** Feuchtzone; für torfige, saure Substrate; gedeiht gut zwischen Torfmoos; oberhalb der Wasserlinie verwenden
**VERWENDUNG:** Begleitpflanze in Trögen und Sumpfbeeten
**GUTE PARTNER:** Hochmoorpflanzen wie Moor-Orchidee (*Pogonia ophioglossoides*), Moosbeere (*Vaccinium oxycoccos*), Scheidiges Wollgras, Schlauchpflanzen-Arten
**MEIN TIPP:** Sparen Sie die Lavendel-Heide beim Abmähen der Feuchtzone aus. Bei zu starkem Wachstum ist ein Rückschnitt jedoch problemlos möglich.
**SORTE UND WEITERE ART:** 'Nikko': kompaktwüchsige Form; Moor-Lorbeerrose (*Kalmia polifolia*): bis 50 cm hoch; kräftig rosa, Blütezeit Mai – Juni

## Japanische Anemone
*Anemone japonica* 'Bressingham Glow'

**Höhe:** 50–70 cm
**Blütezeit:** August – September
› Gartenzone S. 57

**WUCHS:** große Staude; bildet durch Wurzelausläufer große, breite Gruppen, wuchert jedoch kaum
**WERT:** wertvoller, rosafarbener Spätblüher
**STANDORT:** Gartenzone; frischer, eher nährstoffreicher Boden
**VERWENDUNG:** große Gruppenstaude; passt gut zu »asiatischen« Themen
**GUTE PARTNER:** Dreiblattspiere, Japanische Etagen-Primel und Bunte Etagen-Primel (*Primula* × *bullesiana*), Prachtspieren, Frühblüher wie Schneeglöckchen (*Galanthus nivalis*) und Winterling (*Eranthis hyemalis*)
**MEIN TIPP:** Pflanzen Sie die Anemone im Frühjahr. Bei Herbstpflanzung sind im Winter Ausfälle möglich.
**WEITERE SORTEN:** 'Honorine Jobert': weiß, 90–120 cm, sehr wüchsig; 'Pamina': dunkelrosa, gefüllt, 60–80 cm, schwachwüchsig; 'Serenade': helles Rosa, 100–130 cm, sehr wüchsig, kann auch trockener stehen

## Wasserähre
*Aponogeton distachyos*

**Höhe:** Schwimmblattpflanze
**Blütezeit:** Sept. – Okt./Ende März – Mai
› Seerosenzone S. 110

**WUCHS:** Knollenpflanze ohne Ausläufer; in warmen Lagen geringe Versamung
**WERT:** südafrikanische Pflanze, entwickelt in unserem Klima im Frühjahr und Herbst schmale Blätter und Blüten in schwimmenden Doppelähren mit weißen Hochblättern, heißt daher auch Zweizeilige Wasserähre
**STANDORT:** Seerosenzone; Wassertiefe 50–100 cm; mäßig nährstoffreiches Wasser
**VERWENDUNG:** schön in kleinen Teichen mit ostasiatischer Gestaltung; auch für kühle bis temperierte Wintergärten geeignet
**GUTE PARTNER:** Lanzenblättriges Hechtkraut, Nadelkraut, Seerosen für 50–100 cm Wassertiefe, Wasserschlauch
**MEIN TIPP:** Spitzhornschnecken fressen gern an Blättern und Blüten. Sammeln Sie sie – wenn es geht – am besten ab. Bei flachem Wasserstand ist ein Winterschutz nötig. Die Blütenstände und jungen Früchte können als Gemüse wie Bohnen zubereitet werden.

## Gewöhnliche Akelei
*Aquilegia vulgaris*

**Höhe:** Laub 50 cm, Blütenstände über 80 cm
**Blütezeit:** Mai – Juni
› Gartenzone S. 59

**WUCHS:** sich rasch entwickelnde Rosettenstaude; kurzlebig, versamt sich sehr stark
**WERT:** straff aufrechte, blauviolette Blütenstände; lockt zahlreiche Hummeln an
**STANDORT:** Gartenzone; verträgt Trockenheit gut; wächst auch unter Bäumen
**VERWENDUNG:** kleinblumige Füllstaude für wildnishafte Gärten
**GUTE PARTNER:** Echte Schlüsselblume, Riesen-Segge, Storchschnabel-Arten
**MEIN TIPP:** Sie können Akeleien direkt an ihren Standort aussäen. Achten Sie aber darauf, sehr dünn auszusäen – Samen eventuell mit Sand mischen. Kontrollieren Sie die natürliche Versamung durch rechtzeitiges Abschneiden der Fruchtstände.
**SORTEN UND WEITERE ART:** viele Sorten in unterschiedlichen Farben; gefüllt blühende Sorten sind nicht sehr dauerhaft; Langspornige Akelei (*Aquilegia caerulea*): zweifarbige, lang gespornte Blüte, Boden eher frisch

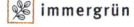 immergrün    verbessert Wasserqualität    günstig für Tiere    giftig    geschützt

## Rosa Seidenblume
*Asclepias incarnata*

**Höhe:** 80–120 cm
**Blütezeit:** Juli – August
› Gartenzone S. 56, Feuchtzone S. 72

**WUCHS:** horstige Staude, Sprosse aufrecht, trichterartig auseinanderfallend; geringe Versamung
**WERT:** schmal laubige, nordamerikanische Hochstaude mit rosa Blütendolden; in der Fernwirkung ähnlich dem heimischen Wasserdost, benötigt aber weniger Platz; die Fruchtbälge entlassen seidig behaarte Samen
**STANDORT:** Garten- und Feuchtzone; Boden frisch bis nass; mäßig nährstoffreich
**VERWENDUNG:** Gerüst- oder Solitärstaude
**GUTE PARTNER:** halb hohe Seggen wie Draht-Segge (*Carex diandra*); Japanische Schwertlie in Sorten, Sumpf-Dotterblume, Sumpf-Vergissmeinnicht
**MEIN TIPP:** Schneiden Sie die Rosa Seidenblume im zeitigen Frühjahr zurück; wenn Ihnen der Wintereindruck nicht gefällt dann schon im Spätherbst.
**SORTE:** 'Ice Ballett': weiße Blüten

## Gebüsch-Aster
*Aster divaricatus*

**Höhe:** 40–60 cm
**Blütezeit:** August – September
› Gartenzone S. 52

**WUCHS:** breithorstige Staude; bildet lockere Gruppen; geringe Versamung
**WERT:** nordamerikanische Art mit stabiler Winterstruktur (Unterschlupf für Tiere); einer der ganz wenigen trockenheitsverträglichen Spätblüher für schattige Lagen
**STANDORT:** Gartenzone; Boden trocken bis frisch; gedeiht auch im Wurzelfilz von Gehölzen (sogar neben Bambus)
**VERWENDUNG:** spätblühende Begleitstaude, besonders in naturnahen Anlagen
**GUTE PARTNER:** Bergenien, Pracht-Storchschnabel, Riesen-Segge; Frühblüher wie Blaustern (*Scilla siberica*) und Winterling (*Eranthis hyemalis*)
**WEITERE ARTEN:** Leberbalsam-Aster (*Aster ageratoides* 'Asran'): violettrosa, bis 80 cm, sehr dicht wachsend; Großblatt-Aster (*Aster macrophyllus* 'Albus'): weiß, bis 100 cm, eher locker im Wuchs; beide Arten sind schattentolerante Wucherer mit später Blüte

## Frikarts Aster
*Aster* × *frikartii* 'Wunder von Stäfa'

**Höhe:** 70–80 cm
**Blütezeit:** September – Oktober
› Gartenzone S. 59

**WUCHS:** breithorstige Staude; bildet lockere Gruppen, versamt nicht
**WERT:** vitale Züchtung aus der meist kurzlebigen, heimischen Berg-Aster (*Aster amellus*) und *Aster thomsonii*; blüht überreich
**STANDORT:** Gartenzone; Boden trocken bis mäßig frisch; wächst auch am Gehölzrand
**VERWENDUNG:** Gruppenstaude, wirkt aber auch einzeln sehr schön
**GUTE PARTNER:** hohe Gräser wie Horst-Reitgras und Plattährengras; niedrige Bodendecker wie Frühlings-Segge (*Carex caryophyllea*) und Cambridge-Storchschnabel (*Geranium* × *cantabrigiense*)
**MEIN TIPP:** Bei zurückgehender Wuchskraft sollten Sie die Aster nach einigen Jahren umpflanzen oder im Frühjahr schwach düngen.
**WEITERE ARTEN:** Myrten-Aster (*Aster ericoides* 'Schneetanne'): weiß, 120 cm, übergeneigt; *Aster turbinellus*: violett, 80 cm, für trockenen, durchlässigen Boden

 Sonne   Halbschatten   Schatten   Blütenschmuck   Blattschmuck   Fruchtschmuck

## Japan. Prachtspiere
*Astilbe japonica* 'Red Sentinel'

**Höhe:** Laub 40 cm, Blütenstand 60 cm
**Blütezeit:** Juli – August
› Gartenzone S. 57

**WUCHS:** breithorstige Staude; versamt nicht
**WERT:** ostasiatische Bergwaldstaude, leuchtend rote Blütenstände, dekorative Blätter
**STANDORT:** Gartenzone; Boden frisch bis feucht, lehmig-humos, nährstoffreich
**VERWENDUNG:** Gruppenstaude; vor allem für Gestaltung im ostasiatischen Stil
**GUTE PARTNER:** Dreiblattspiere, Funkie, Japanische Anemone; hohe Primeln wie Japanische Etagen-Primel und Bunte Etagen-Primel (*Primula* × *bullesiana*); Frühblüher wie Schneeglöckchen (*Galanthus nivalis*) und Winterling (*Eranthis hyemalis*)
**MEIN TIPP:** Das Laub fällt im Winter in sich zusammen und sollte liegen bleiben. Wenn Sie im Winter lockeren Kompost auftragen, fördert dies die Langlebigkeit der Pflanze.
**WEITERE ART:** Lanzen-Prachtspiere (*Astilbe chinensis* var. *taquetii* 'Purpurlanze'): purpurrote, schlanke Blütenkerzen, 90–120 cm, etwas trockenheitstoleranter

## Igelschlauch
*Baldellia ranunculoides*

**Höhe:** 10–20 cm
**Blütezeit:** Juni – August
› Sumpfzone S. 89, Flachwasserzone S. 100

**WUCHS:** Rosettenstaude; versamt sich, wird aber nicht lästig
**WERT:** seltene heimische Wasserpflanze mit wenig Platzbedarf; rosa Dauerblüher; kleine sternförmige Früchte; bildet im Tiefwasser bis 40 cm lange Unterwasserformen aus, die nicht blühen, aber wintergrün bleiben
**STANDORT:** Sumpf- bis Seerosenzone; wünscht klares Wasser
**VERWENDUNG:** eingestreut zwischen Röhricht und im freien Wasser; in Schwimmteichen, aber auch in kleinen Wassertrögen
**GUTE PARTNER:** lockere Röhrichtbildner wie Zwerg-Rohrkolben; kleine Seerosen; weniger wuchernde Unterwasserpflanzen wie Nadelkraut und Wasserschlauch
**MEIN TIPP:** Über die Wasserlinie hinauswachsende Exemplare erfrieren meist im Winter. Durch Versamung hält sich aber eine stabile Population, die allmählich auch tiefere Zonen erschließt.

## Bergenie
*Bergenia* 'Morgenröte'

**Höhe:** 30–40 cm
**Blütezeit:** April – Mai/Nachblüte im Herbst
› Gartenzone S. 58

**WUCHS:** durch kurze Ausläufer kompakte gruppenbildende Staude; wuchert nicht
**WERT:** rosarote Blütenrispen, große, immergrüne Blätter; gutes Versteck für Tiere
**STANDORT:** Gartenzone; sehr anspruchslos an den Boden; verträgt auch Trockenheit
**VERWENDUNG:** in Gruppen zwischen halbhohen und hohen Stauden oder als Bodendecker; auch im Wurzelfilz von Gehölzen
**GUTE PARTNER:** Funkien, Gewöhnliche Akelei, Japanische Anemone, Riesen-Segge, Storchschnabel-Arten
**MEIN TIPP:** Bei strengen Kahlfrösten sollten Sie die immergrünen Blätter mit Reisig vor der Wintersonne schützen.
**WEITERE SORTEN:** 'Admiral': dunkelrosa, starkwüchsig, 25–45 cm; 'Baby Doll': zartrosa, zierlich im Wuchs; 'Herbstblüte': dunkelrosa, bis 45 cm, im Herbst gut nachblühend; 'Silberlicht': weiße Blüten mit rosa Schimmer, 20–30 cm, wüchsige Sorte

 immergrün  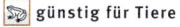 verbessert Wasserqualität  günstig für Tiere   giftig   geschützt

### Schlangen-Knöterich
*Bistorta officinalis* 'Superbum'

**Höhe:** Laub 50 cm, Blütenkerzen 90 cm
**Blütezeit:** Mai – Juni
› Gartenzone S. 56, Feuchtzone S. 74

**WUCHS:** durch kurze Ausläufer gruppenbildende Staude
**WERT:** heimische Feuchtwiesenpflanze mit aufrechten, rosafarbenen Blütenkerzen, die gern von Insekten besucht werden
**STANDORT:** feuchte Garten- und Feuchtzone; Nährstoffgehalt mäßig
**VERWENDUNG:** Gruppenstaude in wiesenartigen Pflanzungen
**GUTE PARTNER:** Rosa Seidenblume, Echtes Mädesüß, Sibirische Schwertlilie; Gräser wie Rohr-Pfeifengras (*Molinia arundinacea*)
**MEIN TIPP:** In der Feuchtzone bei schwachem Austrieb mit Hornspänen düngen. Im Herbst oder Frühjahr abmähen.
**WEITERE ARTEN:** Schnecken-Knöterich (*Bistorta affine* 'Darjeeling Red'): Bodendecker, rosa Blütenkerzen; Kerzen-Knöterich (*Bistorta amplexicaulis*): rote Blütenkerzen, 100 cm, dichtwüchsig, hoher Platzbedarf; beide Arten blühen von August bis Oktober

### Blumenbinse
*Butomus umbellatus*

**Höhe:** Laub 50 cm, Blütendolden 100 cm
**Blütezeit:** Juni – Juli
› Sumpfzone S. 88, Flachwasserzone S. 100

**WUCHS:** durch kriechende Rhizome lockere gruppenbildende Staude; wuchert nicht
**WERT:** seltene, heimische Flachwasserpflanze mit rosa Blütendolden auf aufrechten Stängeln, grasartige Blätter mit typisch gedrehter Spitze; an den senkrechten Blättern und Blütenstielen klettern gern Libellenlarven zum Schlüpfen empor
**STANDORT:** Sumpf- bis Flachwasserzone; bis 40 cm tief, nährstoffreiches Wasser
**VERWENDUNG:** Gruppenstaude; am Mündungsbereich von Bachläufen oder anderen Stellen mit schwacher Wasserbewegung
**GUTE PARTNER:** Bachbunge, Shuttleworth's Rohrkolben, Sumpf-Vergissmeinnicht
**MEIN TIPP:** Bei Nährstoffmangel kümmert die Pflanze und wird blühfaul. Von zu groß gewordenen Pflanzen können Sie leicht Rhizomstücke abtrennen und neu einsetzen.
**SORTEN:** 'Rosenrot': tiefrosa; 'Schneeweißchen': weißlich

### Horst-Reitgras
*Calamagrostis* × *acutiflora* 'Karl Foerster'

**Höhe:** 80–120 cm
**Blütezeit:** Juli – Dezember
› Gartenzone S. 61

**WUCHS:** straff aufrechtes, horstiges Gras; nicht versamend
**WERT:** die braunen Fruchtstände bleiben strukturstabil bis ins Frühjahr; die Hybride *Calamagrostis* × *acutiflora* ist das einzige Reitgras, das nicht wuchert und steril ist
**STANDORT:** Gartenzone; trocken, eher nährstoffarm, Sandböden sind optimal
**VERWENDUNG:** Solitärstaude, gut als Hintergrund von Teichen
**GUTE PARTNER:** Astern für trockene Böden (*Aster* × *frikartii*, *Aster divaricatus*), Pracht-Storchschnabel, Weidenblättrige Sonnenblume, Wiesen-Gladiole (*Gladiolus illyricus*)
**MEIN TIPP:** Wenn Sie Horst-Reitgras auf sehr feuchte oder nährstoffreiche Böden pflanzen, dann fallen die Halme leicht auseinander. Ein Rückschnitt der Staude ist erst im Frühjahr nötig.
**WEITERE SORTE:** 'Overdam': etwas niedriger, grün-weiß gestreifte Blätter

## Sumpf-Kalla
*Calla palustris*

**Höhe:** 10–20 cm
**Blütezeit:** Mai – Juni
› Sumpfzone S. 86

**WUCHS:** Staude mit kriechenden bzw. schwimmenden Sprossachsen
**WERT:** seltene heimische Staude; die roten Fruchtkolben, die im Sommer heranreifen, sind sehr giftig!
**STANDORT:** Sumpfzone, wächst von dort auch ins Flachwasser; bevorzugt Schatten und nährstoffreiches, weiches Wasser
**VERWENDUNG:** niedriger Begleiter von Röhricht, bildet keine dichte Bodendecke
**GUTE PARTNER:** lockere Röhrichtbildner wie Blumenbinse und Zwerg-Rohrkolben, horstige Groß-Seggen wie Steif-Segge und Zyperngras-Segge (*Carex pseudocyperus*)
**MEIN TIPP:** Im Winter sterben die Wurzeln größtenteils ab. Brechen Sie im Frühjahr neu austreibende Spitzenstücke der Kriechsprosse ab, und verteilen Sie diese an anderen Stellen des Teiches. Das Vergilben älterer Blätter ist normal. Vergilben auch jüngere Pflanzenteile, dann sollten Sie mit Stickstoff düngen.

## Wasserstern
*Callitriche palustris*

**Höhe:** 5–15 cm
**Blütezeit:** Juni – Juli
› Flachwasserzone S. 104, Seerosenzone

**WUCHS:** unter Wasser polsterbildende Staude, im Flachwasser mit schwimmenden, sternförmigen Blattrosetten
**WERT:** immergrün, zierend durch Wuchs und Blätter, Blüte unscheinbar; günstig für die Wasserreinhaltung; Unterschlupf für verschiedene Wassertiere
**STANDORT:** Flachwasser- bis Seerosenzone; mäßig nährstoffreiches, weiches Wasser, in hartem Wasser nicht dauerhaft; gerne auch in Bachläufen oder etwas durchströmten Bereichen
**VERWENDUNG:** Schwimmblattpflanze in seichtem, Unterwasserpflanze in tieferem Wasser; kann dichte Bestände bilden
**GUTE PARTNER:** Fieberklee, Nadelkraut, Strauß-Felberich; mittelstark bis stark wachsende Seerosen
**MEIN TIPP:** In weichem Wasser sehr dankbare Unterwasserpflanze. Nur in eisfreien Bereichen (Seerosenzone) wintergrün.

## Sumpf-Dotterblume
*Caltha palustris*

**Höhe:** 20–40 cm
**Blütezeit:** April – Mai
› Feuchtzone S. 72, Sumpfzone S. 87

**WUCHS:** Horststaude; mäßig versamend
**WERT:** leuchtend gelber, heimischer Frühlingsblüher; Insektenmagnet
**STANDORT:** Garten- bis Sumpfzone; Boden frisch bis feucht, mäßig nährstoffreich
**VERWENDUNG:** Frühjahrsblühende Begleitpflanze, auch gut an Bachläufen
**GUTE PARTNER:** lockere hohe Röhrichtbildner wie Shuttleworth's Rohrkolben, Horstgräser wie Steif-Segge, Hochstauden wie Blut-Weiderich und Echtes Mädesüß
**MEIN TIPP:** Sumpf-Dotterblumen sind ein Muss für jeden Teich. Die im Sommer etwas gestresst wirkenden Blätter lassen sich gut zwischen hohen Stauden mit spätem Austrieb verstecken.
**SORTEN:** 'Auenwald': starkwüchsig, auch für 10–20 cm tiefes Wasser; 'Multiplex': Blüte dicht gefüllt, nicht überstaut pflanzen; Weiße Sumpfdotterblume (*Caltha palustris* var. *alba*): weiß, Standort wie 'Multiplex', › S. 69

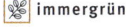 immergrün    verbessert Wasserqualität    günstig für Tiere    giftig    geschützt

## Wiesen-Schaumkraut
*Cardamine pratensis*

**Höhe:** Laub 10 cm, Blütenstände 30 cm
**Blütezeit:** April – Mai
› Feuchtzone S. 69

**WUCHS:** Horststaude; versamt mäßig, zieht im Sommer ein
**WERT:** heimischer Frühlingsblüher, Blüten weiß oder rosa; Insektenmagnet
**STANDORT:** feuchte Garten- und Feuchtzone; Boden nährstoffarm bis mäßig nährstoffreich, kalkarm
**VERWENDUNG:** Streupflanze zwischen niedrigen und spät austreibenden Gräsern und Blütenstauden, auch entlang von Bachläufen
**GUTE PARTNER:** Kleinseggen (*Carex flava*, *C. viridula*, *C. davalliana*); Moorpflanzen wie Duft-Lauch, Knabenkraut, Lungen-Enzian
**MEIN TIPP:** Da im Sommer die Fruchtstände unansehnlich aussehen, sollten Sie die Blüten nach dem Verblühen abschneiden.
**SORTE UND WEITERE ART:** 'Plena': halbgefüllt, weißlich bis hellviolett, sterile Sorte, treibt Ausläufer; Bitteres Schaumkraut (*Cardamine amara*): weiß, treibt Ausläufer, Frühblüher für Sumpfzone und Bachläufe

## Steif-Segge
*Carex elata*

**Höhe:** 50–70 cm
**Blüte-/Fruchtzeit:** April – Juni
› Sumpfzone S. 92

**WUCHS:** breithorstiges Gras; versamt
**WERT:** attraktive männliche Blütenstände, grünliche Fruchtährchen, sehr gleichmäßige, schmal belaubte Horste
**STANDORT:** Sumpf- bis Flachwasserzone; nährstoffarm bis mäßig nährstoffreich
**VERWENDUNG:** Solitärstaude oder in locker gepflanzten Gruppen
**GUTE PARTNER:** Blut-Weiderich, Sumpf-Dotterblume, Sumpfkalla, Sumpf-Schwertlilie
**MEIN TIPP:** Um Versamung zu vermeiden, binden Sie die Steif-Segge Mitte Juni zusammen und schneiden sie am Boden mit der Heckenschere ab. Sie treibt rasch wieder durch und ist bis in den Herbst hinein attraktiv.
**SORTE UND WEITERE ARTEN:** 'Aurea': goldgelbes Laub, für Sumpfzone im Schatten, › S. 38; Draht-Segge (*Carex diandra*): nur 40 cm hoch, › S. 81; Rispen-Segge (*Carex paniculata*): 80 cm, breithorstig, platzbedürftig

## Gelb-Segge
*Carex flava*

**Höhe:** Laub 15 cm, Blütenstände 30 cm
**Blüte-/Fruchtzeit:** Mai – August
› Feuchtzone S. 81

**WUCHS:** horstiges Kleingras; versamt etwas, wuchert nicht
**WERT:** sternförmige, gelbgrüne Fruchtköpfchen, gelbgrüne Blatthorste, teilweise wintergrün
**STANDORT:** feuchte Gartenzone, Feucht- bis Sumpfzone; nährstoffarm
**VERWENDUNG:** kleine Gruppen oder eingestreut bis bodendeckend in Moorpflanzungen; gut in Sumpftrögen
**GUTE PARTNER:** Blütenstauden der Moorwiesen wie Knabenkraut, Sumpf-Gladiole, Sumpf-Stendelwurz, Schwalbenwurz-Enzian (*Gentiana asclepiadea*)
**MEIN TIPP:** Soll die Pflanze nicht viel Samen ansetzen, dann schneiden Sie im Juli einige der Fruchtstände ab. Im Frühjahr abmähen.
**WEITERE ARTEN:** Kleine Gelb-Segge (*Carex viridula*): sehr ähnlich der Gelb-Segge, aber nur halb so hoch; Davall-Segge (*Carex davalliana*): nur 15–20 cm, fadenartige Blätter

## Morgenstern-Segge
*Carex grayi*

**Höhe:** 50–70 cm
**Blüte-/Fruchtzeit:** Juni – Oktober
› Gartenzone S. 62, Feuchtzone S. 80

**WUCHS:** Horstgras; versamt wenig und wuchert nicht
**WERT:** amerikanische Art mit großen, sternförmigen, gelbgrünen Fruchtköpfchen; hellgrüne Blatthorste, bis ins Frühjahr hinein noch attraktiv; guter Unterschlupf für Tiere
**STANDORT:** Garten- bis Sumpfzone; Boden frisch und feucht, mäßig nährstoffreich
**VERWENDUNG:** Solitärstaude oder in locker gepflanzten kleinen Gruppen; bei genügend Feuchtigkeit auch unter Gehölzen
**GUTE PARTNER:** niedrigere Stauden wie Gnadenkraut, Pfennigkraut, Sumpf-Vergissmeinnicht
**MEIN TIPP:** Die Morgenstern-Segge ist eines der besten halbhohen Gräser für die Teichrand- und Teichbepflanzung.
**WEITERE ART:** Zyperngras-Segge (*Carex pseudocyperus*): überhängende Ährchen, sehr nährstoffbedürftig, sonst Kümmerwuchs oder gar Rostpilzbefall, › S. 92

## Bunte Oshima-Segge
*Carex oshimensis* 'Evergold'

**Höhe:** 20–30 cm
**Blüte-/Fruchtzeit:** Juni – August
› Gartenzone S. 63

**WUCHS:** Horstgras; versamt nicht
**WERT:** asiatisches Schmuckgras mit grüngelb gestreiften, wintergrünen Blättern in gleichmäßig ausgebreiteten Horsten; gutes Versteck für Tiere
**STANDORT:** trockene bis frische Gartenzone
**VERWENDUNG:** in kleinen Gruppen bis bodendeckend; bei genügend Feuchte auch unter Gehölzen; besonders geeignet für architektonische Anlagen
**GUTE PARTNER:** höhere Schattenstauden wie Dreiblattspiere, Japanische Anemone, Japanische Prachtspiere, auch Farne
**MEIN TIPP:** Die Bunte Oshima-Segge ist – außer Unkrautkontrolle – pflegefrei!
**WEITERE ARTEN:** Frühlings-Segge (*Carex caryophyllea* 'The Beatles'): bodendeckendes, schwach wachsendes Gras für sonnig-trockene Stellen, › S. 63; Bunte Kegel-Segge (*Carex conica* 'Snowline'): weiß gestreiftes Laub, immergrün

## Riesen-Segge
*Carex pendula*

**Höhe:** Laub 60 cm, Blütenstände 120 cm
**Blüte-/Fruchtzeit:** Juni – August
› Gartenzone S. 62, Feuchtzone S. 80

**WUCHS:** Horstgras; versamt reichlich
**WERT:** breite, immergrüne Blätter, sparrig ausgebreitete Fruchtstände mit hängenden Ährchen; gutes Versteck für Tiere
**STANDORT:** trockene bis frische Gartenzone, Feucht- bis Sumpfzone
**VERWENDUNG:** sehr wirkungsvolle Solitärstaude
**GUTE PARTNER:** im trockenen Schatten der Gartenzone Gebüsch-Aster und Pracht-Storchschnabel; im feuchten Schatten Astilben und Japanische Anemone; in Feucht- bis Sumpfzone Japanische Etagen-Primel, Sumpf-Dotterblume, Sumpfkalla
**MEIN TIPP:** Bei Verwendung auf trockenen Böden außerhalb des Teiches bleibt die Riesen-Segge etwas kleiner, und es kommen praktisch keine Sämlinge auf.
**WEITERE ART:** Verlängerte Segge (*Carex elongata*): bis 80 cm, horstig, versamungsfreudig; für frische bis nasse Schattenlagen

 immergrün    verbessert Wasserqualität    günstig für Tiere    giftig   ! geschützt

## Hornblatt
*Ceratophyllum submersum*

**Höhe:** Unterwasserpflanze
**Blütezeit:** Juni – April
› Seerosenzone S. 115

**WUCHS:** unter Wasser frei schwimmende Sprosse; im Herbst sinken Überwinterungsknospen auf den Teichboden, der Rest stirbt ab; raschwüchsig, aber kontrollierbar, da nicht wurzelnd
**WERT:** dekorativ belaubte Sprosse, unscheinbare Blüte; Sauerstoffspender; drängt übermäßig wuchernde Unterwasserpflanzen – sogar Wasserpest – zurück; Unterschlupf für viele Wassertiere
**STANDORT:** Seerosenzone; mäßig bis sehr nährstoffreiches Wasser
**VERWENDUNG:** in größeren Teichen, bis in eine Tiefe von über 1 m
**GUTE PARTNER:** gedeiht auch unter den Blättern von Seerosen, zwischen Hechtkraut und Teichsimse
**MEIN TIPP:** Sie können das Hornblatt bei Überhandnehmen einfach abfischen.
**WEITERE ART:** *Ceratophyllum demersum*: etwas weniger stark gegabelte Blätter

## Armleuchteralgen
*Chara*-Arten

**Höhe:** unter Wasser 10–30 cm
**Blütezeit:** keine Blütenpflanze
› Seerosenzone S. 116

**WUCHS:** am Untergrund haftende Unterwasserrasen
**WERT:** dekorativer Wuchs; Sauerstoffspender; Versteck für viele Wassertiere
**STANDORT:** Flachwasser- bis Seerosenzone; nährstoffarmes bis mäßig nährstoffreiches, klares Wasser, eher hart; viele verschiedene Arten mit ganz spezifischen Ansprüchen an die Wasserqualität
**VERWENDUNG:** Bodendecker unter Wasser
**GUTE PARTNER:** zwischen lockeren Röhrichtbildnern wie Shuttleworth's Rohrkolben; im tiefen Wasser zwischen Wasseraloe, auch zwischen kleinlaubigen Seerosen
**MEIN TIPP:** Eingesetzte Armleuchteralgen finden oft nicht die ihnen zusagende Wasserqualität vor und sterben ab. Die passenden Arten siedeln sich meist von selbst an.
**WEITERE ARTEN:** *Nitella*-Arten: Armleuchteralgen mit etwas stärker gestreckten Sprossen, in weichem Wasser vorkommend

## Plattährengras
*Chasmanthium latifolium*

**Höhe:** 80–100 cm
**Blüte-/Fruchtzeit:** Juni – Winter
› Gartenzone

**WUCHS:** horstiges, aufrecht bis übergeneigt wachsendes Gras; mäßig versamend
**WERT:** nordamerikanische Savannenpflanze; dekorativer Wuchs, hellgrüne Blätter, überhängende, flache Ährchen; gute Winterwirkung; bietet Versteck für Tiere
**STANDORT:** Gartenzone; frischer Boden; gut unter lockeren Gehölzen
**VERWENDUNG:** in kleinen Gruppen oder als Solitärstaude
**GUTE PARTNER:** Bergenien, Frauenmantel- und Storchschnabel-Arten; Frühblüher wie Blaustern (*Scilla siberica*) und Schneeglöckchen (*Galanthus nivalis*)
**MEIN TIPP:** Aufgrund seines späten Austriebs sollten Sie das Plattährengras mit Frühblühern kombinieren.
**WEITERE ART:** Flaschenbürstengras (*Hystrix patula*): 80–100 cm, straff aufrecht, Blütenstände wie lockere Flaschenbürsten, Verwendung wie Plattährengras

## Rosa Schildblume
*Chelone obliqua*

**Höhe:** 60–80 cm
**Blütezeit:** August – September
› Gartenzone S. 57, Feuchtzone S. 74

**WUCHS:** durch Ausläufer gruppenbildende Staude mit aufrechten Blütentrieben
**WERT:** nordamerikanische Feuchtwiesenpflanze mit rosa Blütenständen; Unterschlupf für Tiere
**STANDORT:** Gartenzone, Feuchtzone; Boden frisch bis feucht, nährstoffreich
**VERWENDUNG:** als Gruppen in Feuchtwiesenpflanzungen
**GUTE PARTNER:** Morgenstern-Segge, Prachtscharte, Sumpf-Dotterblume, Sumpf-Vergissmeinnicht; früh blühende Zwiebelpflanzen wie Märzenbecher oder Schachbrettblume
**MEIN TIPP:** In der Feuchtzone kann Stickstoffmangel zu Vergilbungen und Kümmerwuchs führen. Düngen Sie mit Hornspänen.
**WEITERE ARTEN:** Kahle Schildblume (*Chelone glabra*): weiß, über 1 m hohe Gruppen; Berg-Schildblume (*Chelone lyonii*): rosa oder karminrot, 70–100 cm, Solitärstaude

## Schneidried
*Cladium mariscus*

**Höhe:** Laub 80 cm, Fruchtstände 120 cm
**Blüte-/Fruchtzeit:** September – Dezember
› Sumpfzone S. 91

**WUCHS:** durch Ausläufer lockere Röhrichte bildendes Gras mit aufrechten Blütentrieben
**WERT:** seltene heimische Kalkmoor-Art mit sehr guter Winterwirkung; immergrünes Laub; Fruchtschmuck; an den Halmen klettern Libellen zum Schlüpfen empor
**STANDORT:** Sumpf- bis Flachwasserzone; nährstoffarm bis mäßig nährstoffreich, für hartes Wasser
**VERWENDUNG:** als Gruppen in Feuchtwiesenpflanzungen
**GUTE PARTNER:** Draht-Segge (*Carex diandra*), Steif-Segge, Sumpf-Dotterblume, Sumpf-Farn (*Thelypteris palustris*)
**MEIN TIPP:** Da die Pflanze wuchert, sollten Sie sie besser in breiten, festen Behältern einsenken. Teilen Sie die Pflanzen dann etwa alle drei Jahre, und pflanzen Sie die Teilstücke neu ein. Die Ränder der harten Blätter sind sehr scharf, daher nicht in der Nähe von Wegen und Sitzplätzen verwenden!

## Nadelkraut
*Crassula helmsii*

**Höhe:** über 20 cm hohe Unterwasserrasen
**Blütezeit:** Frühsommer
› Flachwasserzone S. 104

**WUCHS:** polsterartig ausgebreitete Staude, Triebe verwurzeln im Substrat
**WERT:** südafrikanische Pflanze, bildet ansprechende, dichte, immergrüne Polster unter Wasser; Blüten unscheinbar; Sauerstoffspender; gutes Versteck für Tiere
**STANDORT:** Flachwasser- bis Seerosenzone; nährstoffarmes bis mäßig nährstoffreiches, weiches Wasser; als Landform im Sumpf, dort aber nicht winterhart
**VERWENDUNG:** Bodendecker unter Wasser; in Teichen und an Bachläufen
**GUTE PARTNER:** lockere Röhrichtbildner wie Lanzenblättriges Hechtkraut (*Pontederia lanceolatum*) und Shuttleworth's Rohrkolben; Unterwasserpflanzen wie Wasserfeder und Wasserschlauch
**MEIN TIPP:** Zu hoch aufwachsende Nadelkraut-Rasen können Sie einfach mit der Schere abschneiden. Das Nadelkraut treibt wieder willig durch.

 immergrün    verbessert Wasserqualität    günstig für Tiere    giftig    geschützt

### Langes Zyperngras
*Cyperus longus*

**Höhe:** Laub 80 cm, Blütenstände 130 cm
**Blüte-/Fruchtzeit:** Juli – Oktober
› Sumpfzone S. 92, Flachwasserzone S. 103

**WUCHS:** durch unterirdische Ausläufer Röhrichte bildendes Gras, aufrecht wachsend
**WERT:** seltene heimische Art mit lockeren Fruchtständen; dekorativer Wuchs; Beschattung; Versteck und »Ausstiegshilfe« für Tiere
**STANDORT:** Sumpf- und Flachwasserzone; mäßig nährstoffreich
**VERWENDUNG:** Röhrichtgruppen, bei kleinen Teichen in breiten Behältern
**GUTE PARTNER:** schattenverträgliche Bodendecker und Frühblüher wie Sumpf-Dotterblume und Sumpf-Vergissmeinnicht
**MEIN TIPP:** Das Lange Zyperngras sollte auf ein kleines Areal begrenzt werden, da sonst die attraktiven Blütenstände nicht mehr wahrnehmbar sind. In sehr flachem Wasser nicht immer winterhart.
**WEITERE ART:** Strandsimse (*Bolboschoenus maritimus*): wegen des ähnlichen Austriebs oft mit *Cyperus* verwechselt, wuchert jedoch stärker und ist weniger dekorativ

### Knabenkraut
*Dactylorhiza*-Hybriden

**Höhe:** 30–50 cm
**Blütezeit:** Mai – Anfang Juli
› Feuchtzone S. 75

**WUCHS:** unterirdische Knollen bildende Orchideen, aufrechte Blütenstände
**WERT:** Kreuzungen aus verschiedenen Knabenkraut-Arten mit kräftig rosa Blütenkolben und oft hübsch gemusterten Blättern; als Wildarten sind Knabenkräuter streng geschützt, Hybriden sind jedoch frei handelbar
**STANDORT:** frische Gartenzone, Feuchtzone, auch an Bachläufen; nährstoffarm
**VERWENDUNG:** Streupflanze zwischen niedrigen Gräsern
**GUTE PARTNER:** Breites Wollgras, Duft-Lauch, Kanten-Lauch (*Allium angulosum*), Kleinseggen wie Davall-Segge (*Carex davalliana*), Gelb-Segge und Kleine Gelb-Segge (*Carex viridula*)
**MEIN TIPP:** Es genügt, wenn Sie 2–3 Pflanzen kaufen. Zwischen niedrigen Begleitern versamen sich die Knabenkräuter gut. Sehr vital sind Hybriden der Arten *D. praetermissa*, *D. maculata* und *D. incarnata*.

### Kammfarn
*Dryopteris cristata*

**Höhe:** 50–70 cm
**Blütezeit:** keine Blütenpflanze
› Feuchtzone S. 80

   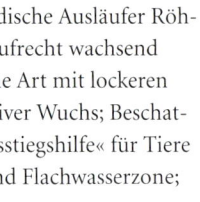 

**WUCHS:** horstige, straff aufrechte Stauden
**WERT:** heimischer Farn für sonnige bis schattige Standorte; fein gefiederte Blätter; im Sommer gutes Versteck für Tiere
**STANDORT:** Feucht- bis Sumpfzone; mäßig nährstoffreicher, kalkarmer Boden
**VERWENDUNG:** Solitärstaude zwischen niedrigeren Begleitern, auch für kleinere Anlagen empfehlenswert
**GUTE PARTNER:** Draht-Segge, Sumpf-Dotterblume, Sumpf-Vergissmeinnicht; im Schatten Sumpfkalla; bei genügend Platz auch Gelbe Scheinkalla
**WEITERE ARTEN:** stark wuchernde, bodendeckende Farne aus Nordamerika und Asien für Feucht- bis Sumpfzone, die niedrige Begleiter verdrängen: Sumpffarn (*Thelypteris palustris*): 40 cm, sehr fein gefiederte Blätter; Perlfarn (*Onoclea sensibilis*): bis 60 cm, Blätter einfach gefiedert

 Sonne  Halbschatten  Schatten  Blütenschmuck  Blattschmuck  Fruchtschmuck

## Wurmfarn
*Dryopteris filix-mas*

**Höhe:** 70–100 cm
**Blütezeit:** keine Blütenpflanze
› Gartenzone S. 62

**WUCHS:** horstige Farnpflanze mit locker trichterartig angeordneten Blättern; geringe Ausbreitung durch Sporen möglich
**WERT:** heimischer Farn mit gefiederten Blättern; guter Unterschlupf für Tiere
**STANDORT:** Gartenzone; frischer Boden, kalkverträglich
**VERWENDUNG:** Solitär zwischen niedrigeren Begleitern
**GUTE PARTNER:** Bergenien, Frauenmantel, Gebüsch-Aster, Pracht-Storchschnabel; bei genügend Feuchte Astilben, Dreiblattspiere, Funkien, Japanische Anemone
**WEITERE ARTEN:** horstige Farne für die frische, schattige Gartenzone: Wald-Frauenfarn (*Athyrium filix-femina*): heimisch, 80 cm, zwei bis dreifach gefiedert, sehr filigran, frosthart; Rotschleierfarn (*Dryopteris erythrosora*): aus Ostasien, 50 cm, roter Blattaustrieb, wünscht saure Substrate

## Wasserhyazinthe
*Eichhornia crassipes*

**Höhe:** 15–20 cm
**Blütezeit:** Juli – August
› Seerosenzone S. 133

**WUCHS:** frei schwimmende Rosettenstaude; Wurzelbärte hängen tief ins Wasser; viele Ausläufer mit Tochterrosetten
**WERT:** tropische Pflanze mit prächtigen, blauvioletten Blütenständen; Blattrosetten, durch mit Luft gefüllte, kugelförmige Blattstiele schwimmfähig
**STANDORT:** freie Wasserfläche von Flachwasser- bis Seerosenzone; nährstoffreich
**VERWENDUNG:** »Sommerflor« auf architektonischen Gartenteichen, für Wassertröge
**GUTE PARTNER:** Seerosen, weitere tropische Wasserpflanzen
**MEIN TIPP:** Die Wasserhyazinthe verträgt keinerlei Frost. Eine Überwinterung im Haus scheitert meist an Lichtmangel. Besser, Sie kaufen sich im Mai neue Pflanzen.
**WEITERE ART:** Wassersalat (*Pistia stratiotes*): tropische Art, schwimmende Rosetten aus samtig behaarten Blättern, nicht winterhart, › S. 115

## Nadelsimse
*Eleocharis acicularis*

**Höhe:** 5–15 cm
**Blütezeit:** unscheinbare Blüten
› Flachwasserzone S. 105

**WUCHS:** Unterwasserpflanze, die dichte Rasen bildet
**WERT:** feine grasartige Blätter, ab 20 cm Wassertiefe meist wintergrün; Sauerstoffspender; Versteck für kleine Wassertiere
**STANDORT:** Flachwasser- bis Seerosenzone; mäßig nährstoffreich
**VERWENDUNG:** Bodendecker unter Wasser
**GUTE PARTNER:** Seerosen; im Flachwasser lockere Röhrichtbildner wie Schneidried, Shuttleworth's Rohrkolben, Strauß-Felberich; freischwimmende Unterwasserpflanzen (Hornblatt-Arten, Wasserschlauch)
**MEIN TIPP:** Die Nadelsimse wächst in sehr kiesigem Substrat nur schlecht. Pflanzen Sie sie daher besser in Lehm. In sehr flachem Wasser sterben die Blätter im Winter ab.
**WEITERE ART:** Pillenfarn (*Pilularia globulifera*): Unterwasserrasen in weichem, relativ nährstoffarmem Wasser, fadenförmige Blätter, etwas hin und her gebogen, › S.104

 immergrün   verbessert Wasserqualität   günstig für Tiere   giftig   geschützt

## Sumpf-Stendelwurz
*Epipactis palustris*

**Höhe:** 30–50 cm
**Blütezeit:** Juni – Juli
› Feuchtzone S. 70

**WUCHS:** durch Rhizome gruppenbildende Staude, aufrechte Austriebe
**WERT:** heimische Orchidee mit weißlichen bis rosa Blüten; Insektenmagnet
**STANDORT:** Garten- bis Feuchtzone; Boden feucht, nährstoffarm, kalkhaltig
**VERWENDUNG:** Gruppenstaude in Moorpflanzungen, auch in der Umgebung von Bachläufen
**GUTE PARTNER:** Breites Wollgras, Duft-Lauch, Kleinseggen wie Davall-Segge (*Carex davalliana*) und Gelb-Segge, Schwalbenwurz-Enzian (*Gentiana asclepiadea*), Sibirische Schwertlilie
**MEIN TIPP:** Die Sumpf-Stendelwurz kann nach einiger Zeit etwas verdrängend werden, dann sollten Sie nach der Blüte einige Triebe ausreißen.
**SORTE:** 'Sabine': sehr wüchsige Hybride mit rötlichen Blüten, gedeiht in frischem Gartenboden und in der Feuchtzone

## Glocken-Heide
*Erica tetralix*

**Höhe:** 20–30 cm
**Blütezeit:** August – Oktober
› Feuchtzone S. 76

**WUCHS:** Zwergstrauch, der breite, lockere Polster bildet
**WERT:** heimische Art wintermilder Regionen, rosafarbene Blütchen, nadelförmiges, immergrünes Laub; Insektenmagnet
**STANDORT:** Feuchtzone; saures, torfiges nährstoff- und kalkarmes Substrat
**VERWENDUNG:** eingestreut oder in kleinen Grüppchen in Moorpflanzungen, in Trögen
**GUTE PARTNER:** Lavendel-Heide, Moor-Orchidee (*Pogonia ophioglossoides*), Rote Schlauchpflanze, Scheidiges Wollgras
**MEIN TIPP:** In Trögen und bei starken Frösten vor Wintersonne schützen.
**SORTEN UND WEITERE ARTEN:** Sorten mit Blüten in verschiedenen Rosa-Tönen oder in Weiß; Grau-Heide (*Erica cinerea*): sommerblühend für ähnliche saure Standorte; Schnee-Heide (*Erica carnea*): wertvoller Winterblüher, kalkverträglich, frische bis zeitweise trockene Gartenzone

## Schmales Wollgras
*Eriophorum angustifolium*

**Höhe:** Laub 30 cm, Fruchtstände bis 50 cm
**Blüte-/Fruchtzeit:** Mai – Juli
› Sumpfzone S. 93

**WUCHS:** stark Ausläufer treibendes Gras; wuchert
**WERT:** heimisches Moor-Gras, schmale, tiefgrüne Blätter mit roten Spitzen (daher auch Schmalblättriges Wollgras genannt), weißwollige Fruchtbällchen, zu mehreren pro Halm; stark wurzelnd und uferfestigend
**STANDORT:** Feuchtzone; Substrat neutral bis sauer, nährstoff- und kalkarm
**VERWENDUNG:** flächig bis bodendeckend; für größere Anlagen mit sehr wüchsigen bzw. deutlich höheren Partnern
**GUTE PARTNER:** *Epipactis* 'Sabine', Kammfarn, Königsfarn, Strauß-Felberich
**MEIN TIPP:** Aufgrund des starken Wachstums nur für größere Anlagen geeignet. Besonders in warmem Klima sehr blühfaul.
**WEITERE ART:** Sibirisches Wollgras (*Eriophorum russeolum*): fadenartig dünne Blätter, bildet Ausläufer, wuchert aber nicht, für sehr saures Substrat

## Breites Wollgras
*Eriophorum latifolium*

**Höhe:** Laub 15 cm, Fruchtstände bis 70 cm
**Blüte-/Fruchtzeit:** Mai – Juli
› Feuchtzone S. 68

**WUCHS:** Horstgras; wuchert nicht, versamt nur wenig
**WERT:** heimisches Moor-Gras; frischgrüne Blattrosetten; mehrere weißwollige Fruchtbällchen auf hohen Halmen
**STANDORT:** Feuchtzone mit kalkhaltigem bis neutralem Substrat; nährstoffarm
**VERWENDUNG:** eingestreut oder in kleinen Gruppen in Mooranlagen; auch an Bachläufen und in Trögen
**GUTE PARTNER:** Kleinseggen, Kopfbinsen, Lungen-Enzian, Moor-Orchideen, Sumpf-Gladiole
**MEIN TIPP:** Das Breite (besser: Breitblättrige) Wollgras ist die geeignetste Wollgras-Art für kleine Gärten. Der Standort sollte aber nicht zu nährstoffreich sein. Setzen Sie immer mehrere Pflanzen ein. Nach der Fruchtreife fliegen die weiß behaarten Samen davon. Anschließend können Sie die Fruchthalme abschneiden.

## Scheidiges Wollgras
*Eriophorum vaginatum*

**Höhe:** Laub 30 cm, Fruchtstände bis 50 cm
**Blüte-/Fruchtzeit:** April – Mai
› Feuchtzone S. 68

    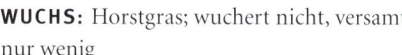

**WUCHS:** Horstgras; wuchert nicht, versamt nur wenig
**WERT:** heimisches Moor-Gras; immergrün; im Frühjahr einzeln an aufrechten Halmen stehende weißwollige Fruchtbälle
**STANDORT:** Feuchtzone; Substrat sauer, torfig, nährstoffarm
**VERWENDUNG:** Solitärpflanze für Mooranlagen und Moor-Tröge
**GUTE PARTNER:** fleischfressende Pflanzen, Glocken-Heide und ähnliche Zwergsträucher, Torfmoose
**MEIN TIPP:** Wenn die Horste an Vitalität und Blühfreudigkeit verlieren, sollten Sie sie ausgraben, einige Seitentriebe entfernen und den Horst wieder etwas tiefer einpflanzen.
**WEITERE ART:** Alpenhaargras (*Trichophorum alpinum*): 10–20 cm, dichtrasig, kleine Wattebäuschchen von Mai – Juli, für neutrale bis saure, nährstoffarme Mooranlagen, auch für Tröge

## Wasserdost
*Eupatorium cannabinum* 'Plenum'

**Höhe:** 120–150 cm
**Blütezeit:** Juli – September
› Gartenzone S. 56, Feuchtzone S. 73

**WUCHS:** breithorstige Staude mit aufrechten, dicht belaubten Schäften; versamt nicht
**WERT:** heimische Hochstaude mit großen, Blütenständen; gern von Insekten besucht
**STANDORT:** Garten- bis Feuchtzone; Boden frisch bis sumpfig, mäßig nährstoffreich bis nährstoffreich
**VERWENDUNG:** Solitärpflanze für große Anlagen, braucht viel Platz
**GUTE PARTNER:** Blut-Weiderich, Frauenmantel, Gezähnter Goldkolben, Mädesüß, Nelkenwurz, Sibirische Schwertlilie, Sumpf-Garbe, Sumpf-Vergissmeinnicht
**ART UND WEITERE SORTE:** Die reine Art *Eupatorium cannabinum* versamt stark und kann zum Unkraut werden; Großer Wasserdost (*Eupatorium fistulosum* 'Atropurpureum'): Solitarstaude aus Nordamerika, bis 2 m, riesige rosa Blütenteller, Blütezeit August – Oktober, Gartenzone, Boden feucht

 immergrün   verbessert Wasserqualität   günstig für Tiere   giftig   geschützt

### Weißer Wasserdost
*Eupatorium rugosum*

**Höhe:** 80–120 cm
**Blütezeit:** August – Oktober
› Gartenzone, Feuchtzone

**WUCHS:** breite Horste bildende Staude mit aufrechten Stängeln; mäßige Versamung
**WERT:** amerikanische Art mit großen, weißen Blütenbüscheln; Insektenmagnet
**STANDORT:** frische Garten- bis Feuchtzone, auch sumpfig, mäßig nährstoffreich bis nährstoffreich; verträgt auch etwas beschattete Standorte
**VERWENDUNG:** große Gruppenstaude für große Anlagen; gute Hintergrundpflanze; bei genügend Platz auch für wiesenhafte Pflanzungen; ideal für »weiße Gärten«
**GUTE PARTNER:** Sumpf-Garbe, Sumpf-Schwertlilien, Trollblume
**MEIN TIPP:** Abmähen direkt nach der Blüte verhindert die Versamung.
**WEITERE SORTE UND ART:** 'Chocolate': braunrote Blätter, die wie aufgespießt am Stängel sitzen; Durchwachsenblättriger Wasserdost (*Eupatorium perfoliatum*): bis 120 cm

### Sumpf-Wolfsmilch
*Euphorbia palustris*

**Höhe:** 80–100 cm
**Blütezeit:** Mai – Juni
› Gartenzone S. 53, Feuchtzone S. 70

 !

**WUCHS:** Horststaude mit aufrechten bis übergeneigten Stängeln; versamt kaum
**WERT:** seltene heimische Art mit großen, leuchtend gelben Blütenbällen; im Sommer durch die schmalen Blätter weidenähnlich wirkend; orangefarbenes Herbstlaub
**STANDORT:** Feucht- und Sumpfzone, auch im zeitweilig trockenen Gartenboden vital
**VERWENDUNG:** Solitär- oder große Gruppenstaude; gute Hintergrundpflanze
**GUTE PARTNER:** in der Gartenzone Bergenien, Pracht-Storchschnabel, Taglilien; in der Feuchtwiesen- und Sumpfzone Brennender Hahnenfuß, Nadel-Minze, Sumpf-Vergissmeinnicht
**MEIN TIPP:** Ideal zum »Überspielen« von Teichrändern verwendbar. Beim Rückschnitt Handschuhe tragen, der austretende Milchsaft kann hautreizend sein.
**SORTE:** 'Walenburg's Glorie': rötliche Stängel, rötliches Herbstlaub

### Schirm-Bambus
*Fargesia murielae*

**Höhe:** 200–300 cm
**Blütezeit:** blüht erst in hohem Alter
› Gartenzone S. 62

**WUCHS:** breithorstiger Bambus mit sehr dicht stehenden Halmen, feine Belaubung
**WERT:** asiatischer Bambus, auch im Winter frischgrüne Blätter; Versteck für Tiere
**STANDORT:** Gartenzone; Boden feucht und nährstoffreich; nur in feuchtem Klima in voller Sonne
**VERWENDUNG:** Solitärstrauch, gute Hintergrundpflanze; ideal für »asiatische« Gestaltungsthemen
**GUTE PARTNER:** Bergenien, Dreiblattspiere, Pracht-Storchschnabel, Taglilien; bei genügend Feuchtigkeit Astilben
**MEIN TIPP:** Im Gegensatz zu den stark Ausläufer treibenden Bambuspflanzen der Gattungen *Phyllostachys* und *Sasaella* wuchert der China-Bambus nicht. Dennoch nehmen die Horste nach einigen Jahren oft über einen Quadratmeter Fläche ein.
**SORTEN:** 'Bimbo': nur bis 150 cm hoch; 'Simba': 200–250 cm hoch

## Sibir. Spierstaude
*Filipendula palmata* 'Nana'

**Höhe:** 40–50 cm
**Blütezeit:** Juli – August
› Gartenzone S. 57

**WUCHS:** horstige Staude mit aufrechten Stängeln; wuchert nicht
**WERT:** Zwergform der nordostasiatischen Art mit tiefrosa Blütenbüscheln und dekorativem Laub
**STANDORT:** Garten- bis Feuchtzone; Boden frisch bis feucht, mäßig nährstoffreich
**VERWENDUNG:** in kleinen Gruppen am Teichrand, auch an Bachläufen
**GUTE PARTNER:** höhere Gräser wie Morgenstern-Segge und Steif-Segge; Horststauden wie Blut-Weiderich, Rosa Seidenblume, Wasserdost; Bodendecker wie Gelb-Segge, Kriechender Günsel, Pfennigkraut
**MEIN TIPP:** Ideal für Feuchtwiesen im Kleinst-Maßstab, auch an Miniaturteichen. Keine speziellen Pflegebedürfnisse.
**WEITERE SORTEN:** 'Kahome': bis 60 cm, etwas früher blühend; 'Rosenelfe': nur 30 cm, blüht ab Juni; 'Rubra': dunkelrosarot, 90 cm

## Echtes Mädesüß
*Filipendula ulmaria* 'Plena'

**Höhe:** 90–130 cm
**Blütezeit:** Juni – August
› Gartenzone S. 52, Feuchtzone S. 68

**WUCHS:** horstige Staude mit aufrechten Stängeln; versamt nicht
**WERT:** weiße Blütenbüschel, Blüten gefüllt, dekorative Belaubung
**STANDORT:** Garten- bis Feuchtzone; Boden frisch bis feucht, mäßig bis nährstoffreich
**VERWENDUNG:** Solitärpflanze am Teichrand oder in kleinen Gruppen im Hintergrund von Teichanlagen
**GUTE PARTNER:** Blut-Weiderich, Frauenmantel, Sumpf-Dotterblume, Sumpf-Schwertlilien, Sumpf-Vergissmeinnicht
**MEIN TIPP:** An zu trockenen Standorten ist das Mädesüß empfänglich für den Befall mit Echtem Mehltau.
**ART UND WEITERE SORTEN:** Die reine Art *Filipendula ulmaria* ist ungefüllt und neigt zum starken Versamen! Purpur-Mädesüß (*Filipendula purpurea* 'Elegans'): 80–110 cm, hellrot, › S. 73; Rotes Mädesüß (*Filipendula rubra* 'Venusta'): 120–160 cm, rot

## Schachbrettblume
*Fritillaria meleagris*

**Höhe:** 30–40 cm
**Blütezeit:** April – Mai
› Feuchtzone S. 76

**WUCHS:** Zwiebelpflanze mit aufrechten Stängeln; kaum versamend, nicht wuchernd; zieht im Frühsommer ein
**WERT:** seltene heimische Art; nickende Blüten in hell- und dunkelrosa Karomuster oder Reinweiß; aufrechte Fruchtkapseln
**STANDORT:** Garten- bis Feuchtzone; Boden frisch bis feucht, mäßig nährstoffreich, leicht sauer bis neutral
**VERWENDUNG:** eingestreut am Ufer, entlang von Bachläufen; bei genügend Feuchtigkeit auch unter spät austreibenden Gehölzen
**GUTE PARTNER:** niedrige Gräser wie Draht-Segge (*Carex diandra*) und Gelb-Segge; spät austreibende Stauden wie Blut-Weiderich und Rosa Seidenblume; konkurrenzschwache Wiesenpflanzen wie Europäische Trollblume und Wiesen-Schaumkraut
**MEIN TIPP:** Nicht an Plätzen verwenden, die sich stark erhitzen. Einsetzen der Zwiebeln im September/Oktober.

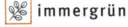 immergrün    verbessert Wasserqualität    günstig für Tiere    giftig    geschützt

### Lungen-Enzian
*Gentiana pneumonanthe*

**Höhe:** 20–30 cm
**Blütezeit:** Juli – August
› Feuchtzone S. 79

**WUCHS:** horstige Staude; Versamung gering
**WERT:** heimischer Sommerblüher mit leuchtend blauen Blüten; die Raupen des seltenen Lungenenzian-Ameisenbläulings (*Maculinea alcon*) haben sich auf die Blüten spezialisiert
**STANDORT:** Feuchtzone; saure bis leicht kalkhaltige Substrate
**VERWENDUNG:** für Mooranlagen und Troggärten, leichte Durchströmung des Substrates ist günstig
**GUTE PARTNER:** Alpenhaargras (*Trichophorum alpinum*), Breites Wollgras, Kleinseggen wie Davall-Segge (*Carex davalliana*) und Gelb-Segge
**MEIN TIPP:** Beim Pflanzen den Wurzelballen nicht beschädigen! Im Spätherbst oder Frühjahr zurückschneiden.
**WEITERE ART:** Schwalbenwurz-Enzian (*Gentiana asclepiadea*): 50 cm, Blütezeit August – September; frische bis feuchte, kalkhaltige Substrate, schattenverträglich

### Pracht-Storchschnabel
*Geranium × magnificum*

**Höhe:** 40–60 cm
**Blütezeit:** Juni – Juli
› Gartenzone S. 59

**WUCHS:** breithorstige Staude, wüchsig und gut bodendeckend; versamt nicht
**WERT:** prächtige Blüten, dunkelgrüne Belaubung; guter Unterschlupf für Tiere
**STANDORT:** Gartenzone; Boden trocken bis frisch, mäßig nährstoffreich
**VERWENDUNG:** in Gruppen oder als hoher Bodendecker; gut zu Prachtstauden und an formalen Teichen
**GUTE PARTNER:** Bergenien, Busch-Knöterich, Weidenblättrige Sonnenblume; auch zwischen Bambus und anderen Gehölzen
**MEIN TIPP:** Die Staude neigt zum Auseinanderfallen der Stängel, nach Rückschnitt regeneriert die Pflanze aber rasch wieder.
**SORTEN UND WEITERE ART:** 'Rosemoor': nur 40 cm, standfest; 'Sirak': gut 50 cm, große purpurrosa Blüten; Cambridge Storchschnabel (*Geranium × cantabrigiense*): ca. 20 cm, bodendeckend, in Sorten mit rosaroter oder weißlicher bis hellrosa Blüte

### Bach-Nelkenwurz
*Geum rivale*

**Höhe:** 30–40 cm
**Blütezeit:** Mai – Juni
› Feuchtzone S. 76

**WUCHS:** breithorstige Staude; wüchsig und etwas versamend
**WERT:** heimische Pflanze, braunrote Blütenglöckchen; Insekten anlockend
**STANDORT:** Gartenzone, Feuchtwiese; Boden frisch, mäßig nährstoffreich
**VERWENDUNG:** eingestreut entlang von Bachläufen, in kleinen Grüppchen in sehr naturnahen Pflanzkonzepten
**GUTE PARTNER:** Hochstauden wie Blut-Weiderich, Echtes Mädesüß, Wasserdost; höhere Gräser wie Pfeifengras (*Molinia arundinacea*), Pfennigkraut
**MEIN TIPP:** Wenn in der Umgebung junge, wüchsige Sämlinge aufgekommen sind, dann entfernen Sie alte, weniger vitale Pflanzen.
**WEITERE SORTE UND ART:** 'Leonhard': etwas größere Blüten als die Art; Rote Nelkenwurz (*Geum coccineum* 'Borisii'): niedrigwüchsig, orangerote Blüte, für frische, feuchte Böden in der Gartenzone

 Sonne 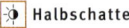 Halbschatten  Schatten  Blütenschmuck  Blattschmuck  Fruchtschmuck

## Dreiblattspiere
*Gillenia trifoliata*

**Höhe:** 60–80 cm
**Blütezeit:** Juni – Juli
› Gartenzone S. 53

**WUCHS:** breithorstige Staude, locker aufrechte bis übergeneigte Triebe; wuchert nicht
**WERT:** nordamerikanische Art, weiße Blütensternchen, leuchtend rote Herbstfärbung; langlebige und sehr robuste Pflanze
**STANDORT:** Gartenzone; nährstoffreicher Boden; bei frischem Boden auch unter Gehölzen
**VERWENDUNG:** Solitärstaude für die Umpflanzung von Teichen; sehr gute Hintergrundpflanze
**GUTE PARTNER:** Astilben, Funkien, Goldkolben, Japanische Anemone; frühblühende Zwiebelpflanzen wie Blaustern (*Scilla siberica*) oder Weißes Buschwindröschen (*Anemone nemorosa*)
**MEIN TIPP:** Außer Rückschnitt im Frühjahr keine weitere Pflege notwendig.
**WEITERE ART:** Christophskraut (*Actaea pachipoda*): ähnlich in Größe und Form; weiße Beeren an leuchtend roten Stielen im Herbst

## Sumpf-Gladiole
*Gladiolus palustris*

**Höhe:** 30–50 cm
**Blütezeit:** Mai – Juni
› Gartenzone S. 58, Feuchtzone 76

**WUCHS:** Knollenpflanze mit sehr schlanken, aufrechten Austrieben
**WERT:** seltene heimische Feuchtwiesenpflanze; rosafarbene Blüte; benötigt kaum Platz; die Blüte lockt Insekten an
**STANDORT:** Garten- bis Feuchtzone; Boden frisch, nährstoffarm bis mäßig nährstoffreich, Kalk liebend
**VERWENDUNG:** Streupflanze für Mooranlagen
**GUTE PARTNER:** Duft-Lauch, Knabenkraut, Lungen-Enzian, Schwalbenwurz-Enzian (*Gentiana asclepiadea*); niedrige Gräser
**MEIN TIPP:** Pflanzung als Knolle. Die oberirdischen Teile sterben nach der Blüte rasch ab. Erst nach der Fruchtreife entfernen, so dass die Gladiole aussamen kann.
**WEITERE ART:** Wiesen-Gladiole (*Gladiolus illyricus*): ähnlich im Aussehen, aber für trockene Böden in der Gartenzone, auch auf schottrigen Substraten, › S. 58

## Gnadenkraut
*Gratiola officinalis*

**Höhe:** 20–40 cm
**Blütezeit:** Juni – Juli
› Sumpfzone S. 86

**WUCHS:** durch kurze Ausläufer dichte Polster bildende Staude, aufrechte Triebe; nicht wuchernd
**WERT:** seltene heimische Sumpfpflanze; die weißen Blüten werden gerne von Insekten besucht; Arzneipflanze
**STANDORT:** Sumpf- bis Flachwasserzone bei niedrigem Wasserstand, auch Feuchtwiese; mäßig bis nährstoffreich, weiches Wasser wird bevorzugt
**VERWENDUNG:** in kleinen Gruppen, bodendeckend zwischen hohen Stauden
**GUTE PARTNER:** Blaue Gauklerblume, Blut-Weiderich, Herzblättriges Hechtkraut, Sumpf-Dotterblume; lockere Röhrichtbildner wie Shuttleworth's Rohrkolben
**MEIN TIPP:** Das Gnadenkraut braucht kaum Pflege. Die im Herbst absterbenden Triebe können toleriert werden, Sie können sie aber auch abschneiden. In sehr hartem Wasser ist das Gnadenkraut weniger vital.

 immergrün    verbessert Wasserqualität    günstig für Tiere    giftig    geschützt

## Sonnenblume
*Helianthus salicifolius*

**Höhe:** 180–250 cm
**Blütezeit:** Oktober – November
› Gartenzone S. 54

**WUCHS:** horstige Großstaude, aufrechte Triebe, lockerer Wuchs; wuchert nicht
**WERT:** amerikanische Präriestaude; gelbe Blüten, weidenartig schmale Blätter (daher auch der Name Weidenblättrige Sonnenblume); Lebensraum für Tiere
**STANDORT:** Gartenzone; trockener Boden
**VERWENDUNG:** Solitärstaude; gute Hintergrundpflanze
**GUTE PARTNER:** Frikarts Aster, Narzissen, Pracht-Storchschnabel, Taglilien, Wildtulpen; halbhohe Gräser
**MEIN TIPP:** Auf zu feuchten Böden ist die Weidenblättrige Sonnenblume nicht standfest. Im Spätherbst absterbende Triebe abschneiden. Nach kühlen Sommern erfolgt oft keine Blütenbildung.
**WEITERE ART:** Kleinköpfige Sonnenblume (*Helianthus microcephalus*): 150–180 cm, blassgelbe Blüte, locker-wüchsige Gruppenstaude, sehr blühwillig

## Taglilie
*Hemerocallis* 'Corky'

**Höhe:** Laub 40 cm, Blütenstände bis 80 cm
**Blütezeit:** Juni – Juli
› Gartenzone S. 54

**WUCHS:** breithorstige Staude, grasartige Blätter, aufrechte Blütentriebe; wuchert nicht
**WERT:** große Blüten auf dunklen Stielen; Laub früh austreibend; Insektenmagnet
**STANDORT:** Gartenzone; Boden mäßig trocken bis frisch, nährstoffreich
**VERWENDUNG:** gute Hintergrundpflanze; in kleinen Gruppen oder bei Miniaturteichen auch einzeln; kleinblumige Taglilien-Sorten passen auch zu naturnahen Pflanzungen, während großblumige eher für formale Anlagen geeignet sind
**GUTE PARTNER:** Dreimasterblume, Frauenmantel, Pracht-Storchschnabel; höher wachsende Gräser
**MEIN TIPP:** Die Blüten sind essbar und eignen sich gut zum Dekorieren von Speisen.
**WEITERE SORTE UND ART:** 'Stella d' Oro': nur 40 cm, gelb, mittelgroße Blüte; *Hemerocallis lilioasphodelus*: 80 cm, sehr grazil, hellgelb, kleinblumig

## Sumpf-Eibisch
*Hibiscus moscheutos* 'Chatelaine'

**Höhe:** 120–140 cm
**Blütezeit:** Juli – September
› Feuchtzone S. 77

**WUCHS:** horstige Staude mit aufrechten Trieben; wuchert nicht
**WERT:** Züchtung des amerikanischen Sumpf-Eibisch mit riesigen, roten Blüten
**STANDORT:** feuchte Garten- bis Feuchtzone; Boden sehr nährstoffreich, liebt Sommerwärme
**VERWENDUNG:** Solitärpflanze; besonders für formale Anlagen
**GUTE PARTNER:** Dreimasterblume, Frauenmantel, Sumpf-Dotterblume, Sumpf-Schwertlilien
**MEIN TIPP:** Der Sumpf-Eibisch entwickelt sich nur an warmen, sehr nährstoffreichen und nicht zu nassen Standorten optimal und gelangt hier zu voller Blüte. Schneiden Sie die absterbenden Triebe im Herbst ab.
**WEITERE SORTEN:** Sortengemische in Weiß-, Rosa- und Rottönen: 'Galaxy': bis 130 cm; 'Southern Belle': bis 100 cm

## Tannenwedel
*Hippuris vulgaris*

**Höhe:** 20–30 cm als Landform
**Blütezeit:** Juli – August
› Flachwasserzone S. 105, Seerosenzone S. 115

**WUCHS:** Staude mit kriechenden Ausläufern und aufrechten Sprossen; mäßig wuchernd
**WERT:** heimische Wasserpflanze mit schachtelhalmartiger Wirkung; Unterwassertriebe spenden Sauerstoff und bieten Versteckmöglichkeiten für kleine Wassertiere
**STANDORT:** in der Flachwasserzone mit oberirdischen Trieben, in der Seerosenzone ab 80 cm Wassertiefe nur Unterwassertriebe; für mäßig nährstoffreiches Wasser
**VERWENDUNG:** in kleinen Gruppen, unter Wasser auch lockerrasig bis bodendeckend; für mittelgroße bis große Teiche, in kleinen Anlagen oft zu verdrängend
**GUTE PARTNER:** im Flachwasser Herzförmiges Hechtkraut, Pfeil-Aronstab, Pfeilkraut; in der Seerosenzone: Gestreifte Teichsimse, Krebsschere, Seerosen
**MEIN TIPP:** »Einsperren« in feste Kübel führt zu kümmerlichem Wachstum. In größeren Teichen also besser frei auspflanzen.

## Funkie
*Hosta plantaginea* 'Honeybells'

**Höhe:** Laub 50 cm, Blüten bis 80 cm
**Blütezeit:** Juli – September
› Gartenzone S. 53

**WUCHS:** breithorstige Staude mit lockeren, aufrechten Blütenständen
**WERT:** breitlaubige Blattschmuckstaude ostasiatischer Herkunft; weiße Blütenglöckchen mit angenehmem Duft; guter Unterschlupf für Tiere
**STANDORT:** Gartenzone im Schatten; frische, lehmige, nährstoffreiche Böden; die Sorten sind relativ sonnenverträglich
**VERWENDUNG:** Solitärstaude oder in kleinen Gruppen
**GUTE PARTNER:** Schattenstauden wie Astilben, Bergenien, Dreiblattspiere
**MEIN TIPP:** Leider sind Funkien bei Nacktschnecken sehr begehrt. Am wenigsten werden blau bereifte bzw. hartlaubige Sorten heimgesucht.
**WEITERE SORTEN:** 'Francee': bis 70 cm, weiße Blattränder; 'Krossa Regal': violette Blüte, 60–70 cm, blaulaubig; 'Red October': bis 60 cm, rötliche Blattstiele

## Wasserfeder
*Hottonia palustris*

**Höhe:** Blütenstände bis 30 cm
**Blütezeit:** Mai – Juni
› Flachwasserzone S. 101

**WUCHS:** Unterwasserstaude mit locker polsterförmigem Wuchs, bildet in flachem Wasser Schwimmrosetten; Blüten in aufrechten Etagendolden; wuchert nicht
**WERT:** seltene heimische Art mit gefiederten Blättern, untergetauchte Blätter immergrün; Blüten zartrosa; wasserreinigend; Unterschlupf für Wassertiere
**STANDORT:** Flachwasserzone; gedeiht nur in weichem Wasser mit nicht zu geringem Nährstoffgehalt; heiße Lagen vermeiden
**VERWENDUNG:** in kleinen Gruppen zwischen lockerem Röhricht oder beschatteten Partien des Teiches
**GUTE PARTNER:** Pillenfarn (*Pilularia globulifera*), Strauß-Felberich, Wasserschlauch
**MEIN TIPP:** Nicht mit starkwüchsigen Unterwasserpflanzen kombinieren.
**WEITERE ART:** Brunnenmoos (*Fontinalis antipyretica*): Unterwasserpflanze, für kalkarmes Wasser, Sauerstoffspender

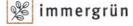 immergrün   verbessert Wasserqualität  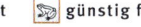 günstig für Tiere   giftig   geschützt

### Froschbiss
*Hydrocharis morsus-ranae*

**Höhe:** Schwimmblattpflanze
**Blütezeit:** Juni – Juli
> Flachwasserzone S. 99, Seerosenzone S. 111

**WUCHS:** Staude mit schwimmenden Rosetten, bildet Ausläufer mit Tochterrosetten
**WERT:** kleine, runde Schwimmblätter, weiße Blüten; wasserreinigend; guter Landeplatz für Insekten
**STANDORT:** Flachwasser- bis Seerosenzone; bevorzugt nährstoffreiches Wasser (sonst helle bis gelbliche Blätter)
**VERWENDUNG:** »schwimmender Bodendecker« zwischen lockerem Röhricht oder für beschattete Partien des Teiches
**GUTE PARTNER:** Blumenbinse, Echtes Pfeilkraut, Shuttleworth's Rohrkolben, Tannenwedel
**MEIN TIPP:** Der Froschbiss kann bei Überhandnehmen leicht durch Abfischen reduziert werden. Im Herbst sinken die Überwinterungsknospen auf den Teichgrund ab.
**WEITERE ART:** Froschkraut (*Luronium natans*): kleinwüchsige Schwimmblattpflanze, weiße Blüte, für weiches Wasser

### Pracht-Schwertlilie
*Iris ensata*

**Höhe:** 60–90 cm
**Blütezeit:** Juni – Juli
> Feuchtzone S. 78

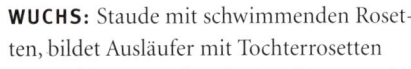

**WUCHS:** Horststaude, grasartige Blätter, aufrechte Blütenstände; wuchert nicht
**WERT:** stattliche Blatthorste; große, dekorative, farblich sehr variable Blüten
**STANDORT:** feuchte Gartenzone, Feuchtzone; Boden kalkarm und sehr nährstoffreich
**VERWENDUNG:** als Solitär oder in kleinen Gruppen; gut in architektonischen Anlagen und für ostasiatische Themen
**GUTE PARTNER:** Sommer-Knotenblume (*Leucojum aestivum*), Sumpf-Eibisch, Sumpf-Vergissmeinnicht
**MEIN TIPP:** Nach einigen Jahren fördert eine Verjüngung durch Teilung der Horste die Vitalität der Staude. Darf während der Blütezeit auch überstaut stehen.
**SORTEN:** 'Aquamarin': weiße Blütenblätter mit violetter Aderung; 'Pink Frost': hellrosa Blütenblätter; 'Yoake Mae': tiefviolette Blütenblätter, > S. 78

### Japan. Schwertlilie
*Iris laevigata*

**Höhe:** 40–70 cm
**Blütezeit:** Juni – August
> Sumpfzone S. 89, Flachwasserzone S. 102

**WUCHS:** Horststaude, schmale Blätter, aufrechte Blütenstände; wuchert nicht
**WERT:** grasartige Blatthorste, purpurviolette Blüten; blüht immer wieder nach
**STANDORT:** Feucht- bis Flachwasserzone, bis 20 cm Wasserstand, relativ hoher Nährstoffbedarf
**VERWENDUNG:** als Solitär oder in kleinen Gruppen, gut in architektonischen Anlagen und für ostasiatische Themen
**GUTE PARTNER:** Herzblättriges Hechtkraut, Sumpf-Dotterblume, Wasserfeder
**WEITERE SORTEN UND ART:** 'Alba': weiß; 'Monstrosa': weiß und blauviolett; 'Variegata': violettblau, Blätter weiß gestreift; Amerikanische Sumpf-Schwertlilie (*Iris versicolor*): zahlreiche kleine Blüten auf viel verzweigten Achsen, Feucht- und Sumpfzone, > S. 79, 90; Forrest-Schwertlilie (*Iris forrestii*): Feuchtwiese, 50 cm, Blüte gelb

## Sumpf-Schwertlilie
*Iris pseudacorus*

**Höhe:** 80–120 cm
**Blütezeit:** Mai – Juni
› Sumpfzone S. 87, Flachwasserzone S. 99

**WUCHS:** breithorstige Staude; schmale, aufrechte Blätter und Blütenstände; nicht stark wuchernd, aber versamend
**WERT:** heimische Schwertlilie; große Fruchtkapseln; durch bakterizide Wurzelausscheidungen wasserreinigend; Insektenmagnet
**STANDORT:** frische Garten- bis Flachwasserzone, bis 30 cm Wasserstand; hoher Nährstoffbedarf
**VERWENDUNG:** Solitärstaude für genügend große Anlagen; für wildnishafte Themen, auch in architektonischen Teichen
**GUTE PARTNER:** halbhohe Gräser wie Steif-Segge, Sumpf-Dotterblume, Sumpf-Vergissmeinnicht
**MEIN TIPP:** In der Garten- und Feuchtzone keimen in den Schwertlilien-Horsten gerne Knabenkräuter (*Dactylorhiza*).
**SORTEN:** 'Bastardi': hellgelb; 'Variegata': gelblich gestreifte Blätter, die im Sommer allerdings vergrünen

## Sibirische Schwertlilie
*Iris sibirica*

**Höhe:** 60–90 cm
**Blütezeit:** Mai – Juni
› Gartenzone S. 59, Feuchtzone S. 78

**WUCHS:** Horststaude; sehr schmale, aufrechte Blätter und Blütenstände; wuchert nicht, etwas versamend
**WERT:** seltene heimische Schwertlilie; Blätter im Herbst bronze- bis orangefarben getönt; schlanke Fruchtkapseln; Insektenmagnet
**STANDORT:** frische Gartenzone bis Feuchtzone; mäßiger Nährstoffbedarf
**VERWENDUNG:** Solitärstaude für Feuchtwiesenpflanzungen; die großblumigen Sorten sind eher für eine Prachtstaudenpflanzung außerhalb des Teiches geeignet
**GUTE PARTNER:** niedrige Gräser wie Gelb-Segge; Breites Wollgras, Europäische Trollblume, Orchideen der Gattungen *Dactylorhiza* und *Epipactis*
**WEITERE SORTE UND ARTEN:** 'Cäsar': tief blauviolett, großblütig; *Iris sanguinea*: 60 cm, violett, Gartenzone, nicht staunass; Borstige Schwertlilie (*Iris setosa*): blauviolett, 50–70 cm, für Feucht- bis Sumpfzone

## Steppen-Schwertlilie
*Iris spuria*

**Höhe:** 70–90 cm
**Blütezeit:** Mai – Juni
› Gartenzone S. 60

**WUCHS:** Horststaude; sehr schmale, aufrechte Blätter, lockere Blütenstände; wuchert nicht
**WERT:** hellblaue oder weiße Blüten; frischgrüne Blätter; anspruchslos; Insektenmagnet
**STANDORT:** Gartenzone; Boden trocken bis frisch, salzverträglich, nicht staunass!, auch für Schottersubstrate geeignet
**VERWENDUNG:** Solitärstaude für die Umpflanzung von Teichen
**GUTE PARTNER:** Storchschnabel-Arten, *Tradescantia ohiensis*; Gräser wie Horst-Reitgras und Ruten-Hirse
**MEIN TIPP:** Im zeitigen Frühjahr bodennah zurückschneiden.
**WEITERE SORTEN UND ART:** 'Good Nature': hellgelb; 'Grand Illusion': violett mit gelb; 'Penny Junker': goldbronze; *Iris sintenisii*: bis 40 cm, blau, immergrüne Zwerg-Iris für Trockenstandorte in Sonne und Halbschatten

 verbessert Wasserqualität   günstig für Tiere   giftig   geschützt
immergrün

## Zwerg-Binse
*Juncus ensifolius*

**Höhe:** 20–30 cm
**Blüte-/Fruchtzeit:** Juni – September
› Sumpfzone S. 93

**WUCHS:** durch kurze Ausläufer dicht rasenartig wachsendes Gras; aufrechte Blätter; stark ausbreitend und versamend
**WERT:** amerikanische Art, frischgrünes Laub, schwarzbraune, kugelige Fruchtstände
**STANDORT:** Feucht- und Sumpfzone, wächst auch ins flache Wasser hinein; Boden mäßig nährstoffreich
**VERWENDUNG:** in lockeren Gruppen bis bodendeckend
**GUTE PARTNER:** kräftige Hochstauden wie Blut-Weiderich, Herzförmiges Hechtkraut, Sumpf-Schwertlilie; lockere Röhrichtbildner wie Shuttleworth's Rohrkolben
**MEIN TIPP:** Die Zwerg-Binse ist für sehr kleine Teiche trotz ihrer geringen Wuchshöhe eher nicht zu empfehlen.
**WEITERE ART:** Kleine Spiral-Binse (*Juncus decipiens* 'Spiralis'): stricknadeldünne, stark spiralig gewundene Triebe, nicht wuchernd und kaum versamend, für Tröge

## Blaue Binse
*Juncus inflexus*

**Höhe:** 40–60 cm
**Blüte-/Fruchtzeit:** Juni – Oktober
› Feuchtzone S. 81

**WUCHS:** horstiges Gras; aufrechte Blätter und Sprosse; versamt stark
**WERT:** heimisches Sauergras;, dünne, stielrunde, blaugraue Triebe und Blätter, immergrün, bräunliche Fruchtstände (Spirren)
**STANDORT:** Feucht- und Sumpfzone; Boden mäßig nährstoffreich, kalkhaltig
**VERWENDUNG:** als Solitärstaude oder in Gruppen; nur für große, sehr naturhafte Anlagen zu empfehlen
**GUTE PARTNER:** konkurrenzstarke Arten wie Gelbe Gauklerblume, Sumpf-Schwertlilie, Tannenwedel
**MEIN TIPP:** Die Versamung lässt sich nur durch sommerlichen Rückschnitt vor dem Öffnen der Fruchtkapseln vermeiden.
**WEITERE ARTEN:** Flatter-Binse (*Juncus effusus*): frischgrüne Triebe, bis 80 cm, versamt stark; Kugelsimse (*Holoschoenus romanus*): bis über 100 cm, binsenähnlich, aber mehrere Köpfchen pro Trieb, wuchert kaum

## Grönland-Sumpfporst
*Ledum groenlandicum*

**Höhe:** 40–50 cm
**Blütezeit:** April – Mai
› Feuchtzone S. 68

**WUCHS:** kompakter, niedriger Zwergstrauch; nicht wuchernd
**WERT:** ledrige, schmale, immergrüne Blätter, leuchtend weiße Blütenköpfchen
**STANDORT:** Feuchtzone; auf saurem, kalkfreiem, nährstoffarmem Substrat
**VERWENDUNG:** als Solitärstaude oder in kleinen Gruppen in sauren Moorpflanzungen, auch für Troggärten
**GUTE PARTNER:** Alpenhaargras (*Trichophorum alpinum*), Cranberry, fleischfressende Pflanzen (Schlauchpflanzen), Lavendel-Heide, Scheidiges Wollgras, Sibirisches Wollgras
**MEIN TIPP:** Am richtigen Standort sehr pflegeleicht. Beim Mähen der umgebenden Pflanzen aussparen!
**WEITERE ART:** Echter Sumpf-Porst (*Ledum palustre*): heimischer Kleinstrauch, kann über 100 cm Höhe erreichen, ähnliche Standortansprüche, aber etwas weniger nass

## Märzenbecher
*Leucojum vernum*

**Höhe:** 10–20 cm
**Blütezeit:** März – April
› Feuchtzone S. 69

**WUCHS:** Zwiebelpflanze; zieht im Frühsommer ein; versamt nur bei günstigen Bedingungen stark
**WERT:** heimisch, geschützte Art; sehr frühe Blüte; wird gern von Insekten angeflogen
**STANDORT:** feuchte Gartenzone im Schatten oder Feuchtzone, sonnig bis schattig; Boden nährstoffreich
**VERWENDUNG:** in größeren Mengen eingestreut zwischen spät austreibenden Stauden und Gräsern; unter Laubgehölzen am Ufer
**GUTE PARTNER:** Hochstauden wie Astilben, Blut-Weiderich, Funkien, Mädesüß-Arten; im Winter einziehende Farne
**MEIN TIPP:** Als Zwiebeln im Herbst oder als Topfpflanzen im Frühjahr pflanzen. Die Zwiebeln sind sehr empfindlich gegenüber längerer Lagerung bzw. Austrocknung!
**WEITERE ART:** Sommer-Knotenblume (*Leucojum aestivum*): bis 40 cm, Blütezeit Ende April – Mai, für sonnigere Standorte, › S. 70

## Prachtscharte
*Liatris spicata*

**Höhe:** 50–80 cm
**Blütezeit:** Juli – August
› Gartenzone S. 60, Feuchtzone S. 74

**WUCHS:** Knollen bildende Horststaude; schmale Blätter, aufrechte schlanke Blütenstände; nicht wuchernd, mäßige Versamung
**WERT:** Pflanze feuchter bis nasser Prärien Nordamerikas; attraktive violettrosa Blütenkerzen; die grasartigen Grundblätter färben sich im Herbst leuchtend weinrot; Insektenmagnet
**STANDORT:** trockene bis feuchte Gartenzone, Feuchtzone; Boden mäßig nährstoffreich
**VERWENDUNG:** in Gruppen oder eingestreut in wiesenartige Pflanzungen; Ergänzung zur Moorwiese als Sommerblüher
**GUTE PARTNER:** in der Gartenzone Prachtstauden; in der Feuchtwiese Draht-Segge (*Carex diandra*), Gelb-Segge; Knabenkräuter, Schwalbenwurz-Enzian (*Gentiana asclepiadea*), Sumpf-Gladiole
**SORTEN:** meist als Sorte im Handel: 'Floristan Weiß': bis 90 cm, weiß; 'Kobold': bis 50 cm, violett; 'Picador': bis 90 cm

## Gezähnter Goldkolben
*Ligularia dentata*

**Höhe:** 70–120 cm
**Blütezeit:** August – September
› Gartenzone S. 54

**WUCHS:** große Horststaude; dicht belaubt, aufrechte, verzweigte Blütenstände
**WERT:** asiatische Art; dekorative Blätter, leuchtend gelbe bzw. orangegelbe Blütensterne in flachen Rispen; Insektenmagnet
**STANDORT:** feuchte Gartenzone, lichter Schatten bis Sonne, Feuchtzone; Boden nährstoffreich
**VERWENDUNG:** einzeln zu ähnlich tropisch bis massig wirkenden Partnern
**GUTE PARTNER:** Frauenmantel, Funkien, Quirl-Haarstrang, Taglilien
**MEIN TIPP:** Die Pflanze wird leider oft stark von Nacktschnecken heimgesucht. Regelmäßig am frühen Morgen kontrollieren!
**WEITERE ARTEN:** Kerzen-Goldkolben (*Ligularia przewalskii*): bis 130 cm hohe goldgelbe Blütenkerzen, attraktiv spitz gelappte Blätter; Berg-Goldkolben (*Ligularia stenocephala* 'Weihenstephan'): bis 180 cm hohe Blütenkerzen, sehr breitwüchsig

---

immergrün   verbessert Wasserqualität   günstig für Tiere   giftig   ! geschützt

## Kardinals-Lobelie
*Lobelia cardinalis*

**Höhe:** Laub 15 cm, Blütenkerzen 60–80 cm
**Blütezeit:** Juli – August
› Sumpfzone S. 89

**WUCHS:** niedrige Blattrosetten bildende Staude; schlanke, aufrechte Blütenstände; nicht wuchernd, oft kurzlebig
**WERT:** nordamerikanische Art; leuchtend rote Blütenkerzen; Insektenmagnet
**STANDORT:** Sumpfzone, in flachem Wasser am besten winterhart, auch feuchte Gartenzone im lichten Schatten oder Feuchtzone; Boden nährstoffreich
**VERWENDUNG:** eingestreut oder in kleinen Gruppen an eher schattigen Stellen; passt gut zu tropisch wirkenden Partnern
**GUTE PARTNER:** Pfennigkraut, Sumpf-Dotterblume, Sumpfkalla
**MEIN TIPP:** Wählen Sie einen geschützten Pflanzplatz, und geben Sie der Lobelie einen leichten Winterschutz.
**WEITERE ART:** Rote Lobelie (*Lobelia splendens*): rote Blüte, braunrote Blätter, weniger winterhart, in Sorten oft als Sommerblume in Wechselpflanzungen

## Blaue Lobelie
*Lobelia sessilifolia*

**Höhe:** 50–70 cm
**Blütezeit:** August – September (Oktober)
› Feuchtzone S. 79

**WUCHS:** Ausläufer bildende Staude; senkrecht austreibende Stängel; langlebig; nicht wuchernd und kaum versamend
**WERT:** asiatische Art; kleine, lanzettliche, frischgrüne Blätter, blauviolette Blüten; Insektenmagnet
**STANDORT:** Feucht- bis Sumpfzone; Boden mäßig nährstoffreich
**VERWENDUNG:** eingestreut oder in kleinen Gruppen zwischen niedrigen Gräsern oder nicht zu wüchsigen Begleitstauden
**GUTE PARTNER:** halbhohe Seggen wie Draht-Segge (*Carex diandra*) und Gelb-Segge, Prachtscharte, Sibirische Schwertlilie
**MEIN TIPP:** Ausdauerndste und zuverlässigste Lobelie – sehr empfehlenswert!
**WEITERE ARTEN:** *Lobelia siphilitica*: blaue Blüte, 50–80 cm, horstig, kurzlebig, versamt sich auf vegetationsfreien, feuchten bis nassen Stellen; *Lobelia* x *gerardii*: violettblau oder purpur

## Kuckucks-Lichtnelke
*Lychnis flos-cuculi*

**Höhe:** 40–60 cm
**Blütezeit:** Mai – Juni
› Gartenzone S. 56, Feuchtzone S. 74

**WUCHS:** kurzlebige Rosettenstaude mit sparrig aufrechten Blütenständen; sehr versamungsfreudig, keimt aber nur auf gut besonnten Stellen ohne Konkurrenz
**WERT:** heimische Art; dekorative rosa Blüten; Insektenmagnet
**STANDORT:** Gartenzone bei frischen bis feuchten Böden, Feuchtzone; Boden mäßig nährstoffreich
**VERWENDUNG:** Füllpflanze in wiesenartigen Pflanzungen, auch an Bachläufen
**GUTE PARTNER:** in der Feuchtzone niedrige und halbhohe Seggen wie Draht-Segge (*Carex diandra*) und Gelb-Segge, Knabenkräuter, Sibirische Schwertlilie; in der Gartenzone Dreimasterblume, Kriechender Günsel, Trollblume
**WEITERE ART:** Pracht-Nelke (*Dianthus superbus*): 30–50 cm, rosa Blüten, Blütezeit Juni – Anfang Juli, für feuchte Garten- bis Feuchtzone, eher nährstoffarm, › S. 58, 75

 Sonne   Halbschatten   Schatten   Blütenschmuck   Blattschmuck   Fruchtschmuck

### Gelbe Scheinkalla
*Lysichiton americanus*

**Höhe:** Blüte 40 cm, Blätter 80 cm und mehr
**Blütezeit:** April – Mai
› Feuchtzone S. 72, Sumpfzone S. 87

**WUCHS:** Horststaude mit großen Blattrosetten; nicht wuchernd, aber sehr platzbedürftig
**WERT:** asiatische Art mit gelben Hochblättern, die den Blütenkolben umhüllen; die riesigen Laubblätter erscheinen erst nach der Blüte; Intensivwurzler, der an Bachläufen das Wasser gut filtert
**STANDORT:** Feucht- bis Sumpfzone; Boden nährstoffreich
**VERWENDUNG:** einzeln, bei viel Platz auch in kleinen Gruppen am Teichrand oder Bachlauf, tropische Wirkung
**GUTE PARTNER:** Farne wie Kammfarn oder Königsfarn, Schattengräser wie *Carex elongata*, Sumpf-Kalla
**MEIN TIPP:** Sie benötigen für die Scheinkalla ein großes Substratvolumen, damit sich das Wurzelsystem gut entfalten kann.
**WEITERE ART:** Kamtschatka-Scheinkalla (*Lysichiton camtschatcensis*): weiße Hochblätter, sonst ähnlich wie Gelbe Scheinkalla

### Pfennigkraut
*Lysimachia nummularia*

**Höhe:** 5 cm
**Blütezeit:** Mai – Juni
› Gartenzone S. 55, Feuchtzone S. 72

**WUCHS:** flach über den Boden kriechende Staude; starke Ausbreitung, aber kaum lästig
**WERT:** heimische, immergrüne Pflanze; guter Bodendecker; Versteck für Tiere
**STANDORT:** frische Gartenzone, Feucht- bis Sumpfzone; Boden mäßig nährstoffreich
**VERWENDUNG:** Bodendeckpflanze; auch als Überhangpflanze in Trögen; zu vielen Gestaltungsthemen passend
**GUTE PARTNER:** verzahnt mit Kriechendem Günsel und Sumpf-Vergissmeinnicht; viele Gruppen- und Hochstauden wie Blut-Weiderich, Echtes Mädesüß, Rosa Schildblume
**MEIN TIPP:** Pfennigkraut ist ideal zum Kaschieren unschöner Teichränder, die es mit seinen Kriechtrieben gut überwächst.
**SORTE UND WEITERE ART:** 'Aurea': hellgrün-gelbliche Blätter, nur im Schatten wirkungsvoll; Wald-Felberich (*Lysimachia nemorum*): etwas kleinere, zugespitzte Blätter, schattenliebend

### Strauß-Felberich
*Lysimachia thyrsiflora*

**Höhe:** 30–50 cm
**Blütezeit:** Mai – Juni
› Sumpfzone S. 87

**WUCHS:** mit Rhizomen durch den Teichgrund wuchernde Staude mit aufrechten Stängeln; breitet sich stark aus
**WERT:** heimische Art; gelbe Blüten; mattgrüne Blätter; günstig zur Belüftung des Teichgrundes; Ausstiegshilfe für Insekten
**STANDORT:** Sumpf- bis Flachwasserzone; Boden mäßig nährstoffreich, bevorzugt weiches Wasser
**VERWENDUNG:** für niedrige, röhrichtartige Gruppen, eignet sich wegen der starken Ausbreitung nicht für ganz kleine Anlagen
**GUTE PARTNER:** im Flachwasser Nadelkraut, Pfeil-Aronstab und Wasserstern
**MEIN TIPP:** Der Strauß-Felberich wuchert zwar, Sie können ihn aber durch regelmäßiges Ausreißen der Sprosse »bändigen«.
**WEITERE ART:** Gemeiner Felberich (*Lysimachia vulgaris*): im Sommer kräftig gelb blühende Hochstaude, leider durch Ausläufer sehr stark wuchernd, schattenertragend

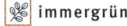 immergrün  verbessert Wasserqualität 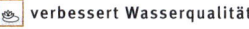 günstig für Tiere  giftig  geschützt

### Blut-Weiderich
*Lythrum salicaria*

**Höhe:** 70–120 cm
**Blütezeit:** Juli – August
› Feuchtzone S. 73, Sumpfzone S. 88

**WUCHS:** streng horstige Staude mit aufrechten Sprossachsen; kann durch Versamung lästig werden
**WERT:** wichtiger heimischer Sommerblüher; rosa Blütenkerzen; wertvoll für viele Insekten
**STANDORT:** frische Gartenzone, Feucht- bis Sumpfzone; Boden mäßig nährstoffreich
**VERWENDUNG:** Solitärpflanze in wiesenhaften Anlagen; in der Gartenzone auch als Gruppen zusammen mit Prachtstauden
**GUTE PARTNER:** halbhohe Seggen (*Carex diandra*, *Carex elata*), Nadel-Minze, Sumpf-Dotterblume, Sumpf-Vergissmeinnicht
**MEIN TIPP:** Die Versamung lässt sich verhindern, wenn Sie die Blütentriebe vor dem Verblühen zurückschneiden.
**WEITERE SORTEN UND ART:** 'Blush': sehr große, hellrosa Blüten, 80 cm; 'Robert': nur 60 cm, empfindlich gegen Staunässe; Rosen-Weiderich (*Lythrum virgatum* 'Rose Queen'): lockerer, graziler Wuchs, 80–90 cm

### Wasser-Minze
*Mentha aquatica*

**Höhe:** 40–70 cm
**Blütezeit:** Juni – Juli
› Sumpfzone S. 90

**WUCHS:** Ausläufer treibende Staude mit aufrechten, aber wenig standfesten Trieben; wuchernd, aber meist nicht lästig werdend
**WERT:** heimische Art; rosaviolette Blütenbüschel; aromatischer Minze-Duft; ihre ätherischen Öle wirken bakterizid und fördern die Wasserreinigung, Versteck für Tiere
**STANDORT:** Feucht- bis Sumpfzone, wächst auch in die Flachwasserzone hinein; Boden nährstoffreich
**VERWENDUNG:** einzeln oder in Gruppen zwischen Röhricht, in dem sich die Stängel stützen können
**GUTE PARTNER:** Langes Zyperngras, Shuttleworth's Rohrkolben, Sumpf-Dotterblume
**MEIN TIPP:** Zur Nutzung als Teepflanze sollten Sie die Kultur-Pfefferminze pflanzen.
**WEITERE ART:** Pfefferminze (*Mentha × piperita*): Kreuzung aus Wasserminze und Krauser Minze; im Handel sind viele Sorten mit unterschiedlichen Aromen

### Nadel-Minze
*Mentha cervina*

**Höhe:** 20–40 cm
**Blütezeit:** Juni – September
› Sumpfzone S. 90

**WUCHS:** durch kurze Ausläufer lockere Polster bildende Staude; wuchert kaum
**WERT:** westeuropäische Art mit rosavioletten Blütenbüscheln; aromatischer Pfefferminz-Duft; ihre ätherischen Öle beeinflussen die Wasserqualität positiv, Versteck für Tiere
**STANDORT:** Sumpf- bis Flachwasserzone; Boden mäßig nährstoffreich
**VERWENDUNG:** einzeln oder in Gruppen zwischen Röhricht, höheren Gräsern und Stauden
**GUTE PARTNER:** Blut-Weiderich, Shuttleworth's Rohrkolben, Sumpf-Schwertlilien, Steif-Segge
**MEIN TIPP:** In strengen Wintern sollte Sie die Pflanze mit Vlies oder Reisig abdecken.
**WEITERE ARTEN:** Polei-Minze (*Mentha pulegium*): kleinwüchsig, für Feucht- und Gartenzone; Korsische Minze (*Mentha requienii*): ganz flach wachsend, nur in sehr milden Lagen winterhart

## Fieberklee
*Menyanthes trifoliata*

**Höhe:** 20–30 cm
**Blütezeit:** April – Mai
› Sumpfzone S. 86

**WUCHS:** entwickelt lange, schwimmfähige Ausläufer, am Ende mit aufrechten, kleeblattartigen Blättern
**WERT:** heimische Art mit weißen Blütenständen; enthält giftige Bitterstoffe; wurde früher als fiebersenkende Arznei verwendet (Name!)
**STANDORT:** Sumpf- bis Flachwasserzone; Boden nährstoffarm bis mäßig nährstoffreich; weiches Wasser wird bevorzugt
**VERWENDUNG:** in Gruppen am Rand der freien Wasserfläche oder eingestreut in die Feuchtzone
**GUTE PARTNER:** in der Feuchtzone Kleingräser wie Draht-Segge (*Carex davalliana*) und Alpen-Haarsimse (*Trichophorum alpinum*); im Flachwasser Nadelkraut, Pfeil-Aronstab, Wasserfeder, Wasserschlauch
**MEIN TIPP:** Wenn Sie gelegentlich die langen Schwimmtriebe einkürzen, führt dies zu einem kompakteren, mehrtriebigen Wuchs.

## Gelbe Gauklerblume
*Mimulus luteus*

**Höhe:** 40–60 cm
**Blütezeit:** Juni – September
› Feuchtzone S. 71

**WUCHS:** durch kurze Ausläufer gruppenbildende Staude; wuchert vor allem durch die reichliche Versamung
**WERT:** südamerikanische Art mit großen, leuchtend gelben Blütenglöckchen, die viele Insekten anlocken
**STANDORT:** frische bis feuchte Gartenzone, Feucht- bis Sumpfzone; mäßig nährstoffreich
**VERWENDUNG:** einzeln oder in Gruppen zu konkurrenzstarken Partnern; auch an größeren Bachläufen
**GUTE PARTNER:** Blaue Binse, Mädesüß, Sumpf-Vergissmeinnicht, Zwerg-Binse
**MEIN TIPP:** Unterschätzen Sie die starke Versamung nicht! Daher nur in naturnahen, verwilderten Gärten zu empfehlen!
**WEITERE ARTEN:** *Mimulus cardinalis*: lockere Polster, rote Blüten, nicht wuchernd, aber nur in milden Lagen winterhart; *Mimulus guttatus*: etwas niedriger als *Mimulus luteus*

## Blaue Gauklerblume
*Mimulus ringens*

**Höhe:** 50–90 cm
**Blütezeit:** Juli – August
› Sumpfzone S. 90, Flachwasserzone S. 102

**WUCHS:** Staude mit kurzen Ausläufern und hohen, straff aufrechten Trieben; kaum wuchernd oder versamend
**WERT:** nordamerikanische Art; kleine violettblaue Blütenglöckchen; viele Blütenbesucher, gute Ausstiegshilfe für kleine Tiere im Flachwasser und für Libellenlarven zum Schlüpfen
**STANDORT:** Sumpf- und Flachwasserzone; Boden nährstoffreich
**VERWENDUNG:** einzeln zwischen halb hohen Gräsern und Stauden oder in kleinen Gruppen; auch zwischen lockerem Röhricht
**GUTE PARTNER:** Blut-Weiderich, Shuttleworth's Rohrkolben, Sumpf-Dotterblume, Steif-Segge, Tannenwedel
**MEIN TIPP:** Zu groß werdende Gruppen können Sie durch Ausreißen einzelner Triebe leicht ausdünnen. Schneiden Sie die Staude im Herbst bodennah zurück.

 immergrün    verbessert Wasserqualität    günstig für Tiere    giftig    geschützt

## Chinaschilf
*Miscanthus sinensis*

**Höhe:** je nach Sorte 120–250 cm
**Blüte-/Fruchtzeit:** August – Dezember
› Gartenzone S. 61

**WUCHS:** hoch- und breitwüchsiges Horstgras; platzbedürftig, aber nicht wuchernd, an feuchten Stellen versamend
**WERT:** asiatisches Gras; übergeneigte Blätter mit weißem Mittelstreifen, große, fedrige Blüten- bzw. Fruchtrispen, silbrig-weiß bis rötlich; gutes Winterversteck für Tiere
**STANDORT:** Gartenzone; frisch bis feucht
**VERWENDUNG:** einzeln im Hintergrund oder neben Teichen; gut in formalen Gärten
**GUTE PARTNER:** Bergenien, Stauden-Sonnenblumen, Sumpf-Wolfsmilch, Taglilien, frühblühende Zwiebelpflanzen
**MEIN TIPP:** Fantastische Winterwirkung, deshalb erst im Frühjahr – nur wenn in der Feuchtzone viele Sämlinge erscheinen, schon im Dezember – zurückschneiden.
**SORTEN:** 'Aksel Olsen': bis 3 m, kaum blühend; 'Kleine Fontäne': bis 170 cm, silbrig; 'Kleine Silberspinne': bis 130 cm, silbrig; 'Malepartus': über 2 m, rötlich

## Pfeifengras
*Molinia caerulea*

**Höhe:** Laub 30 cm, Blütenhalme bis 100 cm
**Blüte-/Fruchtzeit:** August – Oktober
› Gartenzone S. 61

    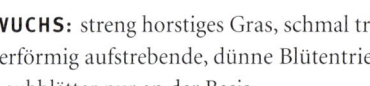

**WUCHS:** streng horstiges Gras, schmal trichterförmig aufstrebende, dünne Blütentriebe, Laubblätter nur an der Basis
**WERT:** heimische Pflanze; formschöner Wuchs, braungelbe Herbstfärbung
**STANDORT:** frische bis feuchte Gartenzone, Feuchtzone; Boden nährstoffarm
**VERWENDUNG:** eingestreut zwischen niedrige Stauden; sehr gut für Heidegärten, einzeln in Trögen; zwischen niedrigen Moorpflanzen zu sehr versamend!
**GUTE PARTNER:** *Carex oshimensis* 'Evergold', Zwerg-Frauenmantel (*Alchemilla erythropoda*), Heidekraut- und Lauch-Arten
**MEIN TIPP:** Im Winter fallen Blätter und Halme um und sind dann leicht abzulesen.
**SORTE UND WEITERE ART:** 'Moorhexe': schlank, etwas niedriger, versamt weniger; Rohr-Pfeifengras (*Molinia arundinacea*): bis 2 m, Solitärstaude für die feuchte, sonnige bis schattige Gartenzone

## Vergissmeinnicht
*Myosotis palustris*

**Höhe:** 15–30 cm
**Blütezeit:** Mai – Juni/Nachblüte im Sommer
› Feuchtzone S. 79, Sumpfzone S. 91

**WUCHS:** lockere Polster bildende Staude; reichliche, aber kaum lästige Versamung
**WERT:** heimische Pflanze; zahlreiche, hellblaue Blütchen; lockt Insekten an
**STANDORT:** feuchte Gartenzone, Feucht- bis Sumpfzone; nährstoffreich
**VERWENDUNG:** eingestreut oder in kleinen Gruppen zwischen Röhricht und Hochstauden; sehr gut an Bachläufen
**GUTE PARTNER:** Bach-Nelkenwurz, Blutweiderich, Pfennigkraut, Shuttleworth's Rohrkolben, Sumpf-Dotterblume
**MEIN TIPP:** Das Sumpf-Vergissmeinnicht ist eine wichtige Pflanze für die ersten Jahre am neuen Teich. Es wird später allerdings meist durch andere Pflanzen verdrängt.
**WEITERE SORTE UND ART:** 'Ice Pearl': weiße Blüten; Bodensee-Vergissmeinnicht (*Myosotis rehsteineri*): nur 5 cm hohe Polster, für kiesige, durchströmte Ufer an sonnigen Bachläufen, leider meist nur kurzlebig

## Papageienfeder
*Myriophyllum aquaticum*

**Höhe:** 5–20 cm über dem Wasserspiegel
**Blütezeit:** Juni – September
› Flachwasserzone S. 105, Seerosenzone S. 117

**WUCHS:** am Grund verwurzelte Staude mit ausgebreiteten, schwimmenden Trieben
**WERT:** südamerikanische Blattzierpflanze; Wasserbeschattung; Versteck für Wassertiere
**STANDORT:** Flachwasser- bis Seerosenzone, ab 20 cm Wasserstand; mäßig nährstoffreich bis nährstoffreich
**VERWENDUNG:** schwimmende Gruppen; besonders in architektonischen Teichen bzw. zu Themen mit tropischem Flair; über Sommer auch bodendeckend als Landform (z. B. in Sumpftrögen)
**GUTE PARTNER:** Seerosen, lockere Röhrichtbildner für tieferes Wasser wie Lanzenblättriges Hechtkraut (*Pontederia lanceolata*), Shuttleworth's Rohrkolben, Strauß-Felberich
**MEIN TIPP:** Nur an geschützten Standorten sicher winterhart. Bei zu starkem Wachstum leicht zu reduzieren.
**WEITERE ART:** *Myriophyllum hippuroides*: feiner gefiedert, gedrungener im Wuchs

## Quirl-Tausendblatt
*Myriophyllum verticillatum*

**Höhe:** Blüten 5 cm über dem Wasserspiegel
**Blütezeit:** Juni – September
› Seerosenzone S. 115

   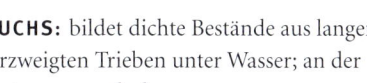 

**WUCHS:** bildet dichte Bestände aus langen, verzweigten Trieben unter Wasser; an der Basis verwurzelnd
**WERT:** heimische Unterwasserpflanze; sehr fein zerteilte Blätter, zu je fünf im Quirl stehend; Sauerstoffspender; Lebensraum für Wassertiere
**STANDORT:** Seerosenzone, mindestens 40 cm Wassertiefe; mittelhartes, nährstoffreiches Wasser
**VERWENDUNG:** in Gruppen bei größeren Wasserflächen
**GUTE PARTNER:** große Seerosen; Gestreifte Teichsimse, Hornblatt, Krebsschere
**MEIN TIPP:** Beim Pflanzen mit der Triebbasis am Teichgrund im Substrat verankern!
**WEITERE ARTEN:** Ähriges Tausendblatt (*M. spicatum*): vier Blätter pro Quirl, erscheint in hartem Wasser von selbst; Wechselblütiges Tausendblatt (*M. alterniflorum*): für nährstoffarmes, weiches Wasser

## Gelbe Teichrose
*Nuphar lutea*

**Höhe:** Blüten 15 cm über dem Wasserspiegel
**Blütezeit:** Juni – August
› Seerosenzone S. 112

**WUCHS:** große Schwimmblätter entspringen armdicken Ausläufern, die im Teichgrund wuchern; sehr verdrängende, stark versamende und wuchernde Staude
**WERT:** heimische Schwimmblattpflanze; gekräuselte Unterwasserblätter, derbe, glänzende Schwimmblätter; wasserbeschattend; Lebensraum für viele Tiere
**STANDORT:** Seerosenzone, mindestens 100 cm Wassertiefe; mäßig nährstoffreich
**VERWENDUNG:** für »normale«Teiche viel zu groß und verdrängend; eine Pflanze braucht mindestens 10–15 m² Wasserfläche
**GUTE PARTNER:** Hornblatt, Teichsimse
**WEITERE ARTEN:** Amerikanische Teichrose (*Nuphar advena*): interessante Solitärpflanze, für kleine Teiche zu starkwüchsig; Japanische Teichrose (*Nuphar japonica*): Blätter stehen oft über dem Wasser › S. 112; Kleine Teichrose (*Nuphar pumila*): kleinwüchsig, für nährstoffärmeres, weiches Wasser

 immergrün   verbessert Wasserqualität   günstig für Tiere   giftig   geschützt

### Seerose 'Froebeli'
*Nymphaea* 'Froebeli'

**Höhe:** Schwimmblattpflanze
**Blütezeit:** Juni – Oktober
› Flachwasserzone S. 101

**WUCHS:** Staude mit am Teichgrund kriechenden Rhizomen, die Schwimmblätter aussenden
**WERT:** sehr reich blühend; Blüten karminrot; wasserbeschattend; Lebensraum für viele Wassertiere
**STANDORT:** Flachwasserzone, für 30–50 cm Wassertiefe; mäßig nährstoffreiches Wasser
**VERWENDUNG:** Schwimmblattpflanze für kleinere Anlagen, Platzbedarf für das Laub mindestens 1 m²
**GUTE PARTNER:** schwächer wachsende Unterwasserpflanzen (Nadelkraut, Wasserschlauch); bei genügend Abstand Lanzenblättriges Hechtkraut (*Pontederia lanceolata*) und Igelschlauch
**WEITERE SORTEN FÜR GLEICHEN WASSERSTAND:** 'Maurice Laydeker': im Aufblühen rosa, dann rot; 'Perry's Baby Red': dunkelrote, kugelförmige Blüte, › S. 101

### Seerose 'Gladstoniana'
*Nymphaea* 'Gladstoniana'

**Höhe:** Schwimmblattpflanze
**Blütezeit:** Juni – September
› Seerosenzone S. 110

**WUCHS:** durch starkwüchsige Rhizome große Schwimmblattbestände bildende Staude
**WERT:** sehr blühfreudig; reinweiße Blüten; Schattenspender; Unterschlupf für Wassertiere, auf den Blättern sonnen sich Frösche
**STANDORT:** Seerosenzone, für 80–140 cm Wassertiefe; mäßig nährstoffreiches Wasser
**VERWENDUNG:** Schwimmblattpflanze, nur für sehr große Teiche zu empfehlen; Platzbedarf für das Laub mindestens 5 m²
**GUTE PARTNER:** wüchsige Unterwasserpflanzen wie Hornblatt, Krebsschere, Laichkräuter wie *Potamogeton lucens*
**MEIN TIPP:** Bei zu flachem Wasserstand erheben sich die Blätter über die Wasserfläche und verdecken die Blüten.
**ARTEN:** Weiße Seerose (*Nymphaea alba*): heimische weiße Seerose, sehr platzbedürftig, für die Verwendung im Garten zu blühfaul; Kleine Seerose (*Nymphaea candida*): seltene, etwas kleinere heimische Art

### Seerose 'James Brydon'
*Nymphaea* 'James Brydon'

**Höhe:** Schwimmblattpflanze
**Blütezeit:** Juni – September
› Seerosenzone S. 114

**WUCHS:** Staude mit am Teichgrund kriechenden Rhizomen, die Schwimmblätter aussenden; mittelstark wachsend
**WERT:** viele weinrote Blüten; Schattenspender; Lebensraum für Tiere
**STANDORT:** Seerosenzone, für 40–80 cm Wassertiefe, mäßig nährstoffreiches Wasser
**VERWENDUNG:** für mittlere bis große Teiche geeignet; Platzbedarf für das Laub mindestens 2–3 m²
**GUTE PARTNER:** Unterwasserpflanzen wie Lanzenblättriges Hechtkraut (*Pontederia lanceolata*), Nadelkraut oder Tannenwedel
**WEITERE SORTEN FÜR GLEICHEN WASSERSTAND:** 'Burgundy Princess': dunkelrot, ausgebreitete Blüte, reich blühend; 'Nigel': hellrosa, gefüllt, duftend; *Nymphaea odorata* 'Rose Arey': rosa, sternförmige Blüte, duftend, gute Schnittblume; *Nymphaea odorata* 'Rosennymphe': rosa, sternförmige Blüte, › S. 113;

## Seerose 'Joey Tomocik'
*Nymphaea* 'Joey Tomocik'

**Höhe:** Schwimmblattpflanze
**Blütezeit:** Juni – Oktober
› Seerosenzone S. 113

**WUCHS:** Staude mit am Teichgrund kriechenden Rhizomen, die Schwimmblätter aussenden
**WERT:** reich blühend; kräftig gelbe Blüten, die etwas über dem Wasser stehen; Schattenspender; Lebensraum für Tiere
**STANDORT:** Seerosenzone, 40–70 cm Wassertiefe; mäßig nährstoffreiches Wasser
**VERWENDUNG:** für mittelgroße bis große Anlagen; Platzbedarf für die Blätter mindestens 2–3 m²
**GUTE PARTNER:** Wasserähre, Wasserschlauch, Zwerg-Pfeilkraut; bei genügend Abstand Lanzenblättriges Hechtkraut (*Pontederia lanceolata*)
**WEITERE SORTEN FÜR GLEICHEN WASSERSTAND:** 'Gonnère': weiß, dicht gefüllt; 'Marliacea Chromatella': gelb, schalenförmige Blüte, wärmebedürftig; 'Sioux': kupferrosa, sternförmige Blüte, rötlich marmorierte Blätter

## Seerose 'Sunny Pink'
*Nymphaea* 'Sunny Pink'

**Höhe:** Schwimmblattpflanze
**Blütezeit:** Juni – September
› Seerosenzone S. 113

**WUCHS:** durch starkwüchsige Rhizome große Schwimmblattbestände bildende Staude
**WERT:** sehr blühfreudig, Blüte rosa bis kupferfarben, sehr groß, sternförmig, über dem Laub stehend; Schattenspender; Lebensraum für Tiere
**STANDORT:** Seerosenzone, 70–100 cm Wassertiefe; mäßig nährstoffreiches Wasser
**VERWENDUNG:** Schwimmblattpflanze für große Teiche
**GUTE PARTNER:** wüchsige Unterwasserpflanzen wie Hornblatt, Krebsschere und Laichkräuter
**WEITERE SORTEN FÜR GLEICHEN WASSERSTAND:** 'Darwin': rosa, dicht gefüllt, tassenförmige Blüte; 'Escarbouclé': rot, sternförmige Blüte, lange geöffnet, blühfreudig, nicht wuchernd, › S. 114; 'Fritz Junge': rosa, riesengroß, sternförmig; 'Gold Medal': hellgelb, auch etwas schattentolerant, sehr reich blühend

## Seerose 'Walter Pagels'
*Nymphaea* 'Walter Pagels'

**Höhe:** Schwimmblattpflanze
**Blütezeit:** Juni – Oktober
› Flachwasserzone S. 98

**WUCHS:** Staude mit am Teichgrund kriechenden Rhizomen, die Schwimmblätter aussenden
**WERT:** reich blühend, cremeweiße Blüten, glänzende Blätter; Schattenspender; Lebensraum für Tiere
**STANDORT:** Flachwasserzone, 20–50 cm Wassertiefe; mäßig nährstoffreiches Wasser
**VERWENDUNG:** Schwimmblattpflanze für kleinere Anlagen, Miniaturteiche und größere Bottiche; mindestens 1 m² Platzbedarf für die Blätter
**GUTE PARTNER:** Igelschlauch; bei weichem Wasser Pillenfarn (*Pilularia globulifera*) oder Wasserfeder; bei genügend Abstand Sumpf-Schwertlilie und Pfeilaronstab
**WEITERE SORTEN FÜR GLEICHEN WASSERSTAND:** 'Berthold': zartrosa, kelchförmige Blüte, › S. 101; 'Sulphurea': hellgelb, sternförmige Blüte, wärmeliebend, › S. 100

### Zwerg-Seerose
*Nymphaea tetragona*

**Höhe:** Schwimmblattpflanze
**Blütezeit:** Juni – September
› Flachwasserzone S. 98

**WUCHS:** horstige Staude mit Schwimmblättern; versamt sich
**WERT:** kleinste Seerose; kleine weiße Blüten, etwas längliche Blätter
**STANDORT:** Flachwasserzone, für 10–30 cm Wassertiefe; mäßig nährstoffreiches, eher kühles Wasser
**VERWENDUNG:** für kleinste Anlagen, Mini-Teiche, Bottiche und Tröge; sehr gut auch benachbart zu Moorpflanzungen
**GUTE PARTNER:** Igelschlauch, Kleiner Rohrkolben, Wasserschlauch
**MEIN TIPP:** Bei Verwendung in Kübeln und Trögen besser im Halbschatten aufstellen und frostfrei überwintern.
**WEITERE SORTEN MIT GLEICHEM WASSERSTAND:** 'Helvola': zartgelbe, gefüllte Blüte, marmoriertes Laub; 'Pygmaea Rubra': rote, sternförmige Blüte; beide Sorten vor Mittagshitze schützen und frostfrei überwintern!

### Seekanne
*Nymphoides peltata*

**Höhe:** Schwimmblattpflanze
**Blütezeit:** Juni – Juli
› Seerosenzone S. 112

**WUCHS:** Staude mit in Rosetten angeordneten Schwimmblättern an im Grunde verwurzelten, schwimmenden Ausläufern; bildet im Herbst Überwinterungsknospen, die zum Teichboden absinken und im Frühjahr neu austreiben
**WERT:** heimische, geschützte Pflanze; kleine seerosenartige Blätter, goldgelbe Blüten; guter Lebensraum für Tiere
**STANDORT:** Seerosenzone, für 40–100 cm Wassertiefe; nährstoffreiches Wasser
**VERWENDUNG:** nur für sehr große Teiche
**GUTE PARTNER:** Hornblatt, Lanzenblättriges Hechtkraut (*Pontederia lanceolata*), Quirl-Tausendblatt, Teichsimse (*Schoenoplectus lacustris*)
**MEIN TIPP:** Auch eine Pflanzung in Körbe hindert die Seekanne nicht daran, die gesamte Wasserfläche zu überziehen. Daher nur in sehr großen Teichen einsetzen.

### Wasser-Goldkeule
*Orontium aquaticum*

**Höhe:** 10–20 cm
**Blütezeit:** Mai – Juni
› Sumpfzone S. 88, Flachwasserzone S. 100

**WUCHS:** Blattrosetten bildende Staude; in Flachwasser- und Sumpfzone schräg aufrecht bis übergeneigtes Laub, in tiefem Wasser Schwimmblätter; wächst sehr langsam
**WERT:** amerikanische Art; gestielte, längliche, blaugrüne Blätter, goldgelbe, schlanke Blütenkeulen, schwarze, giftige Beeren; verbessert die Wasserqualität
**STANDORT:** Sumpf- und Flachwasserzone, bis 40 cm Wassertiefe; sehr nährstoffreiches Substrat bzw. Wasser
**VERWENDUNG:** in Gruppen; auch an kleineren Teichen verwendbar
**GUTE PARTNER:** Herzblättriges Hechtkraut, Nadelkraut, Pfeil-Aronstab, Sumpf-Vergissmeinnicht
**MEIN TIPP:** Die Pflanze braucht tiefgründig durchwurzelbares Substrat. Achten Sie bei Pflanzung in Kübel auf großes Volumen und lehmiges, aber nicht zu dichtes Substrat!

## Königsfarn
*Osmunda regalis*

**Höhe:** 100–130 cm
**Blütezeit:** keine Blütenpflanze
› Feuchtzone S. 80

**WUCHS:** breithorstiger, stattlicher Farn mit aufrechten Blättern
**WERT:** seltene heimische Art; Austrieb in malerischen Spiralen; dekorative, grob gefiederte Blattwedel; an älteren Pflanzen bilden sich braune, sporentragende Blätter (Sporophylle); bietet Unterschlupf für Tiere
**STANDORT:** schattig in der feuchten Gartenzone, sonnenverträglich in der Feucht- bis Sumpfzone; leicht saures bis neutrales Substrat, tiefgründig, nährstoffreich
**VERWENDUNG:** als Solitärstaude, gut zu tropisch anmutenden Gestaltungsweisen, für größere Anlagen
**GUTE PARTNER:** Kardinals-Lobelie, Pfennigkraut, Scheinkalla, Sumpf-Kalla
**WEITERE ART:** Zimt-Königsfarn (*Osmunda cinnamomea*): amerikanischer Farn für ähnliche Standorte, 80–120 cm, feiner gefiederte, schlankere Blattwedel

## Ruten-Hirse
*Panicum virgatum* 'Hänse Herms'

**Höhe:** 60–80 cm
**Blüte-/Fruchtzeit:** August – November
› Gartenzone S. 63

**WUCHS:** Horstgras mit streng aufrechten Halmen; wuchert nicht
**WERT:** nordamerikanische Präriepflanze mit lockeren Blütenrispen und leuchtend roter Herbstfärbung
**STANDORT:** Gartenzone, Boden trocken bis frisch, mäßig nährstoffreich
**VERWENDUNG:** als Solitär oder in kleinen Grüppchen; gute Hintergrundpflanze; auch in architektonischen Anlagen passend
**GUTE PARTNER:** Bergenien, Dreimasterblume (*Tradescantia ohiensis*), Gebüsch-Aster, Prachtscharte, Pracht-Storchschnabel, niedrige Taglilien-Sorten; frühblühende Zwiebel- und Knollenpflanzen
**MEIN TIPP:** Guter Winter-Zierwert, deshalb erst im Frühjahr zurückschneiden.
**WEITERE SORTEN:** 'Heavy Metal': 100 cm, Blätter intensiv blaugrün; 'Heiliger Hain': 100 cm, sehr straff aufrecht, bläulichgrünes Laub; 'Warrior': 150 cm, grünlaubig

## Pfeil-Aronstab
*Peltandra virginica*

**Höhe:** 20–40 cm
**Blütezeit:** April – Juni
› Sumpfzone S. 93, Flachwasserzone S. 105

**WUCHS:** horstige Staude mit aufrechten bis übergeneigten grundständigen Blättern; wuchert nicht; wächst sehr langsam
**WERT:** amerikanische Art; dekorative Blätter
**STANDORT:** Sumpf- bis Flachwasserzone, bis 40 cm Wassertiefe; mäßig nährstoffreiches Substrat bzw. Wasser
**VERWENDUNG:** einzeln oder in kleinen Gruppen; sehr gut in kleineren Teichen
**GUTE PARTNER:** Herzförmiges Hechtkraut, Nadel-Minze, Sumpf-Vergissmeinnicht, Wasser-Goldkeule
**MEIN TIPP:** Ortsfeste Ersatzpflanze für das im Teich »umherwandernde« Pfeilkraut. Benötigt tiefgründig durchwurzelbares Substrat.
**WEITERE ART:** Stinkkohl (*Symplocarpus foetidus*): seltene amerikanische Sumpfstaude, Rosetten aus herzförmigen Blättern; im Winter an alten Pflanzen von einem tiefroten Hochblatt umhüllte Blütenkolben

 immergrün    verbessert Wasserqualität    günstig für Tiere    giftig    geschützt

### Wasser-Knöterich
*Persicaria amphibia*

**Höhe:** Schwimmblattpflanze
**Blütezeit:** Juni – August
› Seerosenzone S. 113

**WUCHS:** Staude mit an der Basis verwurzelten Schwimmtrieben; stark wuchernd
**WERT:** heimische Art; längliche Schwimmblätter, zartrosa, bis 15 cm über dem Wasser stehende Blütenkerzen; verbessert Wasserqualität; Lebensraum für viele Wassertiere
**STANDORT:** Flachwasser- bis Seerosenzone, bis 100 cm Wassertiefe; mäßig nährstoffreiches Wasser
**VERWENDUNG:** Schwimmblattpflanze für sehr große, naturnahe Teiche: empfohlen für separate Regenerationsbecken von Schwimmteichen
**GUTE PARTNER:** wüchsige Unterwasserpflanzen wie Gestreifte Teichsimse, Hornblatt, Krauses Laichblatt, Quirl-Tausendblatt; im Flachwasser Langes Zyperngras und Schneidried
**MEIN TIPP:** Nur in sehr große Teiche einbringen. Regelmäßig Triebe »abernten«, um dem Wasser Nährstoffe zu entziehen.

### Quirl-Haarstrang
*Peucedanum verticillare*

**Höhe:** Laub bis 1 m, Blütenstände über 2 m
**Blütezeit:** Juni – August
› Gartenzone S. 52

**WUCHS:** Horststaude; straff aufrechte, schlanke Blütenstände; kurzlebig, aber an offenen Stellen versamend
**WERT:** südosteuropäischer Doldenblütler; gelb-grüne Blütenschirme, große Basalblätter; Unterschlupf für Tiere
**STANDORT:** Gartenzone; Boden frisch oder mäßig trocken, nährstoffreich
**VERWENDUNG:** als Solitärstaude oder in lockere Tuffs; für architektonische Anlagen
**GUTE PARTNER:** halbhohe Gräser wie Plattährengras und Ruten-Hirse; Gebüsch-Aster, Taglilien
**MEIN TIPP:** Ungefährliche Ersatzpflanze für den berührungsgiftigen Riesen-Bärenklau (*Heracleum mantegazzianum*). Kann auf frischen bis feuchten Böden durch Versamung lästig werden.
**WEITERE ART:** Große Engelwurz (*Angelica gigas*): 2 m hoch, rundliche Dolden mit rötlichen Blüten, feuchte Gartenzone

### Hirschzungenfarn
*Phyllitis scolopendrium*

**Höhe:** 30–40 cm
**Blütezeit:** keine Blütenpflanze
› Gartenzone S. 63

**WUCHS:** horstförmiger Farn, trichterartig angeordnete Blätter; geringe Ausbreitung durch Sporen
**WERT:** heimische Pflanze; ledrige, schmale, immergrüne Blätter, am Rand gewellt
**STANDORT:** Gartenzone; frischer Boden, kalkliebend; die Sporen keimen gern in Steinfugen
**VERWENDUNG:** in kleinen Gruppen bzw. locker eingestreut zwischen niedrige Stauden; sehr wirkungsvoll in schattigen Steingärten, an Bachläufen und Wasserfällen
**GUTE PARTNER:** niedrige Frauenmantel-Arten, Pfennigkraut, schattenliebende Primeln (*Primula elatior*, *Primula japonica*)
**MEIN TIPP:** Durch Winterfröste geschädigte Blätter können Sie im Frühjahr entfernen.
**WEITERE ART:** Tüpfelfarn (*Polypodium vulgare*): 20 cm, buchtig gefiederte Blätter, langsam kriechende Ausläufer, auch für trockenere Steinanlagen in Wassernähe

## Gelbhalmiger Bambus
*Phyllostachys vivax* 'Auroecaulis'

**Höhe:** 4–7 m
**Blütezeit:** blüht bei uns nicht
› Gartenzone S. 61

**WUCHS:** Ausläufer treibender Bambus; aufrechte bis leicht übergeneigte Halme; bildet lockere Haine
**WERT:** asiatischer Bambus; gelbe, sehr dicke Halme, auch im Winter frischgrüne Blätter
**STANDORT:** Gartenzone, trocken bis frisch; mäßig nährstoffreich
**VERWENDUNG:** Hintergrundkulisse oder Solitär in abgegrenzten Beeten; ideal für «asiatische» Gestaltungsthemen (› S. 190)
**GUTE PARTNER:** Bergenien, Frauenmantel, Pracht-Storchschnabel, Taglilien
**MEIN TIPP:** Die Spitzen der unterirdischen Ausläufer können Folien durchdringen, daher in Teichnähe den gewünschten Standraum mit einer Bambussperre eingrenzen!
**WEITERE ART UND SORTE:** *P. aureosulcata*: sehr wüchsig, grüne Halme und gelbe, eingewölbte Linie (Sulcus) über den Knoten der Halme; *P. aureosulcata* 'Spectabilis': gelbe Halme und grüner Sulcus, sehr effektvoll

## Herzblättr. Hechtkraut
*Pontederia cordata*

**Höhe:** 30–50 cm
**Blütezeit:** Juli – September
› Flachwasserzone S. 102

**WUCHS:** kompakte Gruppen bildende Staude; aufrechte bis schräg gestellte Sprosse; nicht wuchernd, kaum versamend
**WERT:** amerikanische Sumpfpflanze; schmal herzförmige Blätter, violettblaue Blütenkerzen, lange Blühdauer; Versteck für Tiere
**STANDORT:** Flachwasserzone, für 10–40 cm Wassertiefe; nährstoffreiches Wasser
**VERWENDUNG:** in kleinen Teichen einzeln, sonst in kleinen Gruppen; gut zu mediterranen oder tropischen Gestaltungen
**GUTE PARTNER:** Gnadenkraut, Sumpf-Dotterblume, Sumpf-Schwertlilie
**MEIN TIPP:** Hechtkräuter treiben spät im Frühjahr durch. Sie sollten sie deshalb mit früh austreibenden Partnern kombinieren.
**SORTE UND WEITERE ART:** 'Alba': weiße Blütenkerzen; Lanzenblättriges Hechtkraut (*Pontederia lanceolata*): winterhart ab 50 cm Wassertiefe, ragt bis 90 cm über die Wasserfläche, › S. 114

## Glänzend. Laichkraut
*Potamogeton lucens*

**Höhe:** Unterwassserpflanze
**Blütezeit:** Juni – August
› Seerosenzone S. 116

**WUCHS:** stark rhizombildende Staude; entwickelt kräftige Unterwasserrasen
**WERT:** interessante Belaubung mit durchscheinenden Blattadern; algenverdrängend; Sauerstoffspender; Versteck für viele Tiere
**STANDORT:** Seerosenzone, für 50 cm bis weit unter 100 cm Wassertiefe; eher nährstoffreiches Wasser
**VERWENDUNG:** Unterwasser-Bodendecker für mittlere bis große Teiche
**GUTE PARTNER:** Hornblatt, Krebsschere, Tannenwedel
**MEIN TIPP:** Bei der Pflanzung wurzellose Teilstücke mit der Triebbasis im Teichgrund verankern. Der deutsche Name Laichkraut bezieht sich vermutlich auf die Funktion der Pflanzen als Versteck für Fischeier (»Laich«).
**WEITERE ART:** Krauses Laichkraut (*Potamogeton crispus*): schmale Blätter mit gewellten Rändern und rötlich durchscheinenden Adern, › S. 116

 immergrün   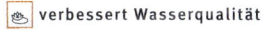 verbessert Wasserqualität    günstig für Tiere    giftig    geschützt

### Laichkraut
*Potamogeton perfoliatus*

**Höhe:** Unterwasserpflanze
**Blütezeit:** Juni – August
› Seerosenzone S. 116

**WUCHS:** stark rhizombildende Staude, entwickelt kräftige Unterwasserrasen
**WERT:** interessante Belaubung mit durchscheinenden Blattadern; algenverdrängend, Sauerstoffspender; Versteck für viele Tiere
**STANDORT:** Seerosenzone, für 40–100 cm Wassertiefe; Wasser weniger nährstoffreich
**VERWENDUNG:** Unterwasser-Bodendecker für mittlere bis große Teiche
**GUTE PARTNER:** Ähriges Tausendblatt (*Myriophyllum spicatum*), Tannenwedel
**MEIN TIPP:** Bei der Pflanzung wurzelloser Teilstücke sollten Sie das Durchwachsene Laichkraut mit der Triebbasis gut im Teichgrund verankern.
**WEITERE ARTEN:** Dichtes Laichkraut (*Groenlandia densa*): dichtstehende Blätter, mäßig nährstoffarmes Wasser, selten; Buntes Laichkraut (*Potamogeton coloratus*): dekorativ gemustert, sehr nährstoffarmes Wasser

### Sumpf-Blutauge
*Potentilla palustris*

**Höhe:** 20–40 cm
**Blütezeit:** Mai – Juni
› Sumpfzone S. 89, Flachwasserzone S. 102

**WUCHS:** schwimmende Ausläufer bildende Staude; mäßig wuchernd, etwas versamend
**WERT:** heimische Art; gefingerte Blätter, kleine dunkelrote Blütchen; schwimmfähige Triebe; gutes Versteck für Wassertiere
**STANDORT:** Sumpf- und Flachwasserzone, für 10–20 cm Wassertiefe; auch Feuchtwiese; eher saure Substrate bzw. weiches Wasser; wenig nährstoffbedürftig
**VERWENDUNG:** in Gruppen zu Moorpflanzungen; nicht für sehr kleine Teiche
**GUTE PARTNER:** Draht-Segge (*Carex diandra*), Fieberklee, Scheidiges Wollgras, Strauß-Felberich, Wasserfeder
**MEIN TIPP:** Verträgt gut regelmäßigen Rückschnitt der langen Schwimmtriebe.
**WEITERE ART:** Blutwurz (*Potentilla erecta*): 20 cm, kompakt wüchsig, kriechende bis aufsteigende Sprosse, kleine, gelbe Blüten, Blütezeit Mai – August, Feuchtwiese, zwischen Moorpflanzen

### Tibet-Primel
*Primula florindae*

**Höhe:** Laub 30 cm, Blütenstände bis 80 cm
**Blütezeit:** Ende Juni – Juli (August)
› Feuchtzone S. 71

**WUCHS:** kompakte Blattrosetten formende Staude, aufrechte schlanke Blütenstände; nicht wuchernd, etwas versamend; kurzlebig
**WERT:** ostasiatische Art; frischgrüne, rundliche, gestielte Blätter, vielblütige Dolden mit gelben Glöckchen
**STANDORT:** feuchte Gartenzone, Feucht- bis Sumpfzone; nährstoffbedürftig; bevorzugt leicht saures Substrat
**VERWENDUNG:** einzeln oder in kleinen Trupps eingestreut zwischen niedrigen Bodendeckern; sehr schön an Bachläufen; zu tropisch wirkenden Pflanzungen
**GUTE PARTNER:** Pfennigkraut, Sumpf-Dotterblume, Sumpf-Vergissmeinnicht
**MEIN TIPP:** Eine Versamung ist auf Dauer nur möglich, wenn die Vegetation den Boden nicht völlig bedeckt.
**WEITERE ART:** Sikkim-Primel (*Primula sikkimensis*): sehr ähnlich, etwas hellere Blüten

 Sonne  Halbschatten  Schatten  Blütenschmuck  Blattschmuck  Fruchtschmuck

### Japan. Etagen-Primel
*Primula japonica*

**Höhe:** Laub 30 cm, Blütenstände bis 60 cm
**Blütezeit:** Anfang Juni – Juli
› Feuchtzone S. 77

**WUCHS:** Staude mit Blattrosetten, aufrechte Blütenstände; wuchert nicht, versamt etwas
**WERT:** frischgrüne, sitzende Blätter, mehrstöckig übereinanderstehende Dolden (Etagendolden) mit tiefroten Glöckchen
**STANDORT:** feuchte Garten- bis Sumpfzone; nährstoffbedürftig; bevorzugt leicht saures Substrat
**VERWENDUNG:** eingestreut oder in kleinen Gruppen; sehr schön an Bachläufen
**GUTE PARTNER:** niedrige Astilben-Arten, Funkien, Märzenbecher, Pfennigkraut, Schwalbenwurz-Enzian (*Gentiana asclepiadea*), Sumpfkalla
**WEITERE ARTEN:** Chinesische Etagen-Primel (*Primula poissonii*): bis 50 cm, tiefrot, auch für weniger nährstoffreiche Standorte geeignet; Bunte Etagen-Primel (*Primula* x *bullesiana*): Hybriden, bis 70 cm, Blüten in meist »warmen« Farben wie Gelb, Orange und Terrakottafarben

### Rosen-Primel
*Primula rosea*

**Höhe:** Laub 10 cm, Blütenstände 20 cm
**Blütezeit:** April – Mai
› Feuchtzone S. 77

**WUCHS:** kompakte Blattrosetten formende Staude; wuchert nicht, versamt etwas
**WERT:** asiatische Art; rosarote Blüten in Dolden, frischgrüne, ungestielte Blätter
**STANDORT:** Feucht- bis Sumpfzone; Boden mäßig nährstoffreich
**VERWENDUNG:** locker verstreut zwischen steinigen Bereichen; ideal für Bachläufe
**GUTE PARTNER:** *Dactylorhiza*-Hybriden, niedrige Seggen wie Gelb-Segge, Sibirische Schwertlilie, Trollblumen
**WEITERE ARTEN:** Mehl-Primel (*Primula farinosa*): 5 cm hohe Blattrosetten, unterseits mehlig weiß, rosa, 15 cm hohe Blütendolden, Kalk liebend, heimische Rarität für Moorpflanzungen; Bulgarische Mehl-Primel (*Primula frondosa*): ähnlich *P. farinosa*, niedriger und langlebiger, kalkarme Substrate; Kugel-Primel (*Primula denticulata*): 30 cm hohe, gestielte kugelförmige rosa Blütendolden, feuchte Gartenzone

### Echte Schlüsselblume
*Primula veris*

**Höhe:** Laub 15 cm, Blütenstände 25 cm
**Blütezeit:** April – Mai
› Gartenzone S. 55

**WUCHS:** Staude mit kompakten Blattrosetten, aufrechte Blütenstände, wuchert nicht, versamend
**WERT:** heimische Art; gelbe Blüten in Dolden, frischgrüne Blätter; Insektenmagnet
**STANDORT:** Gartenzone; Boden trocken bis frisch, mäßig nährstoffreich, kalkliebend
**VERWENDUNG:** eingestreut neben kleinen, naturnahen Teichen; auch im Wurzelfilz lockerer Gehölzbestände
**PARTNER:** Gewöhnliche Akelei, Steppen-Schwertlilie, Wiesen-Gladiole; niedrige bzw. spät austreibende Gräser wie Frühlings-Segge (*Carex caryophyllea*) und Ruten-Hirse
**WEITERE ARTEN:** Hohe Schlüsselblume (*Primula elatior*): breitere Blüten, etwas höher, für feuchte Teichränder, Feuchtzone, an Bachläufen und in Trögen; Stängellose Primel (*Primula vulgaris*): gestielte, gelbe Einzelblüten in 10 cm hohen Blattrosetten, Verwendung wie Echte Schlüsselblume

 immergrün    verbessert Wasserqualität    günstig für Tiere    giftig    geschützt

## Wasser-Hahnenfuß
*Ranunculus aquatilis*

**Höhe:** Schwimmblattpflanze
**Blütezeit:** Juni – August
› Seerosenzone S. 110

**WUCHS:** Staude mit an der Basis verwurzelten Schwimmtrieben; zunächst schnellwüchsig, verschwindet aber meist nach einigen Jahren wieder
**WERT:** heimische Art; fadenförmig zerteilte Unterwasserblätter, rundliche Schwimmblätter, weiße schalenförmige Blüten; Sauerstoffspender; Lebensraum für Tiere
**STANDORT:** Seerosenzone, bis 100 cm Wassertiefe; mäßig nährstoffreiches Wasser mittlerer Härte
**VERWENDUNG:** dekorative Unterwasser- und Schwimmblattpflanze; auch für kleinere Teiche geeignet
**GUTE PARTNER:** konkurrenzfrei halten, sonst kurzlebig
**WEITERE ARTEN:** Flutender Hahnenfuß (*Ranunculus fluitans*): ohne Schwimmblätter, für fließendes Wasser, › S. 111; Spreizender Hahnenfuß (*Ranunculus circinatus*): Unterwasserpflanze mit kleineren Blättern

## Brennend. Hahnenfuß
*Ranunculus flammula*

**Höhe:** 20–40 cm
**Blütezeit:** Juni – August
› Sumpfzone S. 88

**WUCHS:** Staude mit niederliegenden bis aufsteigenden Trieben, die bei Kontakt mit Wasser Wurzeln und dadurch größere Bestände bilden; mäßig wuchernd
**WERT:** heimische Art; bildet Wolken aus kleinen gelben Blüten, Schattenspender; Insektenmagnet
**STANDORT:** Sumpf- bis Flachwasserzone, bis 20 cm Wassertiefe; mäßig nährstoffreiches bis nährstoffarmes, eher weiches Wasser
**VERWENDUNG:** in mittelgroßen bis großen Teichen als lockerer Bodendecker zwischen Hochstauden und Gräsern
**GUTE PARTNER:** Blut-Weiderich, Pfeil-Aronstab, Shuttleworth's Rohrkolben; hohe Horst-Seggen wie Steif-Segge und Morgenstern-Segge
**WEITERE ART:** Ufer-Hahnenfuß (*Ranunculus reptans*): »Kleinausgabe« des Brennenden Hahnenfußes, sehr seltene heimische Art für sonnige, nasse Kiesufer, kalkliebend

## Zungen-Hahnenfuß
*Ranunculus lingua*

**Höhe:** 80–120 cm
**Blütezeit:** Juni – Juli
› Flachwasserzone S. 99

**WUCHS:** Staude; bildet unterirdische Ausläufer, aufrechte Stängel; stark wuchernd!
**WERT:** heimischer Röhrichtbildner; goldgelbe Blüten; günstig zur Substratbelüftung; Insektenmagnet
**STANDORT:** Flachwasserzone; mäßig bis nährstoffreiches, eher weiches Wasser
**VERWENDUNG:** nur in sehr großen Teichen in die Röhrichtzone eingemischt
**GUTE PARTNER:** hohe Rohrkolben (*Typha laxmannii*), breite Horst-Seggen (*Carex paniculata*), im Unterwuchs Pfennigkraut und Sumpf-Vergissmeinnicht
**MEIN TIPP:** Sie können das Wuchern durch »Einsperren« in größere Pflanzgefäße verhindern, dann sollten Sie allerdings düngen. Körbe sind ungeeignet, da die Ausläufer durch die Maschen ausbrechen.
**SORTE:** 'Grandiflorus': Auslese mit größeren Blüten und etwas niedrigerem Wuchs (bis 90 cm), aber auch wuchernd

## Zwerg-Pfeilkraut
*Sagittaria graminea*

**Höhe:** 10–30 cm über dem Wasser
**Blütezeit:** Juni – August
› Flachwasserzone S. 98, Seerosenzone S. 117

**WUCHS:** Staude; bildet unterirdische Ausläufer, Blätter unter und über Wasser; wuchert mäßig
**WERT:** amerikanische Unterwasserpflanze; dekorative Unterwasserblätter, im Flachwasser schmales, aufrechtes Laub, kleine weiße Blüten; Sauerstoffspender; Lebensraum für Wassertiere
**STANDORT:** Flachwasser- bis Seerosenzone; mäßig nährstoffreiches, eher weiches Wasser
**VERWENDUNG:** in mittleren bis großen Teichen als Unterwasserrasen bzw. zwischen lockerem Röhricht
**GUTE PARTNER:** Lanzenblättriges Hechtkraut (*Pontederia lanceolata*), Nadelkraut, Shuttleworth's Rohrkolben; größere Seerosen-Sorten
**MEIN TIPP:** Das Zwerg-Pfeilkraut – auch Grasblättriges Pfeilkraut genannt – hat sich in Regenerationsbecken von Schwimmteichen gut bewährt.

## Echtes Pfeilkraut
*Sagittaria sagittifolia*

**Höhe:** 30–50 cm über dem Wasser
**Blütezeit:** Juni – August
› Flachwasserzone S. 99

**WUCHS:** Staude, unterirdische Ausläufer; bildet zum Überwintern eiförmige Knollen; mäßig wuchernd
**WERT:** heimische Art; attraktive, pfeilförmige Blätter, aufrechte Trauben mit weißen Blüten, Staubfäden violett; Lebensraum für Wassertiere
**STANDORT:** Flachwasserzone, von dort auch in tiefere Zonen vordringend; nährstoffreiches Wasser
**VERWENDUNG:** in mittleren bis großen Teichen zwischen lockerem Röhricht
**GUTE PARTNER:** Nadel-Minze, Shuttleworth's Rohrkolben, Wasserschlauch
**MEIN TIPP:** Die essbaren Überwinterungsknollen werden gelegentlich auch von einfallenden Enten aus dem Teichgrund gewühlt.
**WEITERE ART:** Breitblättriges Pfeilkraut (*Sagittaria latifolia*): amerikanische Art, Blüten mit gelben Staubfäden, wuchert stärker

## Schwimmfarn
*Salvinia natans*

**Höhe:** 2 cm über der Wasserlinie
**Blütezeit:** keine Blütenpflanze
› Seerosenzone S. 117

**WUCHS:** Farnpflanze mit kleinen, flach auf dem Wasser schwimmenden Trieben
**WERT:** in Mitteleuropa sehr seltene Art; ovale Blättchen mit dichter wasserabweisender Behaarung; sehr wüchsig, aber leicht abzufischen
**STANDORT:** Seerosenzone; nährstoffreiches Wasser
**VERWENDUNG:** bildet schwimmende Teppiche zwischen Seerosen und im Röhricht; schön in Wasserbottichen und Trögen
**GUTE PARTNER:** Lanzenblättriges Hechtkraut (*Pontederia lanceolata*), Papageienfeder, Wasserhyazinthe, Wassersalat
**MEIN TIPP:** Der Schwimmfarn ist nur bedingt winterhart, am ehesten können einige Stücke zwischen Röhricht die kalte Zeit überstehen, sonst jährlich neu einsetzen.
**WEITERE ART:** Feenmoos (*Azolla caroliniana*): schwimmender Farn mit feingliedrigen, leicht brüchigen Sprossen

### Rote Schlauchpflanze
*Sarracenia purpurea*

**Höhe:** Blätter 10 cm, Blüten 30 cm
**Blütezeit:** Mai – Juni
› Feuchtzone S. 78

**WUCHS:** horstige Staude; Blattrosetten, aufrechte Blütenstängel; nicht wuchernd
**WERT:** nordamerikanische, fleischfressende Pflanzenart; wintergrüne, kannenförmige Fangblätter, kugelige, dunkelrote Blüten
**STANDORT:** Feuchtzone; Boden nährstoffarm, sauer
**VERWENDUNG:** im sauren Moor, in Moor-Trögen
**GUTE PARTNER:** weitere fleischfressende Pflanzen, Moor-Orchidee (*Pogonia ophioglossoides*), Scheidiges Wollgras, Glocken-Heide und Cranberry
**MEIN TIPP:** Alte Blätter erst entfernen, wenn sie völlig abgestorben sind.
**WEITERE ARTEN:** Gelbe Schlauchpflanze (*Sarracenia flava*): bis 60 cm hohe, gelbliche Kannen; Kobralilie (*Darlingtonia californica*): 30 cm hoch, gruppenbildend, Blätter ähneln Schlangenköpfen – beide Arten benötigen Winterschutz

### Gestreifte Teichsimse
*Schoenoplectus lacustris* 'Albescens'

**Höhe:** 120–140 cm
**Blüte-/Fruchtzeit:** Juli – Oktober
› Flachwasserzone S. 103, Seerosenzone S. 117

**WUCHS:** wucherndes Gras; aufrechte, stielrunde Halme, sehr dicht stehend und starken Ausläufern entspringend
**WERT:** cremeweiß gestreifte Sorte der heimischen Röhrichtpflanze; bräunliche Fruchtstände; entzieht dem Wasser Schadstoffe; an den Halmen klettern Libellenlarven empor
**STANDORT:** Flachwasser- und Seerosenzone, bis 80 cm Wassertiefe; mäßig nährstoffreiches Wasser
**VERWENDUNG:** dichtes Röhricht an großen Teichen, im Kübel als Solitär
**GUTE PARTNER:** wüchsige Unterwasserpflanzen (z. B. Hornblatt), Seerosen
**MEIN TIPP:** Zunächst auf 20–40 cm absenken, nicht sofort auf Endtiefe pflanzen.
**WEITERE ART UND SORTE:** Salz-Simse (*Schoenoplectus tabernaemontani*): 100–120 cm, wuchert nicht so stark; Zebra-Simse (*Schoenoplectus tabernaemontani* 'Zebrinus'): weiße Querstreifen am Halm

### Große Kopfbinse
*Schoenus nigricans*

**Höhe:** 30–40 cm (im Alter höher)
**Blüte-/Fruchtzeit:** Mai – Dezember
› Feuchtzone S. 81

**WUCHS:** Horstgras; sehr dünne, übergeneigte Halme und Blätter; nicht wuchernd und kaum versamend
**WERT:** gleichmäßiger Wuchs, schwarzbraune Fruchtköpfchen an den Triebenden
**STANDORT:** Feucht- und Sumpfzone; kalkhaltiges, sehr nährstoffarmes Wasser
**VERWENDUNG:** sparsam eingestreut in Moorpflanzungen; sehr gut zwischen Steinen an Bachläufen; in Trögen
**GUTE PARTNER:** Breites Wollgras, Kleinseggen wie Davall-Segge (*Carex davalliana*), Mehl-Primel (*Primula frondosa*), Orchideen (*Dactylorhiza*-Hybriden, *Epipactis palustris*), Sumpf-Gladiole
**MEIN TIPP:** Rückschnitt schon im Winter, um nicht die sehr früh erscheinenden Neutriebe mit den Köpfchen zu beschädigen.
**WEITERE ART:** Kleine Kopfbinse (*Schoenus ferrugineus*): rotbraune, kleinere Köpfchen, ca. 30 cm hoch, ähnliche Verwendung

 Sonne  Halbschatten  Schatten  Blütenschmuck  Blattschmuck  Fruchtschmuck

## Krebsschere
*Stratiotes aloides*

**Höhe:** Schwimmrosetten, 10 cm über Wasser
**Blütezeit:** Juni – Juli
› Seerosenzone S. 110

**WUCHS:** Staude mit durch Ausläufer verbundenen Blattrosetten, die am Teichgrund wurzeln; untergetaucht, im Sommer schwimmend; starke Ausbreitung, aber Bestände sind leicht zu kontrollieren
**WERT:** bromelienartige Blattrosetten, untergetaucht rötlich durchscheinend, als Schwimmpflanze sattgrün; weiße Blüten; algenverdrängen; Lebensraum für Tiere
**STANDORT:** Seerosenzone, mindestens 80 cm tief; mäßig nährstoffreich
**VERWENDUNG:** in mittelgroßen bis großen Teichen; in tiefen architektonischen Becken
**GUTE PARTNER:** große Seerosen auf sehr weitem Abstand, Unterwasserpflanzen wie Hornblatt oder Wasserschlauch
**MEIN TIPP:** In klarem, hartem Wasser bleibt die Krebsschere ganzjährig untergetaucht, was ihrer Schönheit aber keinen Abbruch tut. Die Blattrosetten müssen frostfrei überwintern können, deshalb tiefes Wasser!

## Dreimasterblume
*Tradescantia* Andersoniana-Gruppe

**Höhe:** 40–50 cm
**Blütezeit:** Juni – August
› Gartenzone S. 60

**WUCHS:** Horststaude; aufrechte bis schräg gerichtete Blütentriebe; wuchert nicht, etwas versamend
**WERT:** Hybriden aus amerikanischen Arten; kleine verschiedenfarbige Blüten; länglich-zugespitzte Blätter; lockt Insekten an
**STANDORT:** Gartenzone; frische, nährstoffreiche Böden
**VERWENDUNG:** in kleinen Gruppen in Teichnähe; passt auch in naturnahe Pflanzkombinationen
**GUTE PARTNER:** Frauenmantel, Hohe Schlüsselblume (*Primula elatior*), Taglilien, Trollblumen
**MEIN TIPP:** Im Juli tritt oft eine Blühpause ein. Nach Rückschnitt treiben die Stauden schnell wieder durch und blühen erneut.
**WEITERE SORTEN UND ART:** 'I. C. Weguelin': hellblau, › S. 60; 'Innocence': weiß; 'Karminglut': purpurrot; *Tradescantia ohiensis*: hellblau, trockenheitstolerante Wildart

## Wassernuss
*Trapa natans*

**Höhe:** Schwimmblattpflanze
**Blütezeit:** Juni – August
› Seerosenzone S. 111

**WUCHS:** verzweigte Sprossachsen, die in schwimmenden Blattrosetten enden; einjährige Pflanze mit stacheligen Nussfrüchten, die am Teichgrund überwintern und im Frühjahr auskeimen
**WERT:** seltene heimische Pflanze; weiße Blüten, sternförmige Schwimmrosetten aus rhombischen Blättern; rote Herbstfarbe; Lebensraum für Wassertiere
**STANDORT:** Seerosenzone; gedeiht nur in sehr nährstoffreichem, sommerwarmem Wasser gut
**VERWENDUNG:** tiefe und große Teiche
**GUTE PARTNER:** Gestreifte Teichsimse, Lanzenblättriges Hechtkraut (*Pontederia lanceolata*); Unterwasserpflanzen; Seerosen
**MEIN TIPP:** Ansiedlung durch frische Nussfrüchte im Herbst oder Blattrosetten an bewurzelten Triebstücken im Frühjahr – einfach ins Wasser werfen. Südländische Importen sind oft nicht ausdauernd!

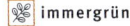 immergrün    verbessert Wasserqualität    günstig für Tiere    giftig    geschützt

### Europ. Trollblume
*Trollius europaeus*

**Höhe:** Laub 40 cm, Blüten 60 cm
**Blütezeit:** Mai – Juni
› Feuchtzone S. 71

**WUCHS:** Horststaude; aufrechte Blütentriebe; wuchert nicht, etwas versamend
**WERT:** heimische Art; gelbe, kugelförmige Blüten; gern von Insekten besucht
**STANDORT:** frische bis feuche Gartenzone, Feuchtzone; liebt wasserzügige Standorte, sehr gut an Bachläufen
**VERWENDUNG:** eingestreut zwischen niedrige Begleiter oder in kleinen Gruppen zu ähnlich hohen und größeren Pflanzen
**GUTE PARTNER:** Dreimasterblume, Frauenmantel, Hohe Primel (*Primula elatior*), Pfeifengras, Sumpf-Vergissmeinnicht
**SORTEN UND WEITERE ART:** 'Alabaster': cremeweiß bis hellgelb; 'Earliest of All': goldgelb, zeitig blühend; 'Orange Globe': hellorangefarben; 'Superbus': etwas robuster und hochwüchsiger als die Art; Chinesische Trollblume (*Trollius chinensis* 'Golden Queen'): 70–90 cm, goldgelbe, schalenförmige Blüte, Blütezeit Juni – Juli, › S.71

### Kleiner Rohrkolben
*Typha minima*

**Höhe:** 40–60 cm
**Blüte-/Fruchtzeit:** Mai – Juli
› Sumpfzone S. 93

**WUCHS:** grasartige Staude mit straff aufrechten Austrieben, durch lange Ausläufer (Rhizome) niedrige Röhrichte bildend
**WERT:** heimische Art; hellbraune, eiförmige Kölbchen, die aber nur bis Juli halten; Wasser beschattend
**STANDORT:** Sumpf- bis Flachwasserzone, bis 20 cm Wassertiefe; Wasser nährstoffarm, aber kalkreich (Hartwasser)
**VERWENDUNG:** niedriges, aber dichtes Röhricht, am besten in abgeschlossenen Kolken langsam fließender Bachläufe
**GUTE PARTNER:** Nadel-Minze, Sumpf-Dotterblume, am Bachlauf Bodensee-Vergissmeinnicht (*Myosotis rehsteineri*)
**WEITERE ARTEN:** Zierlicher Rohrkolben (*Typha gracilis*): 70–120 cm, sehr schlanke Blätter, hellbraune, kompakte Kolben, Juli – Dezember; Laxmann's Rohrkolben (*Typha laxmannii*) bis 150 cm, schmale Blätter, schlanke, hellbraune Kolben

### Shuttlew. Rohrkolben
*Typha shuttleworthii*

**Höhe:** 80–120 cm
**Blüte-/Fruchtzeit:** Juli – Dezember
› Sumpfzone S. 92, Flachwasserzone S. 104

**WUCHS:** grasartige Staude mit straff aufrechten Austrieben, durch lange Ausläufer (Rhizome) lockere Röhrichte bildend
**WERT:** dekorative Kolben, zunächst schwärzlichbraun, später grau überzogen, im Winter in wollig behaarte Samenflocken zerfallend; wasserbeschattend; gute Ausstiegshilfe für schlüpfende Libellenlarven
**STANDORT:** Sumpf- bis Flachwasserzone, bis 40 cm Wassertiefe; mäßig nährstoffreich
**VERWENDUNG:** lockeres Röhricht in naturnahen und architektonischen Anlagen
**GUTE PARTNER:** in der Sumpfzone Sumpf-Dotterblume, Sumpf-Vergissmeinnicht; im Flachwasser Froschbiss
**MEIN TIPP:** Bei sehr kleinen Teichen in breite Kübel pflanzen. Im Frühjahr knapp über der Wasserlinie abmähen. Beste Art für den Garten, wird leider im Handel oft mit dem verdrängenderen Laxmanns Rohrkolben (*Typha laxmannii*) verwechselt.

 Sonne  Halbschatten  Schatten  Blütenschmuck  Blattschmuck  Fruchtschmuck

## Wasserschlauch
*Utricularia vulgaris*

**Höhe:** Unterwasserpflanze
**Blütezeit:** Juni – Juli
› Seerosenzone S. 112

**WUCHS:** Staude mit langen, spärlich verzweigten, wurzellosen Triebsystemen, die im Wasser schwimmen; im Herbst entstehen an den Triebspitzen dicke Knospen, die zu Boden sinken und dort überwintern, um im Frühjahr wieder auszutreiben; wuchert nicht
**WERT:** heimische Pflanze; stark verzweigte, sehr feine Blätter mit Fangbläschen, die Wasserflöhe und andere Kleinsttiere erbeuten; goldgelbe Blütchen stehen bis 10 cm über dem Wasserspiegel
**STANDORT:** Flachwasser- bis Seerosenzone; eher weiches, nährstoffarmes Wasser; auch in langsam fließenden Bächen
**VERWENDUNG:** für alle Teichgrößen, auch in größeren Wasserbecken und Trögen
**GUTE PARTNER:** Nadelkraut, Seerosen, Wasserfeder, Wasserstern; lockere Röhrichtbildner wie Shuttleworth's Rohrkolben
**WEITERE ARTEN:** Andere heimische Arten sind schwer zu kultivieren.

## Cranberry
*Vaccinium macrocarpon*

**Höhe:** 5–10 cm
**Blütezeit:** Juni
› Feuchtzone S. 77

**WUCHS:** Zwergstrauch; niederliegende, sehr dünne, lange Sprossachsen, die weit umherwandern
**WERT:** amerikanische Moorpflanze; kleine immergrüne Blättchen, rosa Blütenchen, von Sept.–März tiefrote, essbare Früchte
**STANDORT:** Feuchtzone; Boden sauer, nährstoffarm
**VERWENDUNG:** bodendeckend in Moorpflanzung mit saurem Substrat; gut zwischen Torfmoos (*Sphagnum*)
**GUTE PARTNER:** Heidekraut, Moor-Orchidee (*Pogonia ophioglossoides*), Schlauchpflanzen-Arten, Scheidiges Wollgras
**MEIN TIPP:** Die Früchte können über Winter an den Pflanzen verbleiben und im zeitigen Frühjahr geerntet werden.
**WEITERE ARTEN:** Moosbeere (*Vaccinium oxycoccus*): heimisches Pendant zur amerikanischen Cranberry, in allen Teilen kleiner, auch zwischen Torfmoos wachsend

## Bachbunge
*Veronica beccabunga*

**Höhe:** 10–20 cm
**Blütezeit:** Mai – Juni
› Sumpfzone S. 91

**WUCHS:** polsterbildende Staude mit niederliegenden bis aufsteigenden Trieben, an der Basis wurzelnd; nicht sehr langlebig; nicht wuchernd, geringe Versamung
**WERT:** heimische Art; immergrüne, kurz gestielte, glänzende Blätter, blaue Blüten
**STANDORT:** Sumpfzone; nährstoffreich; in fließendem Wasser am vitalsten
**VERWENDUNG:** einzelne Polster am Teichrand; am besten entlang von Bachläufen zwischen Steinen oder durchsickertem Kies
**GUTE PARTNER:** mittelhohe Gräser (*Carex elata*, *Carex grayi*), Sumpf-Dotterblume, Sumpf-Schwertlilien (*Iris laevigata*, *Iris pseudacorus*)
**WEITERE ARTEN:** Wasser-Ehrenpreis (*Veronica anagallis-aquatica*): ähnlich der Bachbunge, aber Blätter spitz zulaufend und sitzend; Sumpf-Helmkraut (*Scutellaria galericulata*): mit unterirdischen Ausläufern wuchernde Staude, blauviolette Blüte

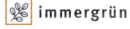 immergrün   verbessert Wasserqualität  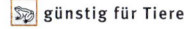 günstig für Tiere   giftig   geschützt

# Tierporträts

Wer einen Gartenteich anlegt, wird auch bald Eigentümer eines 4-Sterne-Hotels sein. Denn es wird nicht lange dauern, und es stellen sich allerlei Tiere am und im Wasser ein. Wer möchte da nicht wissen, wem er da Herberge gewährt. In diesem Kapitel erfahren Sie alles Wichtige über die am häufigsten vorkommenden und leicht zu beobachtenden Tiere in und an Ihrem Gartenteich.

## Hüpferling
*Cyclops* sp.

**Größe:** 0,5–5 mm lang
**Beobachtungszeit:** ganzjährig
› Flachwasserzone, Seerosenzone

**VORKOMMEN:** bevorzugt in Uferzonen und am Grund pflanzenreicher Teiche; in stehendem bis schwach fließendem Gewässer; wird mit dem Wind verfrachtet
**AUSSEHEN:** Körper deutlich gegliedert, graugelb bis durchsichtig; am Ende mit einer lang beborsteten Schwanzgabel, die als Schwebevorrichtung dient; Kopf mit zwei langen Antennen und einem großen Auge
**LEBENSWEISE:** ernährt sich von Pflanzenteilen, Tieren und Aas; räuberisch lebende Arten überwältigen Tiere, die größer als sie selbst sind; das Weibchen heftet die abgelegten Eier in zwei Säckchen am Körper fest (› Abb.); durch kräftiges Schlagen mit den Antennenpaaren ergibt sich eine »hüpfende« Fortbewegung
**BESONDERES:** Die Männchen kleben ein Samenpaket am Weibchen fest, das lebenslänglich an ihm haften bleibt und für Nachkommen sorgt.

## Wasserfloh
*Daphnia pulex*

**Größe:** 0,8–1,5 mm lang
**Beobachtungszeit:** Frühjahr – Spätsommer
› Flachwasserzone, Seerosenzone

**VORKOMMEN:** in neu angelegten Teichen oft schon nach wenigen Tagen als kleine »tanzende Bläschen« zu beobachten; nach einiger Zeit nimmt der anfängliche Massenbestand durch natürliche Fressfeinde ab; wird mit dem Wind verfrachtet
**AUSSEHEN:** Männchen kleiner als Weibchen; Körper seitlich abgeplattet und von einer Schale eingeschlossen; gelblich bis rot mit großem, schwarzem Facettenauge am Kopf; ein Paar Fühler trägt Sinnesorgane, ein weiteres ist zu zweispaltigen Ruderbeinen mit Schwimmborsten ausgebildet, womit ein stoßweises »Hüpfen« möglich ist
**LEBENSWEISE:** lebt von Algen, die mit den Borsten an den Beinen zum Mund geführt werden; vermehrt sich über befruchtete und unbefruchtete (Jungfernzeugung) Eier; überwintert in Form dickschaliger Dauereier
**BESONDERES:** Wasserflöhe sind wichtige Vertilger von Schwebealgen.

## Pferdeegel
*Haemopis sanguisuga*

**Größe:** 10–15 cm lang/1–1,5 cm breit
**Beobachtungszeit:** Sommer
› Flachwasserzone, Seerosenzone

**VORKOMMEN:** in flachen, warmen, nährstoff- und pflanzenreichen Gewässern; im Gartenteich durch Pflanzen eingebracht
**AUSSEHEN:** braun bis schwarzbraun mit dunkleren Flecken; 5 Augenpaare, je ein Saugnapf am Vorder- und Hinterende
**LEBENSWEISE:** sitzt in Ruhe unter Steinen oder Pflanzenteilen; geschickter Jäger auf weichhäutige Wassertiere am Gewässergrund, die Beute wird im Ganzen verschlungen; bewegt sich im offenen Wasser sehr schnell schlängelnd fort, am Boden spannerraupenartig mit Hilfe der beiden Saugnäpfe; Zwitter, Begattung gegenseitig, aber auch einseitig; Eiablage in der Feuchtzone, die Jungegel wandern in den Teich zurück; überwintert im Schlamm
**BESONDERES:** Der Pferdeegel kann sich in mit Fischen besetzten Teichen nicht vermehren, weil sie ihm die Nahrung nehmen. Saugt kein Blut!

 Würmer   Weichtiere   Kleinkrebse   Insekten

## Große Teichmuschel
*Anodonta cygnea*

**Größe:** Gehäuse bis 20 cm lang
**Beobachtungszeit:** ganzjährig
› Flachwasserzone, Tiefwasserzone

**VORKOMMEN:** im Schlammgrund stehender oder langsam fließender, sauberer Gewässer; für den Gartenteich im Zoohandel kaufen
**AUSSEHEN:** länglich-eiförmige, zweiklappige Schale; gelblich bis dunkelbraun mit konzentrisch angeordneten Rillen
**LEBENSWEISE:** filtert ihre Nahrung (verrottendes Material, Kleinstlebewesen) aus dem hochgewirbelten Bodensatz; kriecht mit ihrem muskulösen Fuß über den Bodengrund; Zwitter; Fortpflanzungszeit Herbst; Eier und Samenzellen gelangen mit dem Atemwasser zu den Kiemen; hier entwickeln sich in besonderen Bruträumen die Larven, die sich den Winter über hier aufhalten, bis sie im Frühjahr von der Mutter ins freie Wasser ausgestoßen werden; sie benötigen zur Weiterentwicklung Fische (› Seite 108)
**BESONDERES:** Wichtiger Filtrierer. Eine einzige Teichmuschel kann pro Tag 40 Liter Wasser filtern.

## Spitzhornschnecke
*Lymnaea stagnalis*

**Größe:** Gehäuse bis 6 cm hoch/3 cm breit
**Beobachtungszeit:** ganzjährig
› Flachwasserzone, Tiefwasserzone

**VORKOMMEN:** pflanzenreiche, ruhige Gewässer; Wasserhärte 6,5–9; die Eier kommen mit Pflanzen in den Gartenteich
**AUSSEHEN:** hornfarbenes Gehäuse mit 7,5 Windungen und langer Spitze; Körper grau bis braun; Kopf mit zwei großen, dreieckigen Fühlern, an deren Basis die Augen sitzen
**LEBENSWEISE:** Wasserlungenschnecke; lebt von Algen, verrottenden Pflanzenteilen und Aas; kommt zum Atmen an die Wasseroberfläche; kann auf einer Schleimspur unter der Wasseroberfläche kriechen; Zwitter, befruchten sich nicht wechselseitig; Eiablage in Laichschnüren unter Seerosenblätter; nach 14 Tagen schlüpfen die Jungen; überwintert im Schlamm; Lebenserwartung 3–4 Jahre
**BESONDERES:** Die Schnecke vermindert den Algenbewuchs. Bei starker Vermehrung kann sie Fraßschäden an zarten Teilen von Wasserpflanzen verursachen. Verträgt Trockenfallen und Durchfrieren des Teiches.

## Posthornschnecke
*Planorbarius corneus*

**Größe:** Gehäuse bis 14 mm hoch/32 mm breit
**Beobachtungszeit:** ganzjährig
› Flachwasserzone, Tiefwasserzone

**VORKOMMEN:** bevorzugt am Grund stehender bis langsam fließender Gewässer mit reicher Unterwasservegetation; kommt mit Pflanzen in den Gartenteich
**AUSSEHEN:** Gehäuse dunkelbraun bis rötlichschwarz, scheibenförmig, mit 4,5–5 Windungen, stabil und recht dickwandig; Körper dunkelgrau bis schwarz
**LEBENSWEISE:** lebt von Algen, abgestorbenen Pflanzen und Aas; Wasserlungenschnecke, kommt zum Luftholen an die Wasseroberfläche; Zwitter, Begattung jedoch oft wechselseitig; Eiablage (maximal 30) in flachen, geleeartigen Klumpen unter Wasser an Pflanzen oder Steinen; aus den Eiern schlüpfen fertig entwickelte Jungschnecken; überwintert im Schlamm am Teichgrund; Lebenserwartung 3 Jahre
**BESONDERES:** Die Posthornschnecke »weidet« gerne Algen ab. Sie geht im Winter von der Luft- auf die Wasseratmung über.

 Amphibien  Reptilien  Vögel  geschützt

## Flache Tellerschnecke
*Planorbis planorbis*

**Größe:** Gehäuse 4 mm hoch/bis 20 mm breit
**Beobachtungszeit:** ganzjährig
› Flachwasserzone, Seerosenzone

**VORKOMMEN:** im schlammigen Grund stehender oder langsam fließender, pflanzenreicher Gewässer, vom Uferbereich bis 1 m Tiefe; Schneckeneier kommen mit Pflanzen in den Gartenteich
**AUSSEHEN:** Gehäuse scheibenförmig, mit 5,5–6 langsam dicker werdenden Windungen; unterschiedliche Braunschattierungen; Eingang schief eiförmig; Körper dunkelgrau bis schwarz
**LEBENSWEISE:** weidet Algen ab und frisst Pflanzenreste und Aas; Wasserlungenschnecke; Zwitter; die Eier werden in kleinen, flachen Eikapseln an Pflanzen und Steinen im Wasser abgelegt; nach 10–14 Tagen schlüpfen die Jungschnecken; überwintert im Bodenschlamm; Lebensdauer ca. 4 Jahre
**BESONDERES:** Die Tellerschnecke kann zusätzlich Luft über die Haut aufnehmen, was vor allem im Winter bei zugefrorenem Teich von Bedeutung ist.

## Bernsteinschnecke
*Succinea putris*

**Größe:** Gehäuse ca. 22 mm hoch/12 mm breit
**Beobachtungszeit:** Frühjahr bis Herbst
› Feuchtzone, Sumpfzone

**VORKOMMEN:** in Gewässernähe im feuchten Staudensaum, häufig auf Schilf; Eier kommen mit Pflanzen an den Gartenteich
**AUSSEHEN:** Gehäuse spitz eiförmig, bernsteinfarben, mit 3–4 Windungen; Körper hellbraun und sehr groß
**LEBENSWEISE:** lebt von der Ufervegetation; Landlungenschnecke; Zwitter; Eiablage im Moos oder ins Wasser, 15 mm große Laichballen mit 120–170 Eiern; die Jungtiere schlüpfen nach ca. 14 Tagen; überwintert im feuchten Boden
**BESONDERES:** Die Schnecke nimmt häufig mit Vogelkot die Eier eines Saugwurmes (Parasit) auf. Die sich daraus entwickelnden Larven wandern in den Fühler der Schnecke, dehnen diesen um das Mehrfache aus und sind als pulsierende Bewegung zu beobachten. Der Fühler wird von Vögeln als Raupe betrachtet und gefressen. Der Zyklus schließt sich wieder mit den Eiern im Vogelkot.

## Sumpfdeckelschnecke
*Viviparus viviparus*

**Größe:** Gehäuse 4,5 cm hoch/3,5 cm breit
**Beobachtungszeit:** ganzjährig
› Flachwasserzone, Seerosenzone

**VORKOMMEN:** hält sich überwiegend am Teichboden auf, kommt bei lang anhaltender Sonneneinstrahlung aber auch an die Wasseroberfläche; bevorzugt sauerstoffreiches, saures Wasser mit reicher Unterwasserflora; Eier kommen mit Pflanzen in den Teich
**AUSSEHEN:** Gehäuse kegelförmig, grünlichbraun bis schwarz, ca. 6 Windungen mit jeweils drei rotbraunen Bändern; größte heimische Süßwasserschnecke
**LEBENSWEISE:** ernährt sich von organischen Sinkstoffen (Detritus) und Algen; atmet mit Kiemen; getrenntgeschlechtlich; der rechte Fühler des Männchens dient als Geschlechtsorgan; legt keine Eier, sondern bringt jeweils einzeln 15–30 ca. 10 mm große Jungschnecken zur Welt
**BESONDERES:** Am Fuß sitzt ein Deckel, der das Gehäuse schließt, wenn die Schnecke sich ins Gehäuse zurückzieht. Wegen ihrer Größe auch am Gewässergrund auszumachen.

### Köcherfliegenlarve
*Anabolia* sp. und andere Arten

**Größe:** 2–5 cm lang
**Beobachtungszeit:** Spätsommer bis Frühjahr
› Sumpfzone, Flachwasserzone

**VORKOMMEN:** im seichten Wasser der Sumpfzone nährstoffarmer, sauberer Teiche
**AUSSEHEN:** je nach Art raupenähnlich oder lang gestreckt und leicht abgeplattet; meist in einem Köcher verborgen, der vor Fraßfeinden schützen soll, nur Kopf und Vorderbeine schauen beim Kriechen oder Fressen heraus
**LEBENSWEISE:** die Weibchen kleben ihre Eier in Paketen über der Wasseroberfläche an Pflanzenteile oder legen sie ins feuchte Ufer oder direkt ins Wasser ab; die Larve lebt von Kleinstlebewesen und winzigen Algen; im Laufe ihrer Entwicklungszeit baut sie sich einen Köcher aus Pflanzenteilen und Steinchen, die mit Hilfe der Spinndrüse zusammengeklebt werden; zur Verpuppung wird der Köcher an beiden Enden geschlossen
**BESONDERES:** Die »Verkleidung« des Köchers ist abhängig von der Köcherfliegenart, dem Alter der Larve, ihrem Lebensraum und der Jahreszeit.

### Zuckmückenlarve
*Chironomus* sp.

**Größe:** 1–10 mm lang
**Beobachtungszeit:** Sommer
› Sumpfzone, Flachwasserzone, Seerosenzone

**VORKOMMEN:** in den oberen Schlammschichten des Gewässergrundes
**AUSSEHEN:** wurmförmig, rot gefärbt
**LEBENSWEISE:** die Weibchen (› Seite 85) legen ihre Eier in Bändern in Ufernähe an Pflanzen nahe der Wasseroberfläche ab; ca. 10 Tage später schlüpfen die Larven und sinken auf den Gewässergrund; hier bewegen sie sich langsam schlängelnd bis spannerraupenähnlich fort; mit Hilfe ihrer Spinndrüsen bauen sie sich im Schlamm U-förmig gebogene Wohnröhren; sie ernähren sich von zersetzter organischer Substanz, Algen, frischen Pflanzenteilen oder Plankton; die Puppe lebt frei im Wasser und lässt sich bei Störung purzelnd in die Tiefe fallen
**BESONDERES:** Zuckmückenlarven sind wichtige Nahrungstiere für Fische (»Tubifex«). In manchen Gewässern machen sie bis zu 70% der Tiefenfauna aus. Das erwachsene Tier sticht nicht!

### Eintagsfliege
*Cloeon* sp.

**Größe:** 3–38 mm/Flügelspannweite bis 8 cm
**Beobachtungszeit:** Mai
› Feuchtzone, Sumpfzone, Flachwasserzone

**VORKOMMEN:** erwachsene Tiere im Uferbereich; Larven am Gewässergrund in stehenden, pflanzenreichen Gewässern
**AUSSEHEN:** Fluginsekten mit 2–3 langen Fäden am Hinterleib; Vorderflügel deutlich größer als Hinterflügel; Flügel in Ruhestellung über dem Rücken hochgeklappt; Weibchen mit deutlich über dem Rücken gebogenem, Männchen mit waagerecht nach hinten gestrecktem Hinterleib; Larven lang gestreckt mit 2–3 langen Schwanzborsten
**LEBENSWEISE:** sehr kurzlebig (1–4 Tage); erwachsene Tiere fressen nicht, die Larven ernähren sich von Algen und Ablagerungen am Gewässergrund; das Weibchen legt seine Eier ins Wasser ab; die Larven häuten sich mehrmals; Lebensalter je nach Art 1–4 Jahre
**BESONDERES:** Zur Paarungszeit kann man an warmen Abenden große Schwärme von Eintagsfliegen-Männchen über dem Wasser auf und ab steigen sehen.

 Amphibien   Reptilien   Vögel   geschützt

### Stechmückenlarve
*Culex pipiens*

**Größe:** ca. 10 mm lang
**Beobachtungszeit:** Frühjahr bis Herbst
› Sumpfzone, Flachwasserzone, Seerosenzone

**VORKOMMEN:** dicht unter der Wasseroberfläche stehender Gewässer
**AUSSEHEN:** bräunlich, mit Atemröhre am Hinterleib; diese ist mit Luft gefüllt, so dass die Larve mit dem Kopf nach unten an der Wasseroberfläche hängt
**LEBENSWEISE:** das Weibchen legt zu Schiffchen verklebte Eipakete aus 200–300 Eiern an der Wasseroberfläche ab (› Seite 85), nach 1–3 Tagen schlüpfen die Larven; sie ernähren sich von Schwebealgen; nach fünfmaliger Häutung verpuppen sie sich; die Puppen hängen ebenfalls unter der Wasseroberfläche, jedoch mit dem Kopfteil nach oben; Stechmücken leben ca. 4–6 Wochen; nur die Weibchen stechen und saugen Blut
**BESONDERES:** In Fischteichen und Teichen mit Wasserinsekten wie Wasserläufer und Rückenschwimmer entwickeln sich keine lästigen Stechmücken, da die Larven und Puppen sehr schnell gefressen werden.

### Seerosenzünsler
*Elophila nymphaeata*

**Größe:** Flügelspannweite 22–30 mm
**Beobachtungszeit:** Juni – August
› Feuchtzone, Sumpfzone, Seerosenzone

**VORKOMMEN:** in der Ufervegetation kleiner Teiche mit schwimmenden Wasserpflanzen
**AUSSEHEN:** Falter unscheinbar, weiß mit brauner Musterung; Raupe 22 mm lang, gelblich bis hellgrün, schwach behaart
**LEBENSWEISE:** Wasserschmetterling; der Falter hängt in Ruhestellung mit dem Kopf nach unten an Uferpflanzen und ernährt sich von Blütennektar; Eiablage im Frühjahr an die Unterseite der Blätter unterschiedlicher Schwimmblattpflanzen; die schlüpfende Raupe trennt sich Blattstückchen ab und baut sich daraus einen schützenden Köcher, in dem sie sich verpuppt und auch überwintert; es können bis zu drei Generationen pro Jahr vorkommen
**BESONDERES:** Die Raupen können bei größerem Vorkommen die Seerosen stark schädigen. Hier hilft nur ein Absammeln der Raupen bzw. der Köcher und das Entfernen der geschädigten Blätter.

### Wasserläufer
*Gerris* sp.

**Größe:** 1–2 cm
**Beobachtungszeit:** Frühjahr bis Herbst
› Flachwasserzone, Seerosenzone

**VORKOMMEN:** auf der Wasseroberfläche stehender Gewässer
**AUSSEHEN:** dunkler, lang gestreckter, schlanker Körper, der mit feinen Härchen bedeckt ist, die ein Versinken im Wasser verhindern; Männchen kleiner als Weibchen; Kopf mit 2 langen Fühlern; 3 Beinpaare, davon zwei sehr lang; nicht alle Tiere haben Flügel, was mit dem Lichteinfall zur Zeit der Larvenentwicklung zu tun hat
**LEBENSWEISE:** ernährt sich von ins Wasser gefallenen Insekten; laufen meist zu mehreren an sonnigen Tagen ruckweise über die Wasseroberfläche; Paarung im Frühling bis Frühsommer; Eiablage an Pflanzen nahe der Wasseroberfläche; Larven häuten sich bis zum erwachsenen Tier vier- bis fünfmal; erwachsenes Tier überwintert an Land
**BESONDERES:** Wasserläufer sind gute Vertilger von Stechmückenlarven und Stechmücken bei der Eiablage.

 Würmer   Weichtiere   Kleinkrebse   Insekten

## Wasserskorpion
*Nepa cinerea*

**Größe:** 17–25 mm lang
**Beobachtungszeit:** Sommer
› Sumpfzone, Flachwasserzone

**VORKOMMEN:** im Flachwasser oder in der Sumpfzone stehender oder langsam fließender Gewässer
**AUSSEHEN:** Körper oval, kräftig und flach, dunkel graubraun; Flügel voll entwickelt, aber nur bedingt flugfähig; ca. 1 cm langes Atemrohr am Körperende; 1. Beinpaar zu kräftigen Fangarmen ausgebildet, 2. und 3. Beinpaar dünn, schwimmt daher kaum
**LEBENSWEISE:** lebt räuberisch von kleinen Wassertieren, denen er, im Schlamm sitzend, auflauert, wobei das Atemrohr immer an der Wasseroberfläche bleibt; die Beute wird blitzschnell mit den Fangarmen gepackt, mit dem Rüssel angestochen und ausgesaugt; Paarung im Frühjahr; Eiablage in weiche oder verrottende Pflanzenteile; die von Mai–Juli schlüpfenden Larven häuten sich fünfmal; überwintert als erwachsenes Tier im Schlamm
**BESONDERES:** Vorsicht, die Tiere können empfindlich stechen!

## Rückenschwimmer
*Notonecta* sp.

**Größe:** 13–18 mm lang
**Beobachtungszeit:** Frühjahr bis Herbst
› Flachwasserzone, Seerosenzone

**VORKOMMEN:** unter der Wasseroberfläche sauerstoffreicher, pflanzenreicher Teiche
**AUSSEHEN:** länglich, Rücken gewölbt, hellbraun, Bauchseite dunkel, zwei, mit Haaren besetzte Furchen dienen als Luftspeicher und verlagern den Schwerpunkt auf den Rücken; Hinterbeine zu langen Ruderfüßen ausgebildet mit langen Schwimmhaaren; große Augen, die für das Sehen über und unter Wasser eingerichtet sind; langer Saugrüssel
**LEBENSWEISE:** lebt räuberisch von ins Wasser gefallenen Insekten, Kaulquappen und kleinen Fischen; gewandter Schwimmer; Eiablage im Frühjahr an die Stängel von Unterwasserpflanzen; Larven häuten sich fünfmal; Überwinterung als erwachsenes Tier oder Ei
**BESONDERES:** Schwimmt mit weit ausgestreckten Beinen schnell auf dem Rücken durchs Wasser (› Seite 109). Vorsicht, das Tier kann schmerzhaft stechen!

## Seerosenblattlaus
*Rhopalosiphum nymphaea*

**Größe:** ca. 3 mm lang
**Beobachtungszeit:** Sommer
› Seerosenzone

**VORKOMMEN:** auf Seerosenblättern
**AUSSEHEN:** schwarz, weichhäutig; Männchen mit 2 Paar Flügeln, Weibchen meist ungeflügelt
**LEBENSWEISE:** ernährt sich vom Pflanzensaft von Seerosen; neben geschlechtlicher Vermehrung kann auch Jungfernzeugung vorkommen; Massenvermehrung bei feuchtwarmem Wetter; die geflügelten Tiere fliegen auf ihren »Winterwirt« (Pflaume, Kirsche, Schlehe) und legen dort Wintereier ab
**BESONDERES:** Seerosen-Schädling, bei Übervermehrung kommt es zu Kümmerwuchs, die Blätter werden vorzeitig gelb und sterben ab. Befallene Blätter schnell entfernen. Auf natürliche Fressfeinde achten (Florfliegen, Schwebfliegen, Marienkäfer). Seerosen werden umso stärker befallen, je schlechter ihre Ausgangsposition ist (z. B. schlechte Besonnung, schlechte Wasserqualität oder schlechter Ernährungszustand).

 Amphibien   Reptilien   Vögel  ! geschützt

## Schlammfliege
*Sialis* sp.

**Größe:** ca. 2 cm lang/Flügelspannweite 4 cm
**Beobachtungszeit:** Mai – Juli
› Feuchtzone, Sumpfzone

**VORKOMMEN:** auf Schilf und im Ufergebüsch stehender Gewässer
**AUSSEHEN:** Körper schwarz, Flügel dunkelbraun; 4 grobmaschig geaderte Flügel, die in Ruhestellung dachförmig über dem Rücken gefaltet sind; lange Fühler; Männchen kleiner als Weibchen
**LEBENSWEISE:** erwachsene Tiere sehr kurzlebig; fliegen relativ unbeholfen und nur kurze Strecken, kriechen meist langsam in Uferpflanzen umher; Paarung am Boden; Eiablage in langen, dunklen Reihen auf Uferpflanzen (› Seite 67), am liebsten Schilf und Schwertlilien; die geschlüpften Larven lassen sich ins Wasser fallen; sie leben räuberisch auf dem Gewässergrund; bis zum Vollinsekt überwintern sie zweimal
**BESONDERES:** Zur Verpuppung im Frühjahr kriecht die Larve an Land und gräbt sich – oftmals in weiter Entfernung vom Gewässer – in den Boden ein.

## Furchenschwimmer
*Acilius sulcatus*

**Größe:** 15–18 mm lang
**Beobachtungszeit:** Mai – Juli
› Sumpfzone, Flachwasserzone, Seerosenzone

**VORKOMMEN:** zwischen Wasserpflanzen in stehenden Gewässern
**AUSSEHEN:** Körper oval, gelblich mit vielen schwarzen Pünktchen; am Kopf zwischen den Augen ein charakteristisches schwarzes V; lange, fadenförmige Fühler; Weibchen mit haarigen Furchen (Namen) auf den Flügeldecken, Männchen mit glatten Flügeldecken; Hinterbeine mit langen Borsten, Vorderbeine beim Männchen mit Saugscheiben
**LEBENSWEISE:** der Käfer schwimmt unentwegt auf Nahrungssuche (kleine Wassertiere) umher; kommt zum Atmen an die Oberfläche, um den Luftvorrat unter den Deckflügeln aufzufüllen; Eiablage im Juni/Juli in kleinen Gruppen oder einzeln am Boden; Larve ca. 4 cm lang, streckt zum »Luftholen« den Hinterleib über die Wasseroberfläche; das erwachsene Tier überwintert im Wasser
**BESONDERES:** Die Larve verpuppt sich in selbst gegrabenen Höhlen an Land.

## Gelbrandkäfer
*Dytiscus marginalis*

**Größe:** bis 3,5 cm lang
**Beobachtungszeit:** März – September
› Flachwasserzone, Seerosenzone

**VORKOMMEN:** im Wasser dicht bewachsener, aber auch frisch angelegter Teiche
**AUSSEHEN:** Körper oval; oberseits schwarzgrün, Halsschild und Flügeldecken gelb umrandet; Bauchseite braungelb; Flügeldecken beim Männchen glatt, beim Weibchen mit mehreren Längsrillen
**LEBENSWEISE:** lebt räuberisch von Kaulquappen, Fischbrut und Insektenlarven; sehr guter Schwimmer; kommt zum Atmen mit dem Hinterleib an die Wasseroberfläche; Paarungszeit Herbst; im Frühjahr legt das Weibchen mit Hilfe eines messerscharfen Legestachels ca. 1000 Eier in die Stängel von Wasserpflanzen; die Larve lebt räuberisch, mit ca. 6–8 cm Länge verpuppt sie sich an Land in einer selbst gebauten Erdhöhle
**BESONDERES:** Der Gelbrandkäfer gilt im Gartenteich als Gesundheitspolizei. Für geschwächte Fische ist er eine Bedrohung. Vorsicht, die Larve kann schmerzhaft stechen!

### Seerosenblattkäfer
*Galerucella nymphaea*

**Größe:** 5–8 mm lang
**Beobachtungszeit:** ab Juni – September
› Seerosenzone

**VORKOMMEN:** überall, wo es See- und Teichrosen gibt
**AUSSEHEN:** Körper deutlich in Kopf, Halsschild und Hinterleib gegliedert; Oberseite hellbraun mit dunklen Flecken, Unterseite schwarz; lange Fühler; Larve schwarz
**LEBENSWEISE:** Käfer und Larven ernähren sich von See- und Teichrosenblättern; sie fressen Gänge in die Blätter, so dass die Blattunterseite erhalten bleibt und nicht ins Wasser fällt; das Weibchen legt 15–20 Eier in kleinen Häufchen auf Seerosenblätter ab, hier schlüpfen und leben die Larven und verpuppen sich auch; bei gutem Nahrungsangebot und entsprechendem Klima entwickeln sich bis zu fünf Generationen pro Jahr; der Käfer überwintert am Ufer in den Stängeln von Schilf und Röhricht
**BESONDERES:** Wenn Sie befallene Seerosenblätter rechtzeitig entfernen, verhindern Sie eine unnötige Schwächung der Pflanzen.

### Taumelkäfer
*Gyrinus substriatus*

**Größe:** 3,5–8 mm lang
**Beobachtungszeit:** Mai – Oktober
› Flachwasserzone, Seerosenzone

**VORKOMMEN:** auf der Wasseroberfläche stehender oder langsam fließender Gewässer
**AUSSEHEN:** länglich oval, glänzend schwarz; Flügeldecken mit kleinen Punktreihen versehen; Mittel- und Hinterbeine stark abgeplattet und mit Borsten besetzt; kurze Fühler; Larven 12–15 mm lang, gelblich
**LEBENSWEISE:** ernährt sich von aufs Wasser fallenden Insekten; sehr gesellig; bewegt sich besonders bei Sonnenschein rasend schnell (bis zu 50 cm/sec) auf der Wasseroberfläche umher; guter Flieger; die Luft, die er zum Atmen braucht, sammelt er als silbrig glänzendes Bläschen am Hinterleib; Paarung im Frühjahr, Eiablage in Schnüren an Wasserpflanzen; Larven leben räuberisch im Mulm oder unter Steinen am Gewässergrund; Verpuppung an Land
**BESONDERES:** Bei Gefahr tauchen die Käfer blitzschnell ins Wasser und stoßen dabei noch ein Sekret aus, das das Wasser trübt.

### Kolbenwasserkäfer
*Hydrous piceus*

**Größe:** 5 cm lang
**Beobachtungszeit:** März – Oktober
› Flachwasserzone

**VORKOMMEN:** im Wasser seichter, meist stark bewachsener Gewässer, selten
**AUSSEHEN:** Körper oval, glänzend schwarz mit olivgrünem Schimmer; Fühler kurz und keulig verdickt; Beine abgeflacht und mit Härchen besetzt
**LEBENSWEISE:** Käfer frisst Pflanzen; Paarung und Eiablage im Wasser; das Weibchen umhüllt jeweils bis zu 50 Eier mit einem Seidenkokon, der mit Pflanzenteilen getarnt wird, die Kokons schwimmen auf der Wasseroberfläche; nach 2–3 Wochen schlüpfen die Larven; sie leben am Grund der Flachwasserzone, müssen zum Atmen aber mit dem Hinterleib aus dem Wasser stoßen; sie fressen kleine Wasserschnecken; Verpuppung im Hochsommer an Land; Lebensdauer ca. 3 Jahre
**BESONDERES:** Der Käfer sucht nachts neue Gewässer auf und wird dabei vom Licht angezogen. Er kann empfindlich stechen!

 Amphibien  Reptilien  Vögel  geschützt

### Mosaikjungfer
*Aeshna cyanea*

**Größe:** 7 cm lang/Flügelspannweite 9–11 cm
**Beobachtungszeit:** Juli – Oktober
› Feucht- bis Seerosenzone

**VORKOMMEN:** stehende Gewässer aller Art, aber auch über Wiesen und im Wald
**AUSSEHEN:** Brust kräftig, gelbgrün mit schwarzer Zeichnung; Männchen mit blaugrünem, Weibchen mit braungrünem Hinterleib
**LEBENSWEISE:** unternimmt weite Jagdflüge nach Insekten; Männchen suchen dabei auch nach Weibchen und verteidigen ihr Revier gegen Rivalen; ziehen sich zur Paarung gerne in Baumkronen zurück; bilden im Flug Paarungsrad; die Eier werden in Pflanzen und Holz nahe der Wasseroberfläche eingestochen und überwintern dort; die schlüpfenden Larven leben räuberisch am Gewässergrund im Schlamm; Larvenzeit 2–3 Jahre; zum Schlüpfen klettert die Larve an Sumpfpflanzen aus dem Wasser (› Seite 84)
**BESONDERES:** Unsere häufigste Edellibelle. Sie ist sehr neugierig und kommt z. T. sehr nahe an den Menschen heran.

### Große Königslibelle
*Anax imperator*

**Größe:** 8 cm lang/Flügelspannweite 9–11 cm
**Beobachtungszeit:** Juni – Mitte September
› Feucht- bis Seerosenzone

**VORKOMMEN:** in der Uferzone stehender, intensiv besonnter Gewässer mit üppiger Vegetation, nicht häufig
**AUSSEHEN:** Brust bei beiden Geschlechtern bläulichgrün; Hinterleib beim Männchen azurblau mit durchgehend schwarzem Längsband auf dem Rücken, beim Weibchen blaugrün mit breitem, braunem Längsband
**LEBENSWEISE:** jagen dicht über der Wasseroberfläche nach Fliegen, Schmetterlingen, aber auch anderen Libellen; wendige Flieger; die Paarung, die ca. 10 Minuten dauert, erfolgt sitzend in der Uferzone; Eiablage in die Stängel von Schwimmblattpflanzen ohne Geleitschutz durch das Männchen, wie es sonst bei Edellibellen der Fall ist; die am Gewässergrund lebende, sehr aktive Larve ist nach 1–2 Jahren 55 mm lang; sie ernährt sich von Kleintieren
**BESONDERES:** Größte mitteleuropäische Libelle, die auch abends noch auf Jagd geht.

### Hufeisenazurjungfer
*Coenagrion puella*

**Größe:** bis 3,5 cm lang/Flügelspannweite 4 cm
**Beobachtungszeit:** Mai – September
› Feucht- bis Seerosenzone

**VORKOMMEN:** in der Krautschicht stehender pflanzenreicher Gewässer aller Art
**AUSSEHEN:** kleine Libelle mit schlankem, zylindrischem Hinterleib; Männchen hellblau mit schwarzer Zeichnung, Weibchen gelbgrün; Larve ca. 15 mm, grünlich (Männchen) oder schmutziggelb (Weibchen)
**LEBENSWEISE:** ernährt sich von Kleininsekten, die im Flug erbeutet werden; zur Paarung bilden beide Tiere ein Paarungsrad; zur Eiablage steht das Männchen fast senkrecht auf der Brust des Weibchens, in der sog. »Leuchtturmposition«; Eiablage an Pflanzenblättern nahe der Wasseroberfläche; die schlüpfenden Larven leben zunächst an der Blattunterseite, später am Gewässergrund, sie überwintern einmal
**BESONDERES:** Unsere häufigste Schlanklibelle, die sich auch in größeren Gruppen am Teich aufhält. Die Lebensdauer der Libelle beträgt meist nur 4 Wochen.

### Große Pechlibelle
*Ischnura elegans*

**Größe:** 3 cm lang / Flügelspannweite 3–4 cm
**Beobachtungszeit:** Mai – September
› Feucht- bis Seerosenzone

**VORKOMMEN:** an allen Gewässerarten mit sauberem Wasser und Unterwasserpflanzen; fliegt mit Vorliebe über großen freien Wasserflächen
**AUSSEHEN:** schlanke Libelle; Hinterleib pechschwarz mit leuchtend blauem Fleck am vorletzten Segment; Männchen am Brustkorb blau, Weibchen grünlich bis bräunlich
**LEBENSWEISE:** gesellig; erbeutet im Flug andere Fluginsekten; Paarung kann mehrere Stunden dauern, danach fliegen die Weibchen bis zum späten Abend allein zur Eiablage zwischen Unterwasserpflanzen; Larven leben im flachen Wasser zwischen den Pflanzen und ernähren sich räuberisch von kleinen Wassertieren; bei warmem Wetter können 2–3 Generationen pro Jahr schlüpfen
**BESONDERES:** Eine der ersten Libellenarten an neu angelegten Teichen. Die Große Pechlibelle stellt auch bei schlechtem Wetter ihre Flugtätigkeit nicht völlig ein.

### Plattbauchlibelle
*Libellula depressa*

**Größe:** 4–5 cm lang / Flügelspannweite 7–8 cm
**Beobachtungszeit:** Mai – August
› Feucht- bis Seerosenzone

**VORKOMMEN:** bevorzugt kleine, stehende Gewässer mit geringer Vegetation
**AUSSEHEN:** Großlibelle mit breitem, abgeplattetem Hinterleib, Männchen hellblau, Weibchen oliv- bis gelbbraun mit gelben Flecken an der Seite; Larve stark behaart, plump, 2,5 cm lang, braungrau
**LEBENSWEISE:** exzellente Flieger; Ansitzjäger; paart sich und frisst im Flug; Eier werden im Flug über dem Flachwasser abgeworfen; Larven schlüpfen nach 4 Wochen; fressen kleine Wassertiere; nicht alle Larven entwickeln sich im ersten Sommer zum Vollinsekt, überwintern z. T. im Schlamm
**BESONDERES:** Erste Libellenart, die sich am frisch angelegten Gartenteich einfindet. Sie verträgt Wasserschwankungen sehr gut. Die Gewässer dürfen sogar austrocknen. Der Trockenschlaf der Larven kann bis zu einem halben Jahr dauern. Bei zu dichtem Bewuchs verschwindet die Libelle wieder.

### Frühe Adonislibelle
*Pyrrhosoma nymphula*

**Größe:** 3 cm lang / Flügelspannweite 4–4,5 cm
**Beobachtungszeit:** April – August
› Feucht- bis Seerosenzone

**VORKOMMEN:** hält sich meist in der dichten Ufervegetation stehender Gewässer auf
**AUSSEHEN:** kleine, schlanke Libelle; Körper leuchtend rot, beim Weibchen mit schwarzer Zeichnung an jedem, beim Männchen nur am letzten Segment, Flügel und Beine schwarz; Jungtiere mit gelbem Bruststreifen
**LEBENSWEISE:** lebt von im Flug erbeuteten Insekten; Paarung bei sonnigem Wetter oft schon in den frühen Morgenstunden; Eiablage im Tandemflug auf schwimmende oder herausragende Pflanzenteile, in die das Weibchen die Eier einsticht; die Larven überwintern im Wasser in Pflanzennähe; sie kriechen im Frühjahr zum Schlüpfen an Pflanzen aus dem Wasser; Entwicklungsdauer 1–2 Jahre
**BESONDERES:** Die Frühe Adonislibelle ist die erste im Frühjahr zu beobachtende Libelle. Sie fliegt nicht so gern, sondern sitzt in der Ufervegetation auf Pflanzen. In Ruhestellung sind die Flügel stets leicht geöffnet.

 Amphibien  Reptilien  Vögel  geschützt

### Erdkröte
*Bufo bufo*

**Größe:** 9–12 cm lang
**Beobachtungszeit:** März – Oktober
› Flachwasserzone

**VORKOMMEN:** außerhalb der Laichzeit in feuchten Bereichen in naturnahen Gärten
**AUSSEHEN:** plumper, gedrungener Körper; oberseits bräunlich mit warzigen Hautdrüsen übersät; unterseits schmutzigweiß und grauschwarz gesprenkelt; Haut trocken; Männchen deutlich kleiner als Weibchen; Pupille waagerecht elliptisch, Iris bernsteinfarben; Kaulquappe schwarz, bis 4 cm lang
**LEBENSWEISE:** frisst Insekten, Würmer, Spinnen u. Ä.; nachtaktiv; tagsüber im Gebüsch, unter Steinen und Totholz; nur zur Laichzeit (Frühjahr) im Wasser; oftmals klammern sich mehrere Männchen an einem Weibchen fest; laicht in Schnüren ab (› Seite 96); nach 2–3 Wochen schlüpfen die Kaulquappen; die Kröte wird 10–12 Jahre alt
**BESONDERES:** Größte europäische Kröte. Wegen der Ungenießbarkeit der Kaulquappen kann die Erdkröte auch erfolgreich in Fischteichen ablaichen.

### Wechselkröte
*Bufo viridis*

**Größe:** bis 10 cm lang
**Beobachtungszeit:** April – Oktober
› Flachwasserzone

**VORKOMMEN:** sonnenexponierte, trockenwarme Lebensräume mit grabfähigem Grund und geeigneten Wasserstellen (vegetationsarme Flachwasserzone) zum Laichen
**AUSSEHEN:** hellgrau bis weiß und mit grünen »Inselflecken«; Weibchen größer als Männchen, mit rötlichen Warzen an den Flanken; Pupille waagerecht, Iris zitronengelb bis grünlich; Kaulquappe bis 5 cm lang; bräunlich bis graugrün, heller Flossensaum
**LEBENSWEISE:** frisst Insekten, Schnecken, Würmer, Asseln und Spinnen; dämmerungs- und nachtaktiv; wandert viel umher; der Laich wird von April – Juni in 2–4 m langen Schnüren am Gewässergrund abgelegt; Winterruhe von Frostbeginn bis Anfang April; Lebenserwartung 9 Jahre
**BESONDERES:** Die Wechselkröte kann ihre Farbe der Umgebung anpassen (Name!). In Teichen mit Fischbesatz können sich die Kaulquappen nicht entwickeln.

### Knoblauchkröte
*Pelobates fuscus*

**Größe:** 5–7 cm lang
**Beobachtungszeit:** Ende März – Oktober
› Flachwasserzone

**VORKOMMEN:** Stillgewässer mit mindestens 30 cm Tiefe und vegetationsreicher Uferzone; bevorzugen lockere Oberböden
**AUSSEHEN:** Körper gedrungen; Färbung hellgrau bis beigebraun mit braunen Flecken und rötlich braunen Warzen; Bauch weißlich mit grauer Sprenkelung; arttypisch der helmartige Scheitelhöcker am Hinterkopf; Fußsohlen der Hinterfüße mit scharfkantigen, verhornten Auswüchsen (»Grabschaufeln«); senkrechte, schlitzförmige Pupille; sehr große Kaulquappen (8–12 cm)
**LEBENSWEISE:** frisst Insekten und Würmer; nachtaktiv; der Laich wird ab April bevorzugt an senkrechten Pflanzenteilen spiralig, in dicken klumpigen Schnüren abgelegt; die Krötchen verlassen Ende Juni das Wasser
**BESONDERES:** Die Kröten sondern bei Gefahr einen knoblauchartigen Geruch (Name!) ab. In trockenen Sommern halten sie eine Art Sommerschlaf.

## Wasserfrosch
*Rana esculenta*

**Größe:** 10–12 cm lang
**Beobachtungszeit:** April – Oktober
› Flachwasserzone, Seerosenzone

**VORKOMMEN:** kleine und mittlere, pflanzenreiche Stillgewässer; wandert in naturnahen Gärten mit Versteckmöglichkeiten und gutem Nahrungsangebot schnell ein
**AUSSEHEN:** schlanker Körper mit spitzer Schnauze; hell- und dunkelgrün mit regelmäßigen schwarzbraunen Flecken; hellgrüne Rückenlinie und deutlich hervortretende Drüsenleisten an der Seite; weiße Schallblasen; Weibchen zur Paarungszeit überwiegend gelblich gefärbt; Iris intensiv gelb
**LEBENSWEISE:** frisst am Ufer umherkrabbelnde Insekten; tagaktiv; Laichzeit Mitte Mai – Mitte Juni; Laich in Ballen (› Seite 97); überwintert, im Schlamm eingegraben, am Gewässergrund oder in feuchten Höhlen
**BESONDERES:** Der Wasserfrosch ruft von Mai – August meckernd und schnarrend (› Seite 66). Er nimmt gerne Sonnenbäder (› Seite 109) und springt bei Gefahr in weiten Sätzen ins Wasser.

## Kleiner Teichfrosch
*Rana lessonae*

**Größe:** 4,5–6,5 cm lang
**Beobachtungszeit:** März – Oktober
› Feucht- bis Seerosenzone

**VORKOMMEN:** kleine vegetationsreiche Weiher und Tümpel; liebt sonnige Flachwasserbereiche und ist häufig in der Ufervegetation anzutreffen
**AUSSEHEN:** schlanker Körper mit spitzer Schnauze; grünlich mit braunschwarzen regelmäßigen Flecken; hellgrüne, mittige Rückenlinie und zwei deutlich hervortretende rötliche Drüsenleisten an der Seite; zwei grauweiße Schallblasen; Kaulquappen bis 8 cm lang, mit grünlicher Grundfärbung und dunklen Flecken
**LEBENSWEISE:** frisst Insekten, Schnecken, Würmer, Asseln und Spinnen; tagaktiv; Laichzeit Mai – Juni; Laich in Ballen mit 1000–3000 Eiern; charakteristisch ist seine ungestüme Fluchtreaktion bei Störungen; überwintert an Land in Erdhöhlen oder Laubhaufen
**BESONDERES:** Kreuzung aus Wasserfrosch (*R. esculenta*) und Seefrosch (*R. ridibunda*).

## Grasfrosch
*Rana temporaria*

**Größe:** bis 11 cm lang
**Beobachtungszeit:** März – Oktober
› Flachwasserzone

**VORKOMMEN:** an feuchten Stellen auf Wiesen und Weiden; zum Laichen in Teichen mit reicher Unterwasserflora
**AUSSEHEN:** groß und kräftig; gelblich bis braun mit dunklen Flecken; Unterseite weißlich bis gelblichorange; mit braunen Schläfenflecken; Hinterbeine mit dunkelbrauner bis schwarzer Querbänderung; Pupille länglich waagerecht; Kaulquappe braun mit kupfer- bis bronzefarbigen Flecken
**LEBENSWEISE:** nur zur Laichzeit (Ende Februar/Anfang März) im Wasser; Paarungsruf dumpfes Knurren oder Brummen; laicht in Klumpen im Flachwasser und stark verkrauteten Zonen; nach 3–4 Wochen schlüpfen die Kaulquappen, nach 2–3 Monaten verlassen die Jungfrösche das Wasser; überwintert am Grund der Laichgewässer oder in Erdlöchern an Land
**BESONDERES:** In Fischteichen hat der Laich kaum Überlebenschancen.

 Amphibien    Reptilien   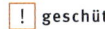 Vögel   ! geschützt

## Bergmolch
*Triturus alpestris*

**Größe:** 8–12 cm lang
**Beobachtungszeit:** Februar – Mai
› Sumpfzone, Flachwasserzone

**VORKOMMEN:** laicht an stehenden oder langsam fließenden kühlen Gewässern
**AUSSEHEN:** Körper flach, Oberseite mattschwarz (Männchen) oder schwarzbraun marmoriert (Weibchen), Unterseite rötlich bis orangefarben; Weibchen länger als Männchen; Männchen zur Paarungszeit leuchtend gefärbt (› Abb.); Larven ca. 8 mm lang, abgerundete, schwarze Schwanzspitze
**LEBENSWEISE:** Molche und ihre Larven ernähren sich räuberisch; Laichzeit Februar – Mai; Eiablage einzeln in die Blattachseln von Unterwasserpflanzen; nach 2 Wochen schlüpfen die Larven; Entwicklung zum Molch 4–5 Monate; überwintert im Erdboden oder als Larve am Gewässergrund
**BESONDERES:** Wenn Bergmolche in der Umgebung vorkommen, dann wandern sie auch relativ schnell ein und laichen im Gartenteich ab. Kühle Gewässer werden bevorzugt; beschatten Sie daher Teile des Teiches.

## Kammmolch
*Triturus cristatus*

**Größe:** 14–18 cm lang
**Beobachtungszeit:** Februar – Mai
› Sumpfzone, Flachwasserzone

**VORKOMMEN:** zum Laichen Gewässer mit lehmigem Grund und reicher Unterwasser- und Ufervegetation
**AUSSEHEN:** großer, grauschwarzer Molch; Bauch gelb bis orangefarben mit dunklen Flecken; Männchen zur Paarungszeit leuchtend gefärbt mit stark gezacktem Hautkamm und deutlicher Einkerbung am Schwanzansatz (› Abb.)
**LEBENSWEISE:** frisst Würmer, Nacktschnecken und Asseln; nachtaktiv, tagsüber unter Laub und Totholz versteckt; Laichzeit März/April; Eiablage über Wochen in zu Tüten gefalteten Blättern von Wasserpflanzen; die nach ca. 2 Wochen schlüpfenden Larven sind ca. 1 cm lang und haben einen langen, spitz zulaufenden Schwanz; überwintert an Land
**BESONDERES:** Der Kammmolch sondert milchig weiße Hautsekrete ab, die säuerlich riechen und beim Menschen Schleimhautreizungen hervorrufen können.

## Teichmolch
*Triturus vulgaris*

**Größe:** 9–11 cm lang
**Beobachtungszeit:** Februar – Juli
› Flachwasserzone

**VORKOMMEN:** bevorzugt zum Laichen saubere, zeitweilig besonnte, pflanzenreiche Flachwasserzonen
**AUSSEHEN:** Körper schlank; gelbbraun bis schwarzgrau gefärbt; glatthäutig; Männchen zur Paarungszeit (› Abb.) mit dunklen, rundlichen Punkten und gewelltem, hohem Rückenkamm
**LEBENSWEISE:** frisst an Land Insekten, Würmer und andere Kleintiere, im Wasser Kleinkrebse, Laich und Kaulquappen – auch die der eigenen Art; nachtaktiv; Laichzeit April – Mai; Eiablage einzeln an Wasserpflanzen; nach 2 Wochen schlüpfen die ca. 1 cm langen Larven; sie fressen kleine Wassertiere; nach 2–3 Monaten gehen die Jungmolche an Land (› Seite 51); überwintert unter Laub und Mulm
**BESONDERES:** Zum Anlocken sollten Sie für reiche Unterwasserflora und Überwinterungsmöglichkeiten im Uferbereich sorgen.

 Würmer   Weichtiere   Kleinkrebse  Insekten

## Ringelnatter
*Natrix natrix*

**Größe:** 1–1,2 m lang
**Beobachtungszeit:** Frühjahr bis Herbst
› Feuchtzone, Sumpfzone

**VORKOMMEN:** vegetationsreiche Ufer mit Möglichkeit zum Sonnenbaden
**AUSSEHEN:** grau bis graubraune Schlange mit orangegelben bis weißen »Halbmondflecken« auf beiden Seiten des Kopfes; Bauch grauweiß bis gelblich, schachbrettartig gezeichnet; Weibchen dicker als Männchen
**LEBENSWEISE:** frisst nur lebende Beute bis Mausgröße; tagaktiv; kann gut schwimmen und tauchen; Paarung nach der ersten Häutung im April/Mai; Eiablage Juli – August in Kompost- und Laubhaufen oder alte Baumstümpfe; im Herbst schlüpfen die Jungtiere, sie überwintern am Schlupfort
**BESONDERES:** Stellt sich bei Gefahr oft tot: dreht sich zur Seite, verdreht die Augen und lässt die Zunge heraushängen. Beißt nicht, sondert jedoch bei Berührung eine übel riechende Flüssigkeit ab. Obwohl die Ringelnatter eine Giftdrüse besitzt, ist sie für den Menschen völlig ungefährlich.

## Stockente
*Anas platyrhynchos*

**Größe:** 58 cm lang
**Beobachtungszeit:** ganzjährig
› Garten- bis Seerosenzone

**VORKOMMEN:** an allen Gewässern
**AUSSEHEN:** Männchen im Prachtkleid (› Abb.); Hinterende schwarzweiß mit 4 hakig gebogenen Schwanzfedern (Erpellocke); Ruhekleid ähnlich wie Weibchen, durch seinen gelben Schnabel aber noch gut zu erkennen; Weibchen mit braun gesprenkeltem Gefieder und blauer Flügelbinde
**LEBENSWEISE:** ernährt sich überwiegend von pflanzlicher Nahrung und Weichtieren; Eiablage ab März; baut Nest in dichter Vegetation nahe am Ufer von Gewässern; nach 25–28 Tagen Brutzeit schlüpfen ab April 7–16 Junge, die schon nach 6–12 Stunden das Nest verlassen
**BESONDERES:** In frisch angelegten Gartenteichen können einfliegende Stockenten durch Herausreißen neu eingesetzter Pflanzen mehr oder weniger große Schäden verursachen. Stockenten lassen sich dauerhaft nur in großen, ungestörten Naturteichen nieder.

## Graureiher
*Ardea cinerea*

**Größe:** ca. 90 cm lang
**Beobachtungszeit:** ganzjährig
› Sumpf- bis Flachwasserzone

**VORKOMMEN:** an seichten und vegetationsreichen, von Buschwerk umgebenen stehenden und fließenden Gewässern
**AUSSEHEN:** beide Geschlechter gleich gefärbt; Gefieder auf dem Kopf weiß mit schwarzem Augenstreifen und drei langen schwarzen Schopffedern; Hals grauweiß mit dreifacher schwarzer Streifung; Rücken aschgrau; im Flug leicht durch den S-förmig gekrümmten Hals, den langsamen Flügelschlag und ein lautes, raues »chräik« zu erkennen
**LEBENSWEISE:** frisst Fische, Frösche, Molche, Mäuse und größere Insekten; lebt gesellig in Kolonien; Nest meist hoch in Bäumen; Jungenaufzucht (4–5) von März – Juni
**BESONDERES:** Kann an Fischteichen erheblichen Schaden anrichten. Ein Überspannen mit Netzen oder Spannen von Drähten am Ufer, die ihn am Schreiten hindern, ist zur Abwehr sinnvoll. Vogelscheuchen werden schnell als harmlos entlarvt.

 Amphibien   Reptilien   Vögel  ! geschützt

# Bewährte Pflanzkombinationen

Als Hilfestellung zum Finden des richtigen Stils und der dazu passenden Bepflanzung hier einige Themen zur Auswahl und Inspiration – vielleicht ist etwas für Sie dabei?

Die Pflanzenlisten sind als Module zu verstehen. Nicht bei jedem Gestaltungsthema sind alle fünf Zonen belegt, teilweise wurden auch Zonen zusammengefasst. Die meisten der genannten Arten sind in den Pflanzenporträts beschrieben. Lediglich die Empfehlungen für die Gartenzone – also außerhalb der Teichdichtung – enthalten auch einige im Porträtteil nicht erwähnte Arten, wenn diese thematisch die Pflanzung gut ergänzen.

Je nach Zone sind die Stückzahlen auf eine Fläche von 5 bzw. 10 m² bezogen. Die Pflanzen sind in der Reihenfolge angeordnet, in der sie eingesetzt werden. Beachten Sie, dass eine Teichanlage besonders durch einen gewissen Anteil freier Wasserfläche erst richtig ansprechend wirkt. Ist die Tiefenzone kleiner als 10 m², sollten Sie z. B. auf großwüchsige Seerosensorten komplett verzichten. Beim Umrechnen auf kleinere Flächen sollte die Stückzahl immer abgerundet werden – bis hin zum kompletten Verzicht auf einzelne Arten. Bei Platzmangel ist es oft besser, eine oder auch mehrere Zonen komplett wegzulassen, als alle fünf Zonen auf winzige Flächen zu reduzieren.

Die Pflanzpläne sollen als Anregung dienen. Die Pflanzsymbole verdeutlichen eine mögliche Verteilung der großwüchsigen bzw. gerüstbildenden Arten und Seerosen. Die anderen Pflanzen können Sie gleichmäßig auf der Fläche verteilen.

## »White Waves«

Wünschen Sie eine ruhige Ausstrahlung und ein klares Design? Dann bietet sich eine Bepflanzung an, die sich möglichst nur auf einen Farbton beschränkt. Wie wäre es z. B. mit einem ganz in Weiß ge-haltenen Garten? Hier sind nicht nur die Blüten weiß, es sind auch Arten mit weißgemusterter Belaubung vertreten. Ein einfarbiger Garten kann sowohl architektonisch als auch naturnah gestaltet sein. Für die angegebenen Pflanzen sollte das Wasser nährstoffreich und mittelhart sein und einen pH-Wert von 6,5–7,5 haben.

### ① Gartenzone, sonnig – halbschattig, frisch, je 10 m²

| Symbol | Name | Anzahl | Porträt |
|---|---|---|---|
| | *Aconogonon alpinum*<br>Blüte weiß, Juni – September | 1 | › S. 120 |
| | *Asclepias incarnata* 'Ice Ballett'<br>Blüte weiß, Juli – August | 3 | › S. 124 |
| | *Calamagrostis* × *acutiflora* 'Overdam'<br>Blätter grünweiß gestreift | 3 | › S. 126 |
| | *Liatris spicata* 'Floristan Weiß' | 10 | › S. 145 |
| | *Achillea ptarmica* 'Schneeball' | 3 | › S. 120 |
| | *Aster divaricatus* | 5 | › S. 124 |
| | *Bergenia* 'Silberlicht' | 5 | › S. 125 |
| | *Carex conica* 'Snowline' | 10 | › S. 129 |
| | *Ajuga reptans* 'Alba' | 20 | › S. 121 |
| | *Leucojum vernum* | 20 | › S. 145 |

# »White Waves«

> **TIPP!**
> **Gehölze im Hintergrund**
> Wählen Sie als Kulisse auch Gehölze mit weißen Blüten aus, z. B.:
> - Großfruchtige Felsenbirne (*Amelanchier lamarckii* 'Ballerina')
> - Trompetenbaum (*Catalpa bignonioides*)
> - Kugelbusch (*Cephalanthus occidentalis*) – Standort sehr feucht
> - Blumen-Hartriegel (*Cornus* 'Eddie's White Wonder') – nicht für schwere Kalk-Böden geeignet
> - Taubenbaum (*Davidia involucrata*)

### ⑤ Seerosenzone, Wassertiefe 60–100 cm, sonnig, je 10 m²

| Symbol | Name | Anzahl | Porträt |
|---|---|---|---|
| | *Nymphaea* 'Gonnère' Blüte weiß, dichtgefüllt, Juni – Oktober | 2 | › S. 153 |
| | *Aponogeton distachyos* | 3 | › S. 123 |
| | *Stratiotes aloides* | 5 | › S. 163 |
| | *Ceratophyllum submersum* | 5 | › S. 130 |
| | *Ranunculus aquatilis* | 5 | › S. 160 |
| | *Potamogeton lucens* | 2 | › S. 157 |

### ② Feuchtzone, sonnig – halbschattig, je 5 m²

| Symbol | Name | Anzahl | Porträt |
|---|---|---|---|
| | *Eupatorium rugosum* Blüte weiß, August – Oktober | 3 | › S. 136 |
| | *Caltha palustris* var. *alba* | 10 | › S. 127 |
| | *Menyanthes trifoliata* | 5 | › S. 149 |
| | *Carex diandra* | 5 | › S. 128 |
| | *Myosotis palustris* 'Alba' | 5 | › S. 150 |
| | *Leucojum aestivum* | 20 | › S. 145 |

### ④ Flachwasserzone, Wassertiefe 10–40 cm, sonnig, je 5 m²

| Symbol | Name | Anzahl | Porträt |
|---|---|---|---|
| | *Schoenoplectus tabernaemontani* 'Zebrinus' Halm mit weißen Querstreifen | 1 | › S. 162 |
| | *Acorus calamus* 'Variegatus' Blätter grün-weiß gestreift | 3 | › S. 120 |
| | *Alisma lanceolatum* | 3 | › S. 121 |
| | *Iris laevigata* 'Alba' | 5 | › S. 142 |
| | *Pontederia cordata* 'Alba' | 5 | › S. 157 |
| | *Gratiola officinalis* | 5 | › S. 139 |
| | *Hydrocharis morsus-ranae* | 5 | › S. 142 |
| | *Nymphaea tetragona* | 5 | › S. 154 |
| | *Crassula helmsii* | 5 | › S. 131 |

# BEWÄHRTE PFLANZKOMBINATIONEN

## »Wilde Natur«

Für bodenständige Naturfreunde: Heimische Pflanzenvielfalt in naturnaher Einbindung. Zur Überbrückung blüharmer Phasen wurden besonders in der Uferzone einige Stauden fremdländischer Herkunft integriert, die jedoch sehr gut zu dem wildnishaften Charakter der übrigen Bepflanzung passen. Im Frühling dominieren gelbe und violette bis blaue Blütenfarben. Danach präsentiert sich die Pflanzung in Rosarot und Weiß mit etwas Blauviolett. Das Wasser sollte mäßig nährstoffreich und mittelhart (bis hart) sein.

### ① Gartenzone, trocken – frisch, sonnig – halbschattig, je 10 m²

| Symbol | Name | Anzahl | Porträt |
|---|---|---|---|
|  | *Iris spuria* Blüte hellblau oder weiß, Mai – Juni | 5 | › S. 143 |
|  | *Calamagrostis × acutiflora* 'Karl Foerster' Fruchtstände braun | 5 | › S. 126 |
|  | *Aster turbinellus* Blüte violett, September – Oktober | 3 | › S. 124 |
|  | *Aquilegia vulgaris* | 5 | › S. 123 |
|  | *Aster divaricatus* | 5 | › S. 124 |
|  | *Geranium × magnificum* | 5 | › S. 138 |
|  | *Alchemilla erythropoda* | 10 | › S. 121 |
|  | *Geranium × cantabrigiense* 'Berggarten' | 10 | › S. 138 |
|  | *Primula veris* | 15 | › S. 159 |
|  | *Lysimachia nummularia* | 5 | › S. 147 |

### TIPP!

**Frühjahrsblühende Zwiebelpflanzen**

In der Gartenzone können Sie im Frühjahr für mehr Farbe sorgen, wenn Sie Zwiebelpflanzen einsetzen. Wir empfehlen für je 10 m²:
- 20 × Osterglocken (*Narcissus* in Sorten), Blüte weiß bis gelb, Blütezeit April – Anfang Mai
- 50 × Russischer Blaustern (*Scilla siberica*), Blüte blau, Blütezeit März – April

### ② Feuchtzone, 5 cm über der Wasserlinie, sonnig, je 5 m²

| Symbol | Name | Anzahl | Porträt |
|---|---|---|---|
|  | *Eupatorium cannabinum* 'Plenum' Blüte dunkelrosa, gefüllt, Juli – September | 1 | › S. 135 |
|  | *Filipendula ulmaria* 'Plena' Blüte weiß, gefüllt, Juni – August | 2 | › S. 137 |
|  | *Lythrum salicaria* Blüte rosa, Juli – August | 3 | › S. 148 |
|  | *Iris sibirica* | 5 | › S. 143 |
|  | *Bistorta officinalis* | 3 | › S. 126 |
|  | *Lobelia sessilifolia* | 5 | › S. 146 |
|  | *Carex diandra* | 5 | › S. 128 |
|  | *Myosotis palustris* | 5 | › S. 150 |
|  | *Lysimachia nummularia* | 5 | › S. 147 |
|  | *Primula elatior* | 10 | › S. 159 |
|  | *Lychnis flos-cuculi* | 5 | › S. 146 |

### ③ Sumpfzone, Wassertiefe 0–10 cm, sonnig, je 5 m²

| Symbol | Name | Anzahl | Porträt |
|---|---|---|---|
|  | *Iris pseudacorus* Blüte gelb, Mai – Juni | 2 | › S. 143 |
|  | *Lythrum salicaria* Blüte rosa, Juli – August | 5 | › S. 148 |
|  | *Iris versicolor* | 3 | › S. 142 |
|  | *Mentha aquatica* | 3 | › S. 148 |

## »Wilde Natur«

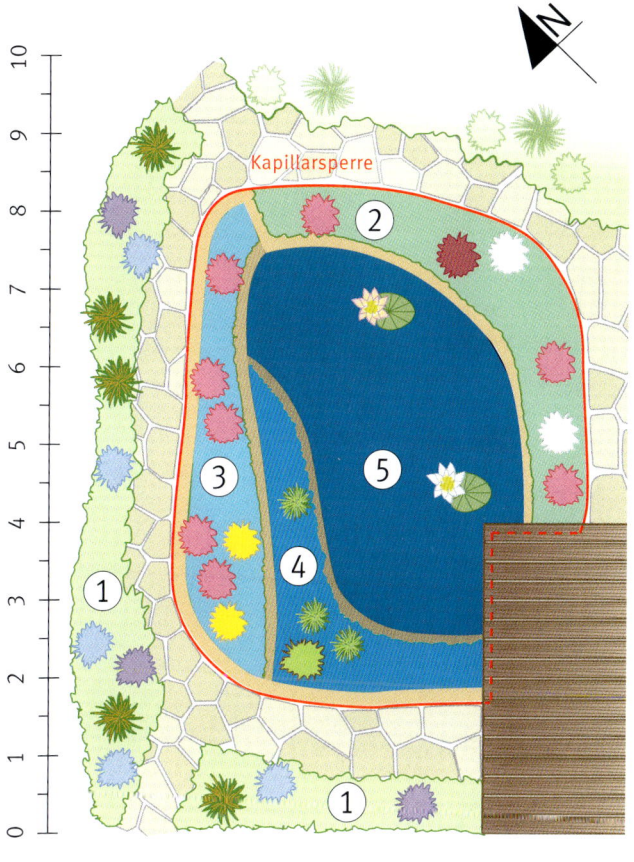

| Symbol | Name | Anzahl | Porträt |
|---|---|---|---|
| | Carex diandra | 5 | › S. 128 |
| | Ranunculus flammula | 8 | › S. 160 |
| | Myosotis palustris | 10 | › S. 150 |
| | Caltha palustris | 8 | › S. 127 |

④ **Flachwasserzone, Wassertiefe 10–40 cm, sonnig, je 5 m²**

| Symbol | Name | Anzahl | Porträt |
|---|---|---|---|
| | Typha shuttlewothii, Fruchtstände dekorativ | 1 | › S. 164 |
| | Carex elata, Blüte braun-gelb, April – Juni | 3 | › S. 128 |
| | Sagittaria sagittifolia | 5 | › S. 161 |
| | Crassula helmsii | 5 | › S. 131 |
| | Hydrocharis morsus-ranae | 5 | › S. 142 |
| | Alisma lanceolatum | 3 | › S. 121 |
| | Nymphaea 'Berthold' | 1 | › S. 153 |
| | Nymphaea 'Walter Pagels' | 1 | › S. 153 |
| | Baldellia ranunculoides | 10 | › S. 125 |

⑤ **Seerosenzone, Wassertiefe 70–120 cm, je 10 m²**

| Symbol | Name | Anzahl | Porträt |
|---|---|---|---|
| | Nymphaea 'Gladstoniana', Blüte weiß, Juni – September | 1 | › S. 152 |
| | Nymphaea odorata 'Rosennymphe', Blüte rosa, Juni – September | 1 | › S. 152 |
| | Stratiotes aloides | 5 | › S. 163 |
| | Potamogeton lucens | 3 | › S. 157 |
| | Ranunculus aquatilis | 3 | › S. 160 |
| | Ceratophyllum submersum | 5 | › S. 130 |
| | Utricularia vulgaris | 5 | › S. 165 |

# BEWÄHRTE PFLANZKOMBINATIONEN

## »Mediterrané«

Für Liebhaber südländischer Lebensart bietet sich eine Teichanlage mit mediterranem Ambiente an. Dieser Stil wirkt sehr schön in architektonischer Gestaltung, z. B. in einem Innenhof mit Plattenbelag. Unser Vorschlag ist in den Hauptfarben Weiß-Silbrig, Blauviolett, und Gelb-Orange gehalten. Der Standort ist sonnig und gut geschützt. Die Pflanzflächen betragen jeweils 10 m². Das Wasser ist mittelhart bis hart und mäßig nährstoffreich. Zur Gestaltung des Umfeldes wurden vor allem mediterrane Pflanzen eingesetzt.

### ① Gartenzone trocken

| Symbol | Name | Anzahl | Porträt |
|---|---|---|---|
| | *Helianthus salicifolius* Blüte gelb, Oktober – November | 2 | › S. 140 |
| | *Iris spuria* 'Dorothy Foster' Blüte violett, Mai – Juni | 2 | › S. 143 |
| | *Calamagrostis × acutiflora* 'Karl Foerster' Fruchtstände braun | 6 | › S. 126 |
| | *Aster × frikartii* 'Wunder von Stäfa' Blüte violett, September – Oktober | 2 | › S. 124 |
| | *Aster divaricatus* | 4 | › S. 124 |
| | *Geranium × magnificum* 'Rosemoor' | 8 | › S. 138 |
| | *Carex caryophyllea* 'The Beatles' | 12 | › S. 129 |
| | *Gladiolus illyricus* | 20 | › S. 139 |

### TIPP!

**Gestaltung der Terrasse im Umfeld**

Zur Verstärkung des mediterranen Charakters können Sie auf der vorgesehenen Fläche in der Gartenzone folgende Pflanzen hinzufügen:
- 4 × Lavendel (*Lavandula angustifolia* 'Hidcote Blue')
- 20 × Thymian (*Thymus pseudolanuginosus*)
- 6 × Madonnen-Lilie (*Lilium candidum*)
- 10 × Zier-Lauch (*Allium aflatunense* 'Purple Sensation')
- 50 × Schneeglöckchen (*Galanthus elwesii*)
- 50 × Russischer Blaustern (*Scilla siberica*)

Um die Farbenprächtigkeit noch zu erhöhen, können Sie noch einjährige Sommerblumen wie Kalifornischen Mohn (*Eschscholzia californica*) aussäen. Vorsicht, diese Pflanze versamt sich sehr stark von allein. In Kübeln können Sie südländische Pflanzen ergänzen, die eine geschützte Überwinterung in kühlen, hellen Räumen verlangen: Oleander (*Nerium oleander*), Hanfpalme (*Trachycarpus fortunei*) und Olivenbaum (*Olea europaea*) sowie Küchenkräuter wie Rosmarin (*Rosmarinus officinalis*) und Lavendel (*Lavandula angustifolia*). Dazu passen auch Tröge mit Zwerg-Seerosen wie *Nymphaea tetragona*, *Nymphaea* 'Helvola' und *Nymphaea* 'Pygmaea Rubra'.

Oleander
*Nerium oleander*

Lavendel
*L. angustifolia*

Madonnen-Lilie
*Lilium candidum*

»Mediterrané«

### ③/④ Sumpf- bis Flachwasserzone, Wassertiefe 5–20 cm

| Symbol | Name | Anzahll | Porträt |
|---|---|---|---|
|  | *Euphorbia palustris* Blüte gelb, Mai – Juni | 2 | › S. 136 |
|  | *Typha shuttleworthii* Fruchtstände dekorativ | 4 | › S. 164 |
|  | *Pontederia cordata* | 6 | › S. 157 |
|  | *Mentha cervina* | 6 | › S. 148 |
|  | *Myosotis palustris* | 10 | › S. 150 |
|  | *Caltha palustris* | 10 | › S. 127 |
|  | *Baldellia ranunculoides* | 10 | › S. 125 |
|  | *Hydrocharis morsus-ranae* | 6 | › S. 142 |

### ⑤ Seerosenzone, Wassertiefe 60–100 cm

| Symbol | Name | Anzahl | Porträt |
|---|---|---|---|
|  | *Nymphaea* 'Sunny Pink' Blüte rosa bis kupferfarben, Juni – Sept. | 1 | › S. 153 |
|  | *Pontederia lanceolata* Blüte violett-blau, Juli – September | 2 | › S. 157 |
|  | *Eichhornia crassipes* (nicht winterhart) | 5 | › S. 133 |
|  | *Ceratophyllum submersum* | 5 | › S. 130 |
|  | *Potamogeton lucens* | 3 | › S. 157 |
|  | *Utricularia vulgaris* | 5 | › S. 165 |

# BEWÄHRTE PFLANZKOMBINATIONEN

## »Tropical«

Bei exotisch wirkenden Pflanzungen bestimmen großlaubige und tropisch anmutende Arten die Komposition. Allerdings ist für einige von ihnen ein geschützter Standort notwendig. Eine architektonisch-formale Gestaltung lässt die Einbindung in Gärten mit wenig Platz am ehesten zu. Neben dem üppigen Grün der Blätter leuchten Blüten in warmen Rot-, Orange- und Gelbtönen. Der Standort ist bis auf die Gartenzone sonnig bis halbschattig. Das Wasser ist weich, mit einem pH-Wert von 6, 5–7 und hohem Nährstoffgehalt

### ① Gartenzone, halbschattig, frisch, je 10 m²

| Symbol | Name | Anzahl | Porträt |
|---|---|---|---|
| | *Peucedanum verticillare* Blüte gelbgrün, Juni – August | 2 | › S. 156 |
| | *Anemone japonica* 'Bressingham Glow' Blüte dunkelrosa, August – September | 2 | › S. 123 |
| | *Carex pendula* (zu *Phyllostachys*) Fruchtstände braun-schwarz | 2 | › S. 129 |
| | *Hosta* 'Krossa Regal' | 2 | › S. 141 |
| | *Hosta plantaginea* 'Honey Bells' | 5 | › S. 141 |
| | *Hemerocallis* 'Corky' | 5 | › S. 140 |
| | *Geum coccineum* 'Borisii' | 15 | › S. 138 |
| | *Lysimachia nummularia* | 20 | › S. 147 |

### TIPP!

**Gehölze zur Raumbildung**
Zur Gartenzone gehören pro 10 m² noch folgende Arten:
- 4 x Fackellilie (*Kniphofia uvaria* 'Corallina') – für den notwendigen sonnigen Standort, am besten vor die Faser-Bananen stellen
- 10 x Schlangenbart (*Ophiopogon planiscapus* 'Nigrescens') – dunkel laubiger Bodendecker.

Dazu kommen für die Herbstpflanzung:
- 50 x Winterling (*Eranthis hyemalis*)
- 50 x Balkan-Anemone (*Anemone blanda* 'White Splendour' und 'Blue Shades')

Zur Raumbildung dienen Gehölze und Großstauden wie:
- Blauschotenstrauch (*Decaisnea fargesii*),
- Bambus (*Phyllostachys vivax* 'Aureocaulis') – braucht unbedingt eine Wurzelsperre zum Teich hin (› Seite 28),
- Faser-Banane (*Musa basjoo*) – benötigt im Freien einen Winterschutz
- Zier-Rhabarber (*Rheum palmatum*)

Die hier empfohlenen winterharten Pflanzen können Sie von Mitte Mai bis Oktober durch Kübel mit Palmen, Neuseelandflachs (*Phormium tenax*), Kalla (*Zantedeschia aethiopica*) oder Indischem Blumenrohr (*Canna indica*) ergänzen. Letztere lässt sich als Knolle trocken im kühlen Keller überwintern und im Frühjahr am hellen Fenster vortreiben.

Faser-Banane
*Musa basjoo*

Zier-Rhabarber
*Rheum palmatum*

Fackellilie
*Kniphofia uvaria*

## »Tropical«

### ②/③ Feucht- bis Sumpfzone, Wassertiefe bis 5 cm, je 5 m²

| Symbol | Name | Anzahl | Porträt |
|---|---|---|---|
| | Hibiscus moscheutos 'Chatelaine'<br>Blüte rot, Juli – September | 2 | › S. 140 |
| | Iris pseudacorus<br>Blüte gelb, Mai – Juni | 2 | › S. 143 |
| | Carex elata 'Aurea'<br>Blätter goldgelb | 2 | › S. 128 |
| | Caltha palustris | 5 | › S. 127 |
| | Myosotis palustris | 5 | › S. 150 |
| | Calla palustris | 5 | › S. 127 |
| | Lysimachia nummularia | 10 | › S. 147 |
| | Primula florindae | 5 | › S. 158 |
| | Primula × bullesiana | 5 | › S. 159 |

### ④ Flachwasserzone, Wassertiefe 20–40 cm, je 5 m²

| Symbol | Name | Anzahl | Porträt |
|---|---|---|---|
| | Cyperus longus<br>Fruchtstände bräunlich | 1 | › S. 132 |
| | Nuphar advena<br>Blüte gelb, Juni – August | 1 | › S. 151 |
| | Nymphaea 'Perry's Baby Red'<br>Blüte dunkelrot, Juni – September | 1 | › S. 152 |
| | Peltandra virginica | 5 | › S. 155 |
| | Caltha palustris 'Auenwald' | 5 | › S. 127 |
| | Hottonia palustris | 5 | › S. 141 |
| | Sagittaria graminea | 5 | › S. 161 |

### ⑤ Seerosenzone, Wassertiefe 80–100 cm, je 10 m²

| Symbol | Name | Anzahl | Porträt |
|---|---|---|---|
| | Pontederia lanceolata<br>Blüte violettblau, Juli – September | 3 | › S. 157 |
| | Nymphaea 'Sunny Pink'<br>Blüte rosa bis kupferfarben, Juni – Sept. | 1 | › S. 153 |

| | Hippuris vulgaris | 8 | › S. 141 |
|---|---|---|---|
| | Stratiotes aloides | 5 | › S. 163 |
| | Ceratophyllum submersum | 5 | › S. 130 |
| | Utricularia vulgaris | 5 | › S. 165 |

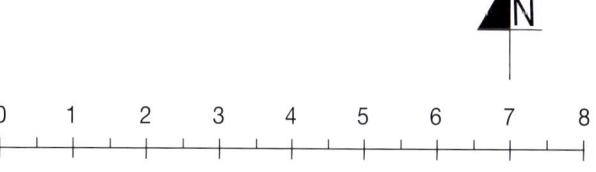

# BEWÄHRTE PFLANZKOMBINATIONEN

## »Fernöstliche Impressionen«

Zum Thema »Fernöstlich« gehören Gehölze wie Bambus, Fächer-Ahorn und Japanische Azaleen. Es bietet sich eine naturnahe Einbindung an. Die größte Artenvielfalt findet sich in der Gartenzone. Die Wasserfläche selbst ist nur zurückhaltend bepflanzt. Nach intensiver Frühsommerblüte ist eine solche Pflanzung später stärker durch prägnante Wuchsformen und ornamentale Belaubung wirksam. Der Standort ist sonnig bis halbschattig, das Wasser weich mit mäßig hohem Nährstoffgehalt und einem pH-Wert von 6,5–7.

### ① Gartenzone, halbschattig, frisch, je 10 m²

| Symbol | Name | Anzahl | Porträt |
|---|---|---|---|
| | *Rodgersia podophylla* (Schaublatt)<br>Blätter groß, handförmig geteilt | 1 | › Tipp |
| | *Anemone japonica* 'Bressingham Glow'<br>Blüte rosa, August – September | 2 | › S. 123 |
| | *Hosta* 'Krossa Regal'<br>Blüte violett, Juli – September | 2 | › S. 141 |
| ☐ | *Hosta plantaginea* 'Honey Bells' | 5 | › S. 141 |
| ☐ | *Hemerocallis* 'Corky' | 5 | › S. 140 |
| ☐ | *Athyrium filix-femina* | 3 | › S. 133 |
| ☐ | *Astilbe japonica* 'Red Sentinel' (je 3–4) | 10 | › S. 125 |
| ☐ | *Carex oshimensis* 'Evergold' | 15 | › S. 129 |
| ☐ | *Alchemilla erythropoda* | 15 | › S. 121 |

### TIPP!

**Weitere Gehölze und Stauden für die Gartenzone**

Zur Hervorhebung des fernöstlichen Stils gehören noch folgende Arten in die Gartenzone:
- Amur-Adonisröschen (*Adonis amurensis*)
- Schirm-Bambus (*Fargesia murielae*) ohne Rhizomsperre (› Seite 136)
- Bambus (*Phyllostachys aureosulcata*) bzw. andere Arten (› Seite 157) – mit Rhizomsperre
- Fächer-Ahorn (*Acer palmatum*) und andere Ahorn-Arten
- Blumen-Hartriegel (*Cornus kousa*) – weiße Blüten, rote Früchte
- Zierkirschen (*Prunus* 'Hally Jolivette' oder ähnliche kleinbleibende Sorten)
- diverse Rhododendren und Japanische Azaleen – benötigen saures Substrat!
- kleine, immergrüne Gehölze wie Zwerg-Kiefern

Accessoires zum fernöstlichen Stil sind chinesische Steinlaternen und Wasserspiele aus Bambus. Ein Pavillon mit japanischem Flair lädt zur Tee-Zeremonie vor passender Kulisse ein.

Schaublatt
*R. podophylla*

Fächer-Ahorn
*Acer palmatum*

Blumen-Hartriegel
*Cornus kousa*

## »Fernöstliche Impressionen«

### ②/③ Feucht- bis Sumpfzone, Wassertiefe bis 5 cm, je 5 m²

| Symbol | Name | Anzahl | Porträt |
|---|---|---|---|
|  | Iris ensata-Sorten<br>Blüte weiß/rosa/violett, Juni – Juli | 5 | › S. 142 |
|  | Calla palustris | 5 | › S. 127 |
|  | Primula japonica | 5 | › S. 159 |
|  | Primula florindae | 5 | › S. 158 |
|  | Caltha palustris 'Multiplex' | 10 | › S. 127 |
|  | Lysimachia nummularia | 10 | › S. 147 |

### ④ Flachwasserzone, Wassertiefe 20–40 cm, je 5 m²

| Symbol | Name | Anzahl | Porträt |
|---|---|---|---|
|  | Nymphaea 'Walter Pagels'<br>Blüte cremeweiß, Juni – Oktober | 2 | › S. 153 |
|  | Hydrocharis morsus-ranae | 5 | › S. 142 |
|  | Hottonia palustris | 5 | › S. 141 |
|  | Crassula helmsii | 5 | › S. 131 |
|  | Pilularia globulifera | 5 | › S. 133 |

### ⑤ Seerosenzone, Wassertiefe 80–100 cm, je 10 m²

| Symbol | Name | Anzahl | Porträt |
|---|---|---|---|
|  | Nymphaea 'Gonnère'<br>Blüte weiß, dichtgefüllt, Juni – Oktober | 1 | › S. 153 |
|  | Potamogeton perfoliatus | 5 | › S. 158 |
|  | Ceratophyllum submersum | 5 | › S. 130 |
|  | Utricularia vulgaris | 5 | › S. 165 |

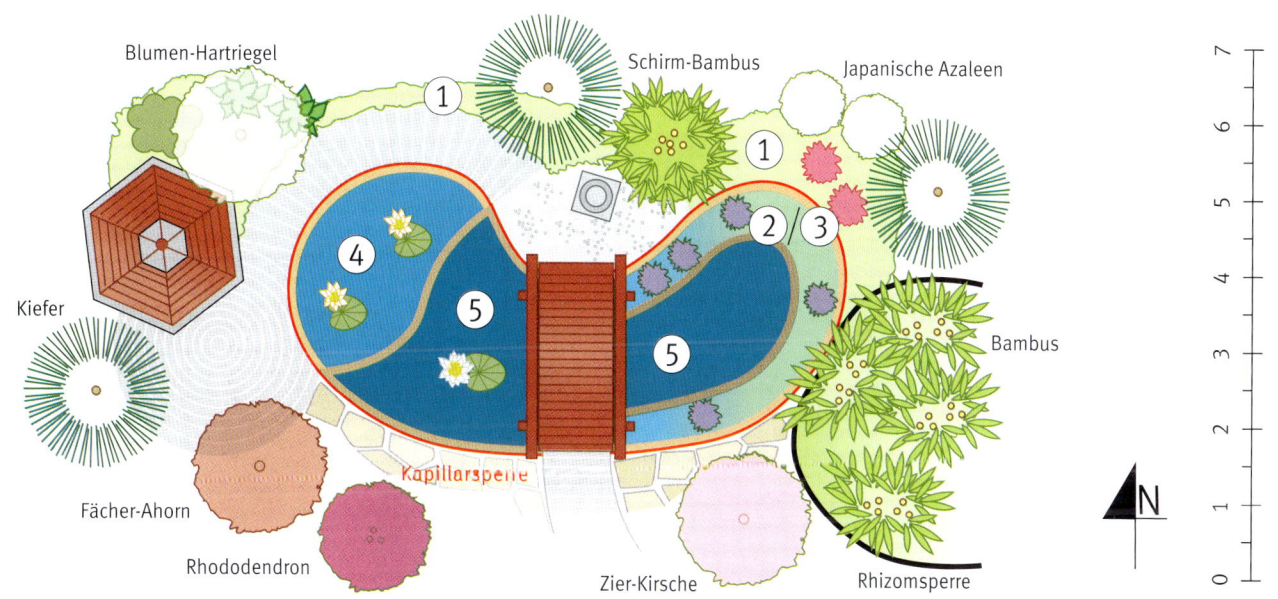

# BEWÄHRTE PFLANZKOMBINATIONEN

# »Blühende Moorlandschaft«

Diese Pflanzenkombination kommt dem Wunsch nach Pflanzenvielfalt auch bei beengten Platzverhältnissen entgegen. Heimische Kleingräser bilden die Bodenbedeckung zwischen farbenfroh blühenden Kleinoden der Kalk- und Zwischenmoore. Blüharme Phasen werden durch charakterlich und standörtlich passende fremdländische Arten überbrückt. Dieses Thema zielt besonders auf die Feuchtwiesenzone, auch entlang von Bachläufen. Wichtig ist ein niedriger Nährstoffgehalt – was besonders für die Einbindung in Schwimmteichanlagen spricht, wie in unserem Beispiel dargestellt. Für die weiteren Zonen sind zum Moorthema passende Artenmischungen in den Vorschlagslisten genannt. Das Wasser sollte relativ nährstoffarm und mittelhart (bis hart) sein. Ein sonniger Standort ist optimal.

Als alternative Bepflanzung für die Feuchtzone bietet sich das Hochmoor mit fleischfressenden Pflanzen an. In nährstoffarmem, weichem Wasser (unter 8 °dH, › Seite 30) können Sie diese auch mit interessanten Hochmoorpflanzen besetzen. Auf saurem, ungedüngtem Torf (»Weißtorf«) gedeihen die fleischfressenden Kobralilien (*Darlingtonia*) und Schlauchpflanzen (*Sarracenia*) mit ihren spektakulären Fangblättern. Ein leichter Winterschutz durch Abdecken mit Vlies ist für diese Arten empfehlenswert.

Ein künstliches Hochmoor lässt sich auch in einer ausrangierten Badewanne oder anderen Behältern anlegen – Sie müssen nur die in der Tabelle genannten Stückzahlen entsprechend anpassen. Punktuell eingebrachtes Torfmoos (*Sphagnum*) wird sich im Lauf der Zeit zu schönen Polstern entwickeln. Für die Flachwasserzone sind ergänzend auch Wasserfeder und Zwerg-Seerose zu empfehlen.

| ② Feuchtzone, 5 cm über der Wasserlinie, je 5 m² | | | |
|---|---|---|---|
| Symbol | Name | Anzahl | Porträt |
|  | Iris sibirica<br>Blüte blauviolett, Mai – Juni | 5 | › S. 143 |
|  | Lythrum salicaria 'Robert'<br>Blüte rosa, Juli – August | 3 | › S. 148 |
|  | Liatris spicata | 5 | › S. 145 |
|  | Gentiana asclepiadea | 3 | › S. 138 |
|  | Gentiana pneumonanthe | 5 | › S. 138 |
|  | Epipactis palustris | 3 | › S. 134 |
|  | Eriophorum latifolium | 10 | › S. 135 |
|  | Schoenus ferrugineus | 5 | › S. 162 |
|  | Carex flava | 15 | › S. 128 |
|  | Carex davalliana | 10 | › S. 128 |
|  | Allium schoenoprasum | 8 | › S. 122 |
|  | Allium suaveolens | 8 | › S. 122 |
|  | Cardamine pratensis | 8 | › S. 128 |
|  | Dactylorhiza Incarnata-Gruppe | 5 | › S. 132 |

| Alternative Hochmoor-Bepflanzung für die Feuchtzone, je 5 m² | | | |
|---|---|---|---|
| Symbol | Name | Anzahl | Porträt |
|  | Sarracenia flava | 3 | › S. 162 |
|  | Eriophorum vaginatum | 3 | › S. 135 |
|  | Ledum groenlandicum | 2 | › S. 144 |
|  | Andromeda polifolia | 3 | › S. 122 |
|  | Darlingtonia californica | 3 | › S. 162 |
|  | Erica tetralix | 6 | › S. 134 |
|  | Sarracenia purpurea | 5 | › S. 162 |
|  | Trichophorum alpinum | 15 | › S. 135 |
|  | Vaccinium macrocarpum | 3 | › S. 165 |
|  | Pogonia ophioglossoides | 3 | › S. 165 |
|  | Carex viridula | 10 | › S. 128 |

# »Blühende Moorlandschaft«

### ③ Sumpfzone, Wassertiefe 0–10 cm, je 5 m²

| Symbol | Name | Anzahl | Porträt |
|---|---|---|---|
| | Carex elata<br>Blüte braun-gelb, April – Juni | 3 | › S. 128 |
| | Lythrum salicaria<br>Blüte rosa, Juli – August | 5 | › S. 148 |
| | Carex diandra | 8 | › S. 128 |
| | Eriophorum latifolium | 10 | › S. 135 |
| | Schoenus ferrugineus | 5 | › S. 162 |
| | Caltha palustris | 8 | › S. 127 |
| | Menyanthes trifoliata | 8 | › S. 149 |
| | Mentha cervina | 3 | › S. 148 |
| | Baldellia ranunculoides | 8 | › S. 125 |

### ④ Flachwasserzone, Wassertiefe 10–40 cm, je 5 m²

| Symbol | Name | Anzahl | Porträt |
|---|---|---|---|
| | Typha shuttleworthii<br>Fruchtstände dekorativ | 2 | › S. 164 |
| | Carex elata<br>Blüte braun-gelb, April – Juni | 3 | › S. 128 |
| | Peltandra virginica | 5 | › S. 155 |
| | Nymphaea 'Perry's Baby Red' | 1 | › S. 152 |
| | Nymphaea 'Berthold' | 1 | › S. 153 |
| | Nymphaea 'Walter Pagels' | 1 | › S. 153 |
| | Baldellia ranunculoides | 10 | › S. 125 |
| | Crassula helmsii | 5 | › S. 131 |

### ⑤ Seerosenzone, Wassertiefe 80–100 cm, je 10 m²

| Symbol | Name | Anzahl | Porträt |
|---|---|---|---|
| | Nymphaea odorata 'Rosennymphe'<br>Blüte rosa, Juni – September | 2 | › S. 152 |
| | Potamogeton perfoliatus | 5 | › S. 158 |
| | Sagittaria graminea | 5 | › S. 161 |
| | Utricularia vulgaris | 5 | › S. 165 |

### Schwimmzone, ca. 20 m²

| Symbol | Name | Anzahl | Porträt |
|---|---|---|---|
| | unbepflanzt | | |

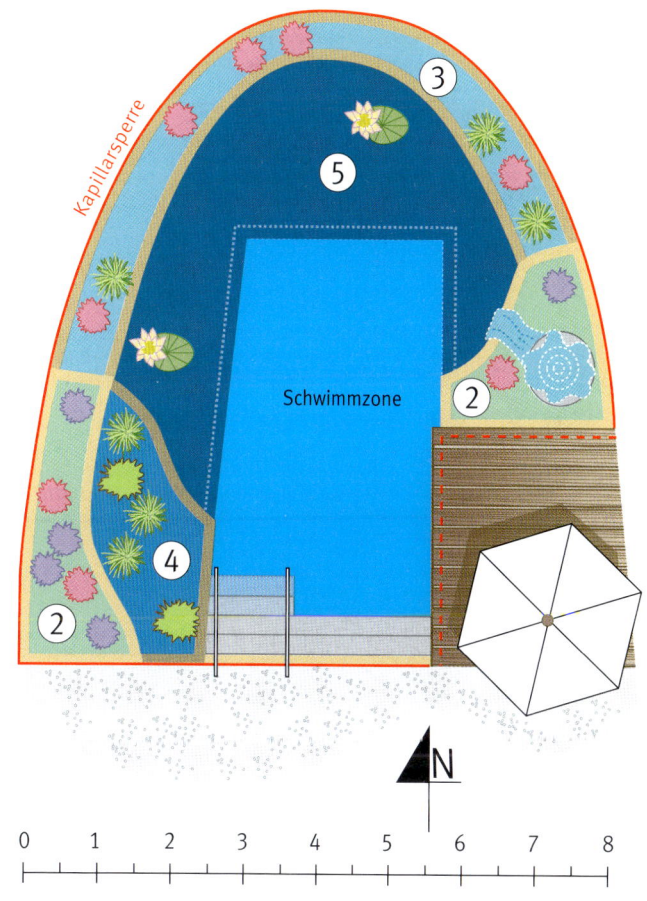

# BEWÄHRTE PFLANZKOMBINATIONEN

## »Bachlauf«

Für naturnah gestaltete Bachläufe eine passende Bepflanzung zu finden ist eine Frage des Gefälles, der Breite von Wasserlauf und anschließender Feuchtzone sowie der weiteren Gartengestaltung. Bei flachem Verlauf und breiter Feuchtzone bietet sich eine üppige Umpflanzung eher an als bei steilem Gefälle. Letzteres ist etwa an Böschungen höher gelegener Terrassen gegeben, die meist als Steingarten gestaltet werden. Eine Einbindung des Themas »Blühende Moorlanschaft« in die Bachlaufbepflanzung erscheint hier ideal und ermöglicht einen kontinuierlichen Vegetationsübergang. Unterhalb der Wasserlinie darf nur so spärlich bepflanzt werden, dass es nicht zum Aufstau und womöglich Überlaufen des Bachbettes kommt. Konkrete Stückzahlen sind daher in den folgenden Pflanzempfehlungen nicht genannt. Die Pflanzvorschläge beziehen sich auf einen sonnigen bis halbschattigen Standort.

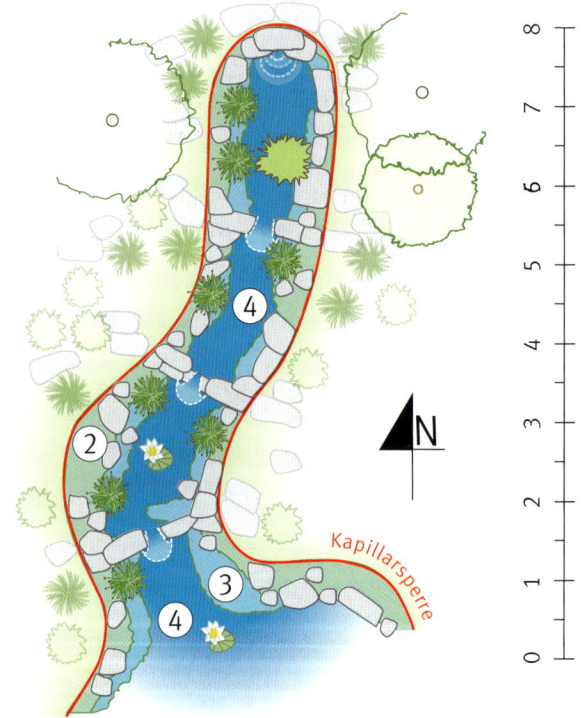

### ② Feuchtzone entlang des Baches, oberhalb der Wasserlinie

Bei breiten Bachläufen (ab ca. 1 m) sind auch andere Pflanzvorschläge für die Feuchtzonen der Themen von Seite 182–191 verwendbar.

Bei schmalen Bachläufen (unter ca. 1 m) ist der Pflanzvorschlag für die Feuchtzone des Themas »Blühende Moorlandschaft« (> Seite 192) empfehlenswert, besonders wenn der Bachlauf in einen Steingarten integriert wurde. Ergänzend als Frühjahrsblüher: Schachbrettblume (> Seite 137), Rosen-Primel (> Seite 159) sowie Trollblumen-Arten (> Seite 164).

### ③ Sumpfzone, Rand des Baches, knapp unter der Wasserlinie

| Symbol | Name | Porträt |
|---|---|---|
|  | *Schoenus nigricans* Fruchtstände schwarzbraun, Mai – Dezember | > S. 162 |
|  | *Caltha palustris* | > S. 127 |
|  | *Myosotis rehsteineri* | > S. 150 |
|  | *Myosotis palustris* (zu den Themen Seite 184, 188, 190) | > S. 150 |
|  | *Veronica beccabunga* (zu den Themen Seite 184, 188, 190) | > S. 165 |

# »Bachlauf« und »Mini-Teiche«

| ④ Flachwasserzone, Wassertiefe über 10 cm | | |
|---|---|---|
| Symbol | Name | Porträt |
| | *Typha minima*<br>Fruchtstände hellbraun, Juni – Juli | ›S. 164 |
| | *Nymphaea tetragona*<br>Blüte weiß, Juni – September | ›S. 154 |

| | *Baldellia ranunculoides* | ›S. 125 |
|---|---|---|
| | *Callitriche palustris*<br>(zu den Themen Seite 184, 188, 190) | ›S. 127 |
| | *Ranunculus fluitans* | ›S. 160 |

## »Mini-Teich im Trog«

Ein freistehender Holzbottich, ein verkleideter Maurerkübel oder ein ähnliches Gefäß – auch wenn es nur einen halben Quadratmeter Fläche hat – genügt bereits, um das Element Wasser auf Balkon und Terrasse unterzubringen. Der Standort sollte sonnig, aber vor praller Mittagshitze geschützt sein. Da die aufgeführten Pflanzenarten alle einen hohen Nährstoffbedarf haben, ist Düngen notwendig (› Seite 32). Die Pflanzung benötigt einen guten Winterschutz aus Vlies.

## »Seerose in der Schale«

Für die Tischdekoration oder für Arrangements am Hauseingang sind auch kleine Keramikschalen oder wasserfeste Terrakotta-Gefäße mit Wasserpflanzen geeignet, in denen maximal drei Pflanzen Platz haben. Bei einer so geringen Wasserfläche ist es notwendig, täglich den Wasserstand zu kontrollieren und aufzufüllen. Stellen Sie die Gefäße zur Überwinterung – ab den ersten strengeren Frösten bis Ende März – in den kühlen Keller.

| ④ Flachwasserzone, Wassertiefe 30–40 cm, 0,5 m² | | |
|---|---|---|
| Name | Anzahl | Porträt |
| *Nymphaea* 'Perry's Baby Red' | 1 | ›S. 152 |
| *Pontederia lanceolata* | 1 | ›S. 157 |
| *Mentha cervina* (im Topf – Wassertiefe 10 cm) | 1 | ›S. 148 |
| *Caltha palustris* (im Topf – Wassertiefe 10 cm) | 1 | ›S. 127 |
| *Utricularia vulgaris* | 3 | ›S. 165 |

| ④ Sumpf- bis Flachwasserzone, Wassertiefe 10–15 cm | | |
|---|---|---|
| Name | Anzahl | Porträt |
| *Nymphaea* 'Helvola' | 1 | ›S. 154 |
| *Lobelia cardinalis* | 1 | ›S. 146 |
| *Baldellia ranunculoides* | 1 | ›S. 125 |

# PFLANZEN-, TIER- UND SACHREGISTER

## Register

**Halbfett** gesetzte Seitenzahlen verweisen auf Abbildungen.

## A

*Acer palmatum* 190, **190**
*Achillea ptarmica* 120, **120**
- *ptarmica* 'Schneeball' 53, **53**, 120
*Acilius sulcatus* 174, **174**
*Aconogonon alpinum* 52, **52**, 120, **120**
*Acorus calamus* 91, **91**, 103, **103**, 120
– 'Variegatus' 120, **120**
*Actaea pachipoda* 139
*Adonis amurensis* 190
Adonislibelle, Frühe 177, **177**
*Aeshna cyanea* 176, **176**
Ähriges Tausendblatt 151
*Ajuga genevensis* 121
*Ajuga reptans* 60, **60**, 121, **121**
Akelei, Gewöhnliche 59, **59**, 123, **123**
-, Langspornige 123
*Alchemilla alpina* 121
- *erythropoda* 121
- *mollis* 54, **54**, 121, **121**
Algen bekämpfen 31
*Alisma angulosum* 75, **75**, 122
- *lanceolatum* 86, **86**, 98, **98**, 121, **121**
- *plantago-aquatica* 121
- *subcordatum* 121
*Allium schoenoprasum* 58, **58**, 75, **75**, 122, **122**
- *suaveolens* 73, **73**, 122, **122**
Alpen-Frauenmantel 121
Alpenhaargras 135
Alpen-Haarsimse 70, **70**, 135, **135**
*Amelanchier lamarckii* 'Ballerina' 183
Amerikanische Sumpf-Schwertlilie 79, **79**, 90, **90**, 142
Amphibien 17
Amur-Adonisröschen 190
*Anabolia* sp. 171, **171**
*Anas platyrhynchos* 181, **181**
*Anax imperator* 176, **176**
*Andromeda polifolia* 69, **69**, 122, **122**
*Anemone japonica* 'Bressingham Glow'
57, **57**, 123, **123**
Anemone, Japanische 57, **57**, 123, **123**
*Angelica gigas* 156
*Anodonta cygnea* 108, 169, **169**
*Aponogeton distachyos* 110, **110**, 123, **123**
*Aquilegia caerulea* 123
- *vulgaris* 59, **59**, 123, **123**
architektonische Gestaltung 8
*Ardea cinerea* 181, **181**
Armleuchteralgen 116, **116**, 130, **130**
Aronstab, Pfeil- 105, **105**, 155, **155**
*Asclepias incarnata* 56, **56**, 72, **72**, 124, **124**
*Aster ageratoides* 'Asran' 124
- *divaricatus* 52, **52**, 124, **124**
- *ericoides* 'Schneetanne' 124
- *macrophyllus* 'Albus' 124
- *turbinellus* 124
*Aster* × *frikartii* 'Wunder von Stäfa' 59, **59**, 124, **124**
Aster, Frikarts 59, **59**, 124, **124**
-, Gebüsch- 52, **52**, 124, **124**
-, Großblatt- 124
-, Leberbalsam- 124
-, Myrten- 124
*Astilbe chinensis* var. *taquetii* 'Purpurlanze' 125
- *japonica* 'Red Sentinel' 57, **57**, 125, **125**
*Athyrium filix-femina* 133
Ausstiegshilfe 17
*Azolla caroliniana* 161

## B

Bachbunge 91, **91**, 165, **165**
Bachlauf 23, 83, 194
Bach-Nelkenwurz 76, **76**, 138, **138**
*Baldellia ranunculoides* 89, **89**, 100, **100**, 125, **125**
Bambus, Gelbhalmiger 61, **61**, 157, **157**
-, Schirm- 62, **62**, 136, **136**
Banane, Faser- 188, **188**
Begleitpflanzen 37
*Bergenia* 'Morgenröte' 58, **58**, 125, **125**
Bergenie 58, **58**, 125, **125**
Berg-Goldkolben 145

Bergmolch 180, **180**
Berg-Schildblume 131
Bernsteinschnecke 170, **170**
bewegtes Wasser 9, 23
Binse, Blaue 81, **81**, 144, **144**
-, Flatter- 144
-, Kleine Spiral- 144
*Bistorta affine* 'Darjeeling Red' 126
- *amplexicaulis* 126
- *officinalis* 'Superbum' 56, **56**, 74, **74**, 126, **126**
Bitteres Schaumkraut 128
Bitterling 108, **108**
Blaue Binse 81, **81**, 144, **144**
- Gauklerblume 90, **90**, 102, **102**, 149, **149**
- Lobelie 79, **79**, 146, **146**
Blauschotenstrauch 188
»Blühende Moorlandschaft« 192, 193
Blumenbinse 88, **88**, 100, **100**, 126, **126**
Blumen-Hartriegel 183, 190, **190**
Blutauge, Sumpf- 89, **89**, 102, **102**, 158, **158**
Blut-Weiderich 73, **73**, 88, **88**, 148, **148**
Blutwurz 158
Bodendecker 37
Bodensee-Vergissmeinnicht 150
*Bolboschoenus maritimus* 132
Borstige Schwertlilie 143
Böschungsmatten 27
Breitblättriges Pfeilkraut 161
Breiter Froschlöffel 121
Breites Wollgras 68, **68**, 135, **135**
Brennender Hahnenfuß 88, **88**, 160, **160**
Brunnenmoos 141
*Bufo bufo* 178, **178**
- *viridis* 178, **178**
Bulgarische Mehl-Primel 159
Bunte Etagen-Primel 159
- Kegel-Segge 129
- Oshima-Segge 63, **63**, 129, **129**
Bunter Kalmus 120, **120**
Buntes Laichkraut 158
Busch-Knöterich 52, **52**, 120, **120**
*Butomus umbellatus* 88, **88**, 100, **100**, 126, **126**

## C

*Calamagrostis* × *acutiflora* 'Karl Foerster' 61, **61**, 126, **126**
*Calla palustris* 86, **86**, 127, **127**
*Callitriche palustris* 104, **104**, 127, **127**
*Caltha palustris* 55, **55**, 72, **72**, 87, **87**, 127, **127**
*Caltha palustris* var. *alba* 69, **69**, 127
Cambridge Storchschnabel 138
*Carassius auratus* 19, **19**
*Cardamine amara* 128
- *pratensis* 69, **69**, 128, **128**
*Carex acutiformis* 28, **28**
- *caryophylla* 'The Beatles' 63, **63**, 129
- *conica* 'Snowline' 129
- *davalliana* 128
- *diandra* 128
- *elata* 'Aurea' 128
- *elongata* 129
- *flava* 81, **81**, 128, **128**
- *grayi* 62, **62**, 80, **80**, 129, **129**
- *oshimensis* 'Evergold' 63, **63**, 129, **129**
- *paniculata* 128
- *pendula* 62, **62**, 80, **80**, 129, **129**
- *pseudocyperus* 129
- *viridula* 128
*Catalpa bignonioides* 183
*Cephalanthus occidentalis* 183
*Ceratophyllum demersum* 130
- *submersum* 115, **115**, 130, **130**
*Chara*-Arten 116, **116**, 130, **130**
*Chasmanthium latifolium* 130, **130**
*Chelone glabra* 131
- *lyonii* 131
- *obliqua* 57, **57**, 74, **74**, 131, **131**
Chinaschilf 61, **61**, 150, **150**
Chinesische Etagen-Primel 159
- Trollblume 71, **71**, 164
*Chironomus* sp. 171, **171**
Christophskraut 139
*Cladium mariscus* 91, **91**, 131, **131**
*Cloeon* sp. 171, **171**
*Coenagrion puella* 176, **176**
*Cornus* 'Eddie's White Wonder' 183
- *kousa* 190, **190**
Cranberry 77, **77**, 165, **165**

*Crassula helmsii* 104, **104**, 131, **131**
*Ctenopharyngodon idella* 19, **19**
*Culex pipiens* 172, **172**
*Cyclops* sp. 168, **168**
*Cyperus longus* 92, **92**, 103, **103**, 132, **132**
*Cyprinus carpio* 19, **19**

## D

*Dactylorhiza*-Hybriden 75, **75**, 132, **132**
*Daphnia pulex* 168, **168**
*Darlingtonia californica* 65, 162, 192
Davall-Segge 128
*Davidia involucrata* 183
*Decaisnea fargesii* 188
*Dianthus superbus* 58, **58**, 72, **72**, 75, **75**, 87, **87**, 146, **146**
Dichts Laichkraut 158
Draht-Segge 81, **81**, 128
Dreiblattspiere 53, **53**, 139, **139**
Dreimasterblume 60, **60**, 163, **163**
*Dryopteris cristata* 80, **80**, 132, **132**
- *erythrosora* 133
- *filix-mas* 62, **62**, 133, **133**
Duftende Seerose 113, **113**, 152
Duft-Lauch 73, **73**, 122, **122**
Düngen im Teich 32
Dünge-Pellets 32, **32**
Durchwachsenblättriger Wasserdost 136
Durchwachsenes Laichkraut 116, **116**, 158, **158**
*Dytiscus marginalis* 174, **174**

## E

Echte Schlüsselblume 55, **55**, 159, **159**
Echter Sumpfporst 144
Echtes Mädesüß 52, **52**, 68, **68**, 137, **137**
- Pfeilkraut 99, **99**, 161, **161**
Ehrenpreis, Wasser- 165
Eibisch, Sumpf- 77, **77**, 140, **140**
*Eichhornia crassipes* 114, **114**, 133, **133**
Eintagsfliege 171, **171**
*Eleocharis acicularis* 105, **105**, 133, **133**
- *palustris* 29, **29**
*Elodea canadensis* 29, **29**
*Elophila nymphaeata* 172, **172**

Engelwurz, Große 156
Enzian, Lungen- 79, **79**, 138, **138**
-, Schwalbenwurz- 78, **78**, 138
*Epipactis palustris* 70, **70**, 134, **134**
*Equisetum hyemale* 29, **29**
Erdkröte 178, **178**
-, Balz 96, **96**
*Erica carnea* 134
- *cinerea* 134
- *tetralix* 76, **76**, 134, **134**
*Eriophorum latifolium* 68, **68**, 135, **135**
- *russeolum* 93, **93**, 134
- *vaginatum* 68, **68**, 135, **135**
Etagen-Primel, Bunte 159
–, Chinesische 159
–, Japanische 77, **77**, 159, **159**
*Eupatorium cannabinum* 56, **56**, 73, **73**, 135
– 'Plenum' 135, **135**
- *fistulosum* 'Atropurpureum' 135
- *perfoliatum* 136
- *rugosum* 136, **136**
*Euphorbia palustris* 53, **53**, 70, **70**, 136, **136**
Europäische Trollblume 71, **71**, 164, **164**

## F

Fächer-Ahorn 190, **190**
Fackellilie 188, **188**
Fadenalgen 31
Farben kombinieren 39
*Fargesia murielae* 62, **62**, 136, **136**
Faser-Banane 188, **188**
Feenmoos 161
Felberich, Gemeiner 147
-, Strauß- 87, **87**, 147, **147**
-, Wald- 147
Felsenbirne, Großfruchtige 183
»Fernöstliche Impressionen« 190
Fertigteich anlegen 22
feuchter Standort 49
Fieberklee 82, 86, **86**, 149, **149**
*Filipendula palmata* 'Kahome' 137
- *palmata* 'Nana' 57, **57**, 137, **137**
- *purpurea* 'Elegans' 73, **73**, 137
- *rubra* 'Venusta' 137

- *ulmaria* 'Plena' 52, **52**, 68, **68**, 137, **137**
Filter 23
Fische einsetzen 18
Flache Tellerschnecke 170, **170**
Flachwasserzone 13, 95, **95**
Flaschenbürstengras 130
Flatter-Binse 144
Flutender Hahnenfuß 111, **111**, 160
Folienteich anlegen 21
*Fontinalis antipyretica* 141
Forrest Schwertlilie 142
Frauenfarn, Wald- 133
Frauenmantel, Alpen- 121
-, Weicher 54, **54**, 121, **121**
-, Zwerg- 121
Frikarts Aster 59, **59**, 124, **124**
frischer Standort 49
*Fritillaria meleagris* 76, **76**, 137, **137**
Froschbiss 99, **99**, 111, **111**, 142, **142**
Froschkraut 142
Froschlaich 97, **97**
Froschlöffel, Breiter 121
-, Rundblättriger 121
-, Schmaler 86, **86**, 98, **98**, 121, **121**
Froschlöffel-Brandpilz 121
Frühe Adonislibelle 177, **177**
frühjahrsblühende Zwiebelpflanzen 184
Frühlings-Segge 63, **63**, 129
Füllstauden 37
Funkie 53, **53**, 141, **141**
Furchenschwimmer 174, **174**

## G

*Galerucella nymphaea* 175, **175**
*Gasterosteus aculeatus* 19, **19**
Gauklerblume, Blaue 90, **90**, 102, **102**, 149, **149**
-, Gelbe 71, **71**, 149, **149**
Gebüsch-Aster 52, **52**, 124, **124**
Gefäße bepflanzen 27
Gelbe Gauklerblume 71, **71**, 149, **149**
- Scheinkalla 72, **72**, 87, **87**, 147, **147**
- Schlauchpflanze 162
- Teichrose 112, **112**, 151, 151
Gelbhalmiger Bambus 61, **61**, 157, **157**

Gelbrandkäfer 174, **174**
-, Larve 84
Gelb-Segge 81, **81**, 128, **128**
-, Kleine 128
Gemeiner Felberich 147
*Gentiana asclepiadea* 78, **78**, 138
- *pneumonanthe* 79, **79**, 138, **138**
*Geranium* × *cantabrigiense* 138
- x *magnificum* 59, **59**, 138, **138**
*Gerris* sp. 172, **172**
Gerüstbildner 36
Gestreifte Teichsimse 103, **103**, 117, **117**, 162, **162**
*Geum coccineum* 'Borisii' 138
*Geum rivale* 76, **76**, 138, **138**
Gewöhnliche Akelei 59, **59**, 123, **123**
Gezähnter Goldkolben 54, **54**, 145, **145**
*Gillenia trifoliata* 53, **53**, 139, **139**
Gitterkörbe 27
Gladiole, Sumpf- 76, **76**
-, Wiesen- 58, **58**, 139, **139**
*Gladiolus illyricus* 58, **58**
- *palustris* 76, **76**, 139, **139**
Glänzendes Laichkraut 116, **116**, 157, **157**
Glocken-Heide 76, **76**, 134, **134**
Gnadenkraut 86, **86**, 139, **139**
Goldfisch 19, **19**
Goldkeule, Wasser- 88, **88**, 100, **100**, 154, **154**
Goldkolben, Berg- 145
-, Kerzen- 145
Goldorfe 19, **19**
Grasblättriges Pfeilkraut 161
Grasfrosch 97, **97**, 179, **179**
Graskarpfen 19, **19**
*Gratiola officinalis* 86, **86**, 139, **139**
Grau-Heide 134
Graureiher 67, 181, **181**
*Groenlandia densa* 158
Grönland-Sumpfporst 68, **68**, 144, **144**
Großblatt-Aster 124
Große Engelwurz 156
-, Königslibelle 176, **176**
-, Kopfbinse 81, **81**, 162, **162**
- Pechlibelle 177, **177**
- Teichmuschel 108, **108**, 169, **169**

# PFLANZEN-, TIER- UND SACHREGISTER

Großer Rohrkolben 29, **29**
- Wasserdost 135
Großfrüchtige Felsenbirne 183
Günsel, Kriechender 60, **60**, 121, **121**
*Gyrinus substriatus* 175, **175**

## H

Haarsimse, Alpen- 70, **70**, 135, **135**
Haarstrang, Quirl- 52, **52**, 156, **156**
*Haemopis sanguisuga* 168, **168**
Hahnenfuß, Brennender 88, **88**, 160, **160**
-, Flutender 111, **111**, 160
-, Spreizender 160
-, Ufer- 160
-, Wasser- 110, **110**, 160, **160**
-, Zungen- 99, **99**, 160, **160**
Hardware 41
Harnstoff 32
Hartriegel, Blumen- 183
Hechtkraut, Herzblättriges 102, **102**, 157, **157**
-, Lanzenblättriges 114, **114**, 157
Heide, Glocken- 76, **76**, 134, **134**
-, Grau- 134
-, Lavendel- 69, **69**, 122, **122**
-, Schnee- 134
*Helianthus microcephalus* 140
- *salicifolius* 54, **54**, 140, **140**
Helmkraut, Sumpf- 165
*Hemerocallis* 'Corky' 54, **54**, 140, **140**
- *lilioasphodelus* 140
Herzblättriges Hechtkraut 102, **102**, 157
*Hibiscus moscheutos* 'Chatelaine' 77, **77**, 140, **140**
Hierarchie, pflanzliche 36, 37
*Hippuris vulgaris* 105, **105**, 115, **115**, 141, **141**
Hirschzungenfarn 63, **63**, 156, **156**
Hirse, Ruten- 63, **63**, 155, **155**
Hochmoore 7
Hohe Schlüsselprimel 55, **55**, 159
*Holoschoenus romanus* 144
Hornblatt 115, **115**, 130, **130**
Hornspäne 32
Horst-Reitgras 61, **61**, 126, **126**

*Hosta plantaginea* 'Honeybells' 53, **53**, 141, **141**
*Hottonia palustris* 101, **101**, 141, **141**
Hufeisenazurjungfer 176, **176**
Hüpferling 168, **168**
*Hydrocharis morsus-ranae* 99, **99**, 111, **111**, 142, **142**
*Hydrous piceus* 175, **175**
*Hystrix patula* 130

## I

Igel 51, **51**
Igelkolben 29, **29**
Igelschlauch 89, **89**, 100, **100**, 125, **125**
*Iris ensata* 'Yoake Mae' 78, **78**, 142
- *forrestii* 142
- *laevigata* 89, **89**, 102, **102**, 142, **142**
- *pseudacorus* 87, **87**, 99, **99**, 143, **143**
- *sanguinea* 143
- *setosa* 143
- *sibirica* 59, **59**, 78, **78**, 143, **143**
- *sintensii* 143
- *spuria* 60, **60**, 143, **143**
- *versicolor* 79, **79**, 90, **90**, 142
*Ischnuras elegans* 177, **177**

## J

Japanische Anemone 57, **57**, 123, **123**
- Etagen-Primel 77, **77**, 159, **159**
- Prachtspiere 57, **57**, 125, **125**
- Schwertlilie 89, **89**, 102, **102**, 142, **142**
- Teichrose 112, **112**, 151
Jochalgen 32
*Juncus decipiens* 'Spiralis' 144
- *effusus* 144
- *ensifolius* 93, **93**, 144, **144**
- *inflexus* 81, **81**, 144, **144**

## K

Kahle Schildblume 131
Kalkmoorzone 65, 65
Kalla, Sumpf- 86, **86**, 127, **127**
-, Weiße Sumpf- 69, **69**, 127
*Kalmia polifolia* 122
Kalmus 91, **91**, 103, **103**, 120
-, Bunter 120, **120**
Kammfarn 80, **80**, 132, **132**

Kammmolch 180, **180**
Kamtschatka-Scheinkalla 147
Kanten-Lauch 75, **75**, 122
Kapillarsperre 22
Kardinals-Lobelie 89, **89**, 146, **146**
Kaulquappen 96, 97
Kegel-Segge, Bunte 129
Kerzen-Goldkolben 145
Kerzen-Knöterich 126
Kleine Gelb-Segge 128
- Kopfbinse 162
- Seerose 152
- Spiral-Binse 144
- Teichrose 151
Kleiner Fuchs 50, **50**
- Teichfrosch 179, **179**
Kleinköpfige Sonnenblume 140
Kleinkrebse 16
Knabenkraut 75, **75**, 132, **132**
*Kniphofia uvaria* 188, **188**
Knoblauchkröte 178, **178**
Knotenblume, Sommer- 70, **70**, 145, **145**
Knöterich, Busch- 52, **52**, 120, **120**
-, Kerzen- 126
-, Schlangen- 56, **56**, 74, **74**, 126, **126**
-, Schnecken- 126
-, Wasser- 113, **113**, 156, **156**
Kobralilie 65, 162, 192
Köcherfliegenlarve 171, **171**
Koi 19, **19**
Kokosgewebe 27
Kolbenwasserkäfer 175, **175**
Königsfarn 80, **80**, 155, **155**
-, Zimt- 155
Königslibelle, Große 176, **176**
Kopfbinse, Große 81, **81**, 162, **162**
-, Kleine 162
Korsische Minze 148
Krauses Laichkraut 116, **116**, 157
Krebsschere 110, **110**, 163, **163**
Kriechender Günsel 60, **60**, 121, **121**
Kuckucks-Lichtnelke 56, **56**, 74, **74**, 146, **146**
Kugelbusch 183
Kugel-Primel 159
Kugelsimse 144

## L

Laichkraut 29, **29**
Laichkraut, Buntes 158
-, Dichtes 158
-, Durchwachsenes 116, **116**, 158, **158**
-, Glänzendes 116, **116**, 157, **157**
-, Krauses 116, **116**, 157
Langes Zyperngras 92, **92**, 103, **103**, 132, **132**
Langspornige Akelei 123
Lanzenblättriges Hechtkraut 114, **114**, 157
Lanzen-Prachtspiere 125
Laubschutznetz spannen 34, 35
Lauch, Duft- 73, **73**, 122, **122**
-, Kanten-, 75, **75**, 122
*Lavandula angustifolia* 186, **186**
Lavendel 186, **186**
Lavendel-Heide 69, **69**, 122, **122**
Laxmann's Rohrkolben 164
Leberbalsam-Aster 124
*Ledum groenlandicum* 68, **68**, 144, **144**
- *palustre* 144
*Leucaspidus delineatus* 19, **19**
*Leuciscus idus* 19, **19**
*Leucojum aestivum* 70, **70**, 145, **145**
- *vernum* 69, **69**, 145, **145**
*Liatris spicata* 60, **60**, 74, **74**, 145, **145**
Libellen 16
-, Schlüpfvorgang 84, **84**
- Larven 84
*Libellula depressa* 177, **177**
Lichtnelke, Kuckucks- 56, **56**, 146, **146**
*Ligularia dentata* 54, **54**, 145, **145**
- *przewalskii* 145
- *stenocephala* 'Weihenstephan' 145
*Lilium candidum* 186, **186**
*Lobelia cardinalis* 89, **89**, 146, **146**
- *sessilifolia* 79, **79**, 146, **146**
- *siphilitica* 146
- *splendens* 146
- × *gerardii* 146
Lobelie, Blaue 79, **79**, 146, **146**
-, Kardinals- 89, **89**, 146, **146**
-, Rote 146
Lorbeerrose, Moor- 122

# G bis P

Lungen-Enzian 79, **79**, 138, **138**
Lungenenzian-Ameisenbläuling 138
*Luronium natans* 142
*Lychnis flos-cuculi* 56, **56**, 74, **74**, 146, **146**
*Lymnaea stagnalis* 169, **169**
*Lysichiton americanus* 72, **72**, 87, **87**, 147, **147**
- *camtschatcensis* 147
*Lysimachia nemorum* 147
- *nummularia* 55, **55**, 72, **72**, 147, **147**
- *thyrsiflora* 87, **87**, 147, **147**
- *vulgaris* 147
*Lythrum salicaria* 73, **73**, 88, **88**, 148, **148**
- *virgatum* 'Rose Queen' 148

## M

*Maculinea alcon* 138
Mädesüß, Echtes 52, **52**, 68, **68**, 137, **137**
-, Purpur- 73, **73**, 137
-, Rotes 137
Madonnen-Lilie 186, **186**
Märzenbecher 69, **69**, 145, **145**
»Mediterrané«186
Mehl-Primel 159
-, Bulgarische 159
*Mentha aquatica* 90, **90**, 148, **148**
- *cervina* 90, **90**, 148, **148**
- *pulegium* 148
- *requienii* 148
*Mentha × piperita* 148
*Menyanthes trifoliata* 86, **86**, 149, **149**
*Mimulus cardinalis* 149
- *guttatus* 149
- *luteus* 71, **71**, 149, **149**
- *ringens* 90, **90**, 102, **102**, 149, **149**
»Mini-Teiche« 10, **10**, 195
Minze, Korsische 148
-, Nadel- 90, **90**, 148, **148**
-, Polei- 148
-, Wasser- 90, **90**, 148, **148**
*Miscanthus sinensis* 61, **61**, 150, **150**
Moderlieschen 19, **19**
*Molinia arundinacea* 150
- *caerulea* 61, **61**, 150, **150**

Moorlandschaften 65
Moor-Lorbeerrose 122
Moor-Orchidee 65
Moosbeere 165
Morgenstern-Segge 62, **62**, 80, **80**, 129, **129**
Mosaikjungfer 176, **176**
*Musa basjoo* 188, **188**
*Myosotis palustris* 79, **79**, 91, **91**, 150, **150**
*Myosotis rehsteineri* 150
*Myriophyllum alternifolium* 151
- *aquaticum* 105, **105**, 117, **117**, 151, **151**
- *hippuroides* 151
- *spicatum* 151
- *verticillatum* 115, **115**, 151, **151**
Myrten-Aster 124

## N

Nadelkraut 104, **104**, 131, **131**
Nadel-Minze 90, **90**, 148, **148**
Nadel-Simse 105, **105**, 133, **133**
Nährstoffbedarf 46
Nährstoffgehalt 31
*Natrix natrix* 181, **181**
naturnahe Gestaltung 8
Nelke, Pracht- 58, **58**, 75, **75**, 146, **146**
Nelkenwurz, Bach- 76, **76**, 138, **138**
-, Rote 138
*Nepa cinerea* 173, **173**
*Nerium oleander* 186, **186**
*Nitella*-Arten 130
*Notonecta* sp. 173, **173**
*Nuphar japonica* 112, **112**, 151
- *lutea* 112, **112**, 151, **151**
- *pumila* 151
*Nymphaea* 'Berthold' 101, **101**, 153
- 'Escarbouclé' 114, **114**, 153
- 'Froebeli' 101, **101**, 152, **152**
- 'Gladstoniana' 110, **110**, 152, **152**
- 'Gonnère' 111, **111**, 153
- 'James Brydon' 114, **114**, 152, **152**
- 'Joey Tomocik' 113, **113**, 152, **152**
- 'Perry's Baby Red' 101, **101**, 152
- 'Sulphurea' 100, 100, 153
- 'Sunny Pink' 113, **113**, 153, **153**

- 'Walter Pagels' 98, **98**, 153, **153**
- *alba* 152
- *candida* 152
- *odorata* 'Rosennymphe' 113, **113**, 152
- *tetragona* 98, **98**, 154, **154**
*Nymphoides peltata* 112, **112**, 154, **154**

## O

Oleander 186, **186**
*Onoclea sensibilis* 132
*Ophiopogon planiscapus* 'Nigrescens' 188
*Orontium aquaticum* 88, **88**, 100, **100**, 154, **154**
*Osmunda cinnamomea* 155
- *regalis* 80, **80**, 155, **155**
Oxydator 23

## P

*Panicum virgatum* 'Hänse Herms' 63, **63**, 155, **155**
Papageienfeder 105, **105**, 117, **117**, 151, **151**
Pechlibelle, Große 177, **177**
*Pelobates fuscus* 178, **178**
*Peltandra virginica* 93, **93**, 105, **105**, 155, **155**
Perlfarn 132
*Persicaria amphibia* 113, **113**, 156, **156**
*Peucedanum verticillare* 52, **52**, 156, **156**
Pfeifengras 61, **61**, 150, **150**
-, Rohr- 150
Pfeil-Aronstab 93, **93**, 105,**105**, 155, **155**
Pfeilkraut, Breitblättriges 161
-, Echtes 99, **99**, 161, **161**
-, Grasblättriges 161
-, Zwerg- 98, **98**, 117, **117**, 161, **161**
Pfennigkraut 55, **55**, 72, **72**, 147, **147**
Pferdeegel 168, **168**
Pflanzengesellschaften in freier Natur 7
Pflanzgefäße 27
pflanzliche Hierarchie 36, 37
Pflanzsubstrate 26
Pflanztaschen 27
Pflegearbeiten 33
*Phragmites australis* 28, **28**

pH-Wert 31
*Phyllitis scolopendrium* 63, **63**, 156, **156**
*Phyllostachys aureosulcata* 157
– 'Spectabilis' 157
*Phyllostachys vivax* 'Aureocaulis' 61, **61**, 157, **157**, 188
Pillenfarn 104, **104**, 133
*Pilularia globulifera* 104, **104**, 133
*Pistia stratoides* 115, **115**, 133
Plankton 16
*Planorbarius corneus* 169, **169**
- *planorbis* 170, **170**
Plattährengras 130, **130**
Plattbauchlibelle 177, **177**
*Pogonia ophioglossoides* 165
Polei-Minze 148
*Polypodium vulgare* 156
*Pontederia cordata* 102, **102**, 157, **157**
*Pontederia lanceolata* 114, **114**, 157
Posthornschnecke 169, **169**
*Potamogeton coloratus* 158
- *crispus* 116, **116**, 157
- *lucens* 116, **116**, 157, **157**
- *natans* 29, **29**
- *perfoliatus* 116, **116**, 158, **158**
*Potentilla erecta* 158
- *palustris* 89, **89**, 102, **102**, 158, **158**
Pracht-Nelke 58, **58**, 75, **75**, 146, **146**
Prachtscharte 60, **60**, 74, **74**, 145, **145**
Pracht-Schwertlilie 78, **78**, 142
Prachtspiere, Japanische 57, **57**, 125, **125**
-, Lanzen- 125
Pracht-Storchschnabel 59, **59**, 138, **138**
Primel, Bulgarische Mehl- 159
-, Bunte Etagen- 159
-, Chinesische Etagen- 77, **77**, 159, **159**
-, Japanische Etagen- 77, **77**, 159, **159**
-, Mehl- 159
-, Rosen- 77, 159, **159**
-, Sikkim- 158
-, Stängellose 159
-, Tibet- 71, **71**, 158, **158**
*Primula denticulata* 159
- *elatior* 55, **55**, 159
- *farinosa* 159
- *florindae* 71, **71**, 159, **159**

# PFLANZEN-, TIER- UND SACHREGISTER

- *frondosa* 159
- *japonica* 77, **77**, 159, **159**
- *poissonii* 159
- *rosea* 77, **77**, 159, **159**
- *sikkimensis* 158
- *veris* 55, **55**, 159, **159**
- *vulgaris* 159
- × *bullesiana* 159

Purpur-Mädesüß 73, **73**, 137
*Pyrrhosoma nymphula* 177, **177**

## Q
Quirl-Haarstrang 52, **52**, 156, **156**
Quirl-Tausendblatt 115, **115**, 151, **151**

## R
*Rana esculenta* 179, **179**
- *lessonae* 179, **179**
- *ridibunda* 179
- *temporaria* 179, **179**
*Ranunculus aquatilis* 110, **110**, 160, **160**
- *circinatus* 160
- *flammula* 88, **88**, 160, **160**
- *fluitans* 111, **111**, 160
- *lingua* 99, **99**, 160, **160**
- *reptans* 160
raumbildende Pflanzen 36
Raumbildung 40
Reitgras, Horst- 61, **61**, 126, **126**
Rettungszone Sumpf 83
Rhabarber, Zier- 188, **188**
*Rhodeus sericeus* 108, **108**
*Rhopalosiphum nymphaea* 173, **173**
Riesen-Segge 62, **62**, 80, **80**, 129, **129**
Ringelnatter 181, **181**
Rispen-Segge 128
*Rodgersia podophylla* 190, **190**
Röhrichtbildner 38
Röhrichte 7
Rohrkolben, Großer 29, **29**
-, Kleiner 93, **93**, 164
-, Laxmann's 164
-, Shuttleworth's 104, **104**, 164, **164**
-, Zierlicher 164
Rohr-Pfeifengras 150
Rosa Schildblume 57, **57**, 74, **74**, 131, **131**

- Seidenblume 56, **56**, 72, **72**, 124, **124**
Rosen-Primel 77, **77**, 159, **159**
Rosen-Weiderich 148
Rote Lobelie 146
- Nelkenwurz 138
- Schlauchpflanze 78, **78**, 162, **162**
Rotes Mädesüß 137
Rotkehlchen, badend 97, **97**
Rotschleierfarn 133
Rückenschwimmer 109, **109**, 173, **173**
Rundblättriger Froschlöffel 121
Ruten-Hirse 63, **63**, 155, **155**

## S
*Sagittaria graminea* 98, **98**, 117, **117**, 161, **161**
- *latifolia* 161
- *sagittifolia* 99, **99**, 161, **161**
*Salvinia natans* 117, **117**, 161, **161**
Salz-Simse 162
*Sarracenia flava* 162
- *purpurea* 78, **78**, 162, **162**
saure Moore 7
Schachbrettblume 76, **76**, 137, **137**
Schachtelhalm 29, **29**
Schädlingsbekämpfung 34
Schaublatt 190, **190**
Schaumkraut, Bitteres 128
-, Wiesen- 69, **69**, 128, **128**
Scheidiges Wollgras 68, **68**, 135, **135**
Scheinkalla, Gelbe 72, **72**, 87, **87**, 147, **147**
Schildblume, Berg- 131
-, Kahle 131
-, Rosa 57, **57**, 74, **74**, 131, **131**
Schilf 28, **28**
Schirm-Bambus 62, **62**, 136, **136**
Schlammfliege 67, **67**, 174, **174**
Schlangenbart 188
Schlangen-Knöterich 56, **56**, 74, **74**, 126, **126**
Schlauchpflanze, Gelbe 162
-, Rote 78, **78**, 162, **162**
Schlüsselblume, Echte 55, **55**, 159, **159**
-, Hohe 55, **55**, 159
Schmaler Froschlöffel 86, **86**, 98, **98**, 121, **121**

Schnecken-Knöterich 126
Schnee-Heide 134
Schneidried 91, **91**, 131, **131**
Schnittlauch 58, **58**, 75, **75**, 122, **122**
*Schoenoplectus lacustris* 'Albescens' 103, **103**, 117, **117**, 162, **162**
- *tabernaemontani* 162
– 'Zebrinus' 103, **103**, 162
*Schoenus ferrugineus* 162
- *nigricans* 81, **81**, 162, **162**
Schwalbenwurz-Enzian 78, **78**, 138
Schwebealgen 31
Schwebfliegen 66, **67**
Schwertlilie, Amerikanische Sumpf- 79, **79**, 90, **90**, 142
-, Borstige 143
-, Japanische 89, **89**, 102, **102**, 142, **142**
-, Pracht- 78, **78**, 142
-, Sibirische 59, **59**, 78, **78**, 143, **143**
-, Steppen- 60, **60**, 143, **143**
-, Sumpf- 87, **87**, 99, **99**, 143, **143**
Schwimmblattgesellschaften 7
Schwimmende Insel 17, **17**
Schwimmfarn 117, **117**, 161, **161**
Schwimmteich 41, 109
Schwingrasenbildner 82
*Scutellaria galericulata* 165
Seefrosch 179
Seekanne 112, **112**, 154, **154**
Seerose 'Berthold' 95, 101, **101**, 153
- 'Escarbouclé' 114, **114**, 153
- 'Froebeli' 94, 101, **101**, 152, **152**
- 'Gladstoniana' 106, 110, **110**, 152, **152**
- 'Gonnère' 101, **101**, 153
- 'James Brydon' 114, **114**, 152, **152**
- 'Joey Tomocik' 113, **113**, 152
- 'Perry' s Baby Red' 94, 101, **101**, 152
- 'Sulphurea' 100, **100**, 153
- 'Sunny Pink' 113, **113**, 152, **152**
- 'Walter Pagels' 95, 98, **98**, 153, **153**
-, Kleine 152
-, Weiße 152
Seerosen pflanzen 26, **26**, 27, **27**
Seerosenblattkäfer 15, **15**, 175, **175**
Seerosenblattlaus 15, 173, **173**
Seerosenzone 13
Seerosenzünsler 107, 172, **172**

Segge, Bunte Kegel- 129
-, Bunte Oshima- 63, **63**, 129, **129**
-, Davall- 128
-, Draht- 81, **81**, 128
-, Frühlings- 63, **63**, 129
-, Gelb- 81, **81**, 128, **128**
-, Kleine Gelb- 128
-, Morgenstern- 62, **62**, 80, **80**, 129, **129**
-, Riesen- 62, **62**, 80, **80**, 129, **129**
-, Rispen- 128
-, Sumpf- 29, **29**
-, Verlängerte 129
-, Zyperngras- 129
Seidenblume, Rosa 56, **56**, 72, **72**, 124, **124**
Shuttleworth's Rohrkolben 92, **92**, 104, **104**, 164, **164**
*Sialis* sp. 174, **174**
Sibirische Schwertlilie 59, **59**, 78, **78**, 143, **143**
- Spierstaude 57, **57**, 137, **137**
Sibirisches Wollgras 134
Sikkim-Primel 158
Simse, Nadel- 105, **105**, 133, **133**
-, Salz- 162
-, Sumpf- 29, **29**
-, Zebra- 103, **103**, 162
Solitärpflanzen 36
Sommer-Knotenblume 70, **70**, 145, **145**
Sonnenblume, Kleinköpfige 140
-, Weidenblättrige 54, **54**, 140, **140**
*Sparganium erectum* 29, **29**
*Sphagnum* 65
Spierstaude, Sibirische 57, **57**, 137, **137**
Spiral-Binse, Kleine 144
Spitzhornschnecke 169, **169**
Spreizender Hahnenfuß 160
Standort 49
Stängellose Primel 159
Stechmücken, Eischiffchen 85, **85**
-, Larve 172, **172**
Steif-Segge 92, **92**
Stendelwurz, Sumpf- 70, **70**, 134, **134**
Steppen-Schwertlilie 60, **60**, 143, **143**
Stichling 19, **19**
Stickstoffdünger 32
Stinkkohl 155

# P bis Z

Stockente 181, **181**
Storchschnabel, Cambridge 138
-, Pracht- 59, **59**, 138, **138**
Strandsimse 132
*Stratiodes aloides* 110, **110**, 163, **163**
Strauß-Felberich 87, **87**, 147, **147**
Streupflanzen 37
Strom, Umgang mit 23
Substrat einbringen 26
*Succinea putris* 170, **170**
Sumpf-Binse 29, **29**
Sumpf-Blutauge 89, **89**, 102, **102**, 158, **158**
Sumpfdeckelschnecke 170, **170**
Sumpf-Dotterblume 55, **55**, 72, **72**, 87, **87**, 127, **127**
Sumpf-Eibisch 77, **77**, 140, **140**
Sumpffarn 132
Sumpf-Garbe 53, **53**, 120, **120**
Sumpf-Gladiole 76, **76**, 139, **139**
Sumpf-Helmkraut 165
Sumpf-Kalla 82, 86, **86**, 127, **127**
-, Weiße 69, **69**, 127
Sumpfporst, Echter 144
-, Grönland- 68, **68**, 144, **144**
Sumpf-Schwertlilie 87, **87**, 99, **99**, 143, **143**
-, Amerikanische 79, **79**, 90, **90**, 142
Sumpf-Segge 28, **28**
Sumpf-Simse 29, **29**
Sumpf-Stendelwurz 70, **70**, 134, **134**
Sumpf-Vergissmeinnicht 79, **79**, 91, **91**, 150, **150**
Sumpf-Wolfsmilch 53, **53**, 70, **70**, 136, **136**
Sumpfzone 13
*Symplocarpus foetidus* 155

# T

Taglilie 54, **54**, 140, **140**
Tannenwedel 105, **105**, 115, **115**, 141, **141**
Taubenbaum 183
Taumelkäfer 175, **175**
Tausendblatt, Ähriges 151
-, Quirl- 115, **115**, 151, **151**
-, Wechselblütiges 151

*Taxus baccata* 'Fastigiata' 48
Technik, nützliche 23
Teichbesiedler 14, 15
Teichbewohner anlocken 15
Teichfrosch, Kleiner 179, **179**
Teichgröße 20
Teichmolch 51, **51**, 180, **180**
Teichmuschel, Große 108, **108**, 169, **169**
Teichpflanzen einsetzen 25, 26, 27
- kaufen 24
Teichrose, Gelbe 112, **112**, 151, **151**
-, Japanische 112, **112**, 151
-, Kleine 151
Teichsäcke 22
Teichsimse, Gestreifte 103, **103**, 117, **117**, 162, **162**
Teichstandort 20
Teichstile 10, 11
Tellerschnecke, Flache 170, **170**
*Thelypteris palustris* 132
Tibet-Primel 71, **71**, 159, **159**
Torfmoos 65
*Tradescantia* 'I. C. Weguelin' 60, **60**, 163, **163**
*Tradescantia ohiensis* 163
*Trapa natans* 111, **111**, 163, **163**
*Trichophorum alpinum* 70, **70**, 135, **135**
*Triturus alpestris* 180, **180**
- *cristatus* 180, **180**
- *vulgaris* 180, **180**
trockener Standort 49
Trollblume, Chinesische 71, **71**, 164
-, Europäische 71, **71**, 164, **164**
*Trollius chinensis* 'Orange Queen' 71, **71**, 164
- *europaeus* 'Superbus' 71, **71**, 164, **164**
Trompetenbaum 183
»Tropical« 188, 189
Tümpel 6
Tüpfelfarn 156
*Typha angustifolia* 29, **29**
- *gracilis* 164
- *latifolia* 29
- *laxmanni* 29, 164
- *minima* 93, **93**, 164
- *shuttleworthii* 92, **92**, 104, **104**, 164, **164**

# U

Überlauf 23
Ufer-Hahnenfuß 160
Umgang mit Strom 23
Unterwasserpflanzen 107
Unterwasserrasen 7
*Utricularia vulgaris* 112, **112**, 165, **165**

# V

*Vaccinium macrocarpon* 77, **77**, 165, **165**
- *oxycoccus* 165
Vergissmeinnicht, Bodensee- 150
-, Sumpf- 79, **79**, 91, **91**, 150, **150**
Verlängerte Segge 129
*Veronica anagallis-aquatica* 165
- *beccabunga* 91, **91**, 165, **165**
*Viviparus viviparus* 170, **170**

# W

Wald-Felberich 147
Wald-Frauenfarn 133
Wasser nachfüllen 33
Wasserähre, Zweizeilige 110, **110**, 123, **123**
Wasserchemie 30
Wasserdost 56, **56**, 73, **73**, 135, **135**
-, Durchwachsenblättriger 136
-, Großer 135
Wasser-Ehrenpreis 165
Wasserfeder 101, **101**, 141, **141**
Wasserfloh 168, **168**
Wasserfrosch 66, **66**, 109, **109**, 179, **179**
Wasser-Goldkeule 88, **88**, 100, **100**, 154, **154**
Wasser-Hahnenfuß 110, **110**, 160, **160**
Wasserhärte 30
Wasserhyazinthe 114, **114**, 133, **133**
Wasser-Knöterich 113, **113**, 156, **156**
Wasserläufer 172, **172**
Wasser-Minze 90, **90**, 148, **148**
Wassernuss 111, **111**, 163, **163**
Wasserpest 29, **29**
Wassersalat 115, **115**, 133
Wasserschlauch 112, **112**, 165, **165**
Wasserskorpion 173, **173**
Wasserstern 104, **104**, 127, **127**

Wasserverlust 33
Wattealgen 32
Wechselblütiges Tausendblatt 151
Wechselkröte 166, 178, **178**
Weicher Frauenmantel 54, **54**, 121, **121**
Weidenblättrige Sonnenblume 54, **54**, 140, **140**
Weiderich, Blut- 73, **73**, 88, **88**, 148, **148**
-, Rosen- 148
Weiße Seerose 152
- Sumpf-Kalla 69, **69**, 127
»White Waves« 182, 183
Wiesen-Gladiole 58, **58**, 139, **139**
Wiesen-Schaumkraut 69, **69**, 128, **128**
»Wilde Natur« 184, 185
Winterschutzmaßnahmen 34, 35
Wolfsmilch, Sumpf- 70, **70**, 136, **136**
Wollgras, Breites 68, **68**, 135, **135**
-, Scheidiges 68, **68**, 135, **135**
-, Schmales 93, **93**, 134
-, Sibirisches 134
Wucherer 28, 29
Wurmfarn 62, **62**, 133, **133**
Wurzelsperre 28

# Z

Zebra-Simse 103, **103**, 162
Zierkirsche 48
Zierlicher Rohrkoben 164
Zier-Rhabarber 188, **188**
Zimt-Königsfarn 155
Zitronenfalter 50, **50**
Zuckmücken 85, **85**
-, Larve 171, **171**
Zungen-Hahnenfuß 99, **99**, 160, **160**
Zweizeilige Wasserähre 110, **110**, 123, **123**
Zwerg-Binse 93, **93**, 144
Zwerg-Frauenmantel 121
Zwerg-Pfeilkraut 98, **98**, 117, **117**, 161, **161**
Zwerg-Seerose 94, 98, **98**, 154, **154**
Zwiebelpflanzen, frühjahrsblühende 184
Zyperngras, Langes 103, **103**, 132, **132**
Zyperngras-Segge 129

201

# AUTOREN, LITERATUR UND ADRESSEN

## Die Autoren

**Wolfram Kircher** beschäftigte sich sowohl in praktischer Tätigkeit im Erwerbsgartenbau als auch in Lehre und Forschung an der Bayerischen Landesanstalt für Weinbau und Gartenbau, Veitshöchheim, mit der Kultur und Verwendung von Sumpf- und Wasserpflanzen. Seit 1994 ist er Professor an der Hochschule Anhalt (FH) in Bernburg mit den Schwerpunkten »Staudenkunde« und »Bepflanzungsplanung«, wo er aktuell ein Forschungsprojekt zur Optimierung der Vegetation an privaten Badeteichen leitet.

**Angela Kircher i**st in der Erwachsenenbildung im Bereich Anlage und Pflege von Grünflächen tätig. Geprägt durch ihre intensive Beschäftigung mit der heimischen Tierwelt und Berufserfahrung in der Pflanzenschutzberatung legt sie hohen Stellenwert auf Nützlinge, schonende Bewirtschaftung und auf die Einbeziehung der Fauna in die Gestaltung.

## Literatur

→ Fleuchaus, E.: **Was wächst wo?** Gräfe und Unzer Verlag, München
→ Gutjahr, A.: **300 Fragen zum Gartenteich.** Gräfe und Unzer Verlag, München
→ Gutjahr, A.: **Fische für den Gartenteich.** Gräfe und Unzer Verlag, München
→ Gutjahr, A.: **Tiere des Gartenteiches.** Ulmer Verlag, Stuttgart
→ Hagen, P.: **Teichbau mit alternativen Baustoffen.** Ulmer Verlag, Stuttgart
→ Hagen, P.: **Teichbau und Teichtechnik.** Ulmer Verlag, Stuttgart
→ Hagen, P.: **Teichpflege leicht gemacht.** Ulmer Verlag, Stuttgart
→ Hensel, W.: **Wassergarten.** Gräfe und Unzer Verlag, München
→ Maier, E.: **Moor im Gartenteich.** Natur und Tier Verlag, Münster
→ Wachter, K./Bollerhey, H./Germann, T.: **Der Wassergarten.** Ulmer Verlag, Stuttgart

## Bezugsquellen

→ **Staudengärtnerei Augustin**
Stauden, Wasserpflanzen
Neunkirchener Str. 15, 91090 Effeltrich,
www.stauden-augustin.de
→ **Gartencenter Bollerhey**
Garten- und Wasserpflanzen, Teichzubehör
Eichenberger Str. 19 a,

# Adressen, wichtige Hinweise und Bildnachweis

34233 Fuldatal-Rothwesten,
www.bollerhey.de
→ **Gartenbau Thomas Carow**
Fleischfressende Pflanzen, Moorpflanzen, lebendes Sphagnum-Moos
Ümpfigstr. 5, 97720 Nüdlingen,
www.falle.de
→ **Staudengärtnerei Germann**
Stauden, Wasserpflanzen
Am Rübsamenwühl 22, 67346 Speyer,
www.gaertnerei-germann.de
→ **Ihr Gartenbau Härtl**
Erdorchideen, Begleitpflanzen für das Moor
Am Frieselbach 2, 34305 Niedenstein,
www.ihrgartenbau-haertl.de
→ **Erich Maier**
Fleischfressende Pflanzen, Moorpflanzen
Hansell 155, 48341 Altenberge,
www.erichmaier.de
→ **Stauden-Junge**
Stauden, Wasserpflanzen
Seeangerweg 1, 31787 Hameln,
www.stauden-junge.de
→ **Erhard Oldehoff**
Wasserpflanzen, Seerosen
Sieglmühle 2, 94051 Hauzenberg,
www.seerosen.de
→ **Jürgen Peters**
Alpine Raritäten, Steingartenstauden, Moorpflanzen, Erdorchideen
Auf dem Flidd 20, 25436 Uetersen,
www.alpine-peters.de

→ **Jörg Petrowsky**
Wasserpflanzen, Seerosen, speziell für Schwimmteiche angezogene Pflanzen
29348 Eschede bei Celle,
www.seerosensorten.de
→ **Terrorchids Pinkepank**
Freilandorchideen
Am Atzumer Weg 18, 38300 Wolfenbüttel,
www.terrorchids.com
→ **re-natur GmbH**
Wasserpflanzen, Teichzubehör und -Systeme, Schwimmteiche
Charles-Ross-Weg 24, 24601 Ruhwinkel,
www.re-natur.de

## Wichtige Hinweise

→ Sichern Sie Ihren Teich ausreichend ab – vor allem, wenn kleine Kinder im Haus sind.

→ Elektrische Geräte sollten nur vom Fachmann installiert werden.

→ Einige der hier beschriebenen Pflanzen sind giftig oder hautreizend. Sie dürfen nicht verzehrt werden.

→ Wenn Sie sich bei der Gartenarbeit verletzen, sollten Sie umgehend einen Arzt aufsuchen. Eventuell ist eine Impfung gegen Tetanus erforderlich.

## Bildnachweis

**Dorothea Baumjohann**: 173-3; **Agentur Beck**: 79-1, 90-1, 138-2, 145-1; **Blickwinkel**: U1-2; **Josef Bieker**: 42, 59-3, 113-4, 159-3; **Elke Borkowski**: 9; **Justus deCuveland**: 179-2, 181-3; **Sabine Eberts**: 62-1, 136-3; **GAP**: 16, 188-1; **Gartenfoto**: 2-3, 51-1, 154-2; **Getty-Images**: U1-1; **Hermann Gröne**: 188-3; **Frank Hecker**: 19-5, 19-6, 67-2, 84-2, 85-1, 96-1, 97-1, 108-1, 117-1, 122-3, 141-1, 141-2, 168-1, 169-1, 169-2, 169-3, 170-1, 171-2, 172-2, 173-1, 173-2, 174-1, 174-2, 174-3, 175-1, 176-1, 176-2, 177-1, 180-1, 180-3, 181-2; **Modeste Herwig**: 186-3, 190-3; **Wolfram Kircher**: 7, 10-2, 11-3, 13, 15, 17, 21, 22, 23, 27, 28-1, 29-2, 29-3, 29-4, 29-5, 31, 32, 34, 35, 37, 38, 39, 40, 41, 49, 53-2, 53-3, 53-4, 54-2, 54-3, 55-2, 56-1, 56-2, 57-3, 58-2, 58-3, 58-4, 59-2, 59-4, 60-1, 60-3, 61-1, 61-3, 62-3, 63-1, 63-2, 65, 67-1, 68-2, 69-1, 69-2, 69-4, 70-2, 70-3, 70-4, 71-1, 72-3, 72-4, 73-1, 73-2, 73-4, 74-3, 75-1, 75-3, 76-1, 76-2, 76-4, 77-1, 77-3, 77-4, 78-1, 78-3, 78-4, 79-2, 79-3, 79-4, 80-1, 81-1, 81-3, 81-4, 83, 86-1, 86-2, 86-3, 87-4, 88-2, 89-1, 89-2, 90-2, 90-3, 90-4, 91-1, 91-2, 91-4, 92-2, 93-1, 93-2, 93-3, 93-4, 98-1, 98-3, 98-4, 99-2, 100-4, 101-1, 101-3, 101-4, 102-3, 102-4, 103-3, 103-4, 104-1, 104-3, 104-4, 105-1, 105-4, 107, 110-1, 110-3, 110-4, 111-1, 111-3, 112-2, 112-3, 114-1, 114-2, 114-4, 115-2, 115-4, 116-1, 116-2, 116-4, 117-2, 117-4, 120-1, 121-1, 121-3, 122-1, 122-2, 123-1, 123-2, 124-3, 125-2, 126-3, 127-3, 128-2, 128-3, 130-1, 131-2, 131-3, 132-1, 132-2, 133-3, 134-3, 135-1, 135-2, 135-3, 136-1, 137-3, 138-3, 139-2, 140-1, 140-2, 140-3, 141-3, 142-1, 142-3, 143-2, 143-3, 144-2, 144-3, 145-2, 145-3, 146-1, 146-2, 146-3, 147-2, 148-3, 150-1, 150-2, 151-2, 152-1, 152-2, 152-3, 153-3, 154-1, 155-2, 155-3, 156-2,

## BILDNACHWEIS UND IMPRESSUM

156-3, 157-2, 157-3, 158-1, 159-2, 160-1, 160-2, 161-1, 162-1; 162-2, 162-3, 163-1, 163-3, 164-1, 164-2, 164-3, 165-1; **Rudolf König:** 19-1, 19-2, 19-3, 19-4, 50-2, 54-1, 85-2; **Klaus Kuttig:** 2-2, 109-1, 130-2; **Botanik-Bildarchiv Laux:** 29-6, 53-1, 55-1, 55-3, 55-4, 57-1, 58-1, 59-1, 60-4, 62-2, 62-4, 68-1, 68-3, 70-1, 71-2, 72-1, 72-2, 74-2, 75-2, 75-4, 76-3, 80-2, 80-3, 80-4, 86-4, 87-1, 87-2, 87-3, 88-1, 88-3, 89-3, 91-3, 92-1, 92-3, 92-4, 99-3, 100-2, 100-3, 102-1, 103-1, 103-2, 105-2, 111-2, 112-1, 114-3, 115-1, 115-3, 116-3, 123-3, 125-1, 131-1, 132-3, 133-2, 134-2, 136-2, 138-1, 139-1, 139-3, 147-3, 148-2, 149-1, 159-1, 163-2, 165-3; **Foto Morell:** 52-1, 57-2, 61-2, 63-4, 120-2, 120-3, 128-1, 129-3, 137-1, 142-2, 151-3, 154-3, 155-1; **Marion Nickig:** 188-2; **Jörg Petrowsky:** 100-1, 111-4; **Wolfgang Redeleit:** 2-4, 4, 8, 11-1, 25, 52-2, 52-4, 54-4, 60-2, 68-4, 108-2, 118, 121-2, 124-2, 126-2, 137-2, 95; **Hans Reinhard:** 50-1, 51-2, 56-3, 61-4, 66-1, 66-2, 69-3, 71-3, 71-4, 73-3, 74-4, 77-2, 81-2, 88-4, 89-4, 96-2, 97-2, 98-2, 99-1, 99-4, 101-2, 102-2, 104-2, 109-2, 110-2, 112-4, 124-1, 125-3, 127-1, 129-1, 130-3, 133-1, 134-1, 143-1, 147-1, 149-3, 156-1, 157-1, 158-2, 158-3, 160-3, 161-3, 165-2, 175-3, 178-2, 180-2,U1-3; **Jutta Schneider:** 57-4; **Michael Schulze:** 10-1; 113-1, 113-2148-1, 153-1, 153-2; **Friedrich Strauß:** 10-3, 11-2, 29-1, 52-3, 56-4, 63-3, 74-1, 105-3, 113-3, 117-3, 126-1, 127-2, 129-2, 144-1, 149-2, 150-3, 151-1, 161-2, 190-2; **Andreas Thon:** 23; **Konrad Wothe:** 166, 168-2, 168-3, 170-2, 170-3, 171-1, 171-3, 172-1, 172-3, 175-2, 176-3, 177-2, 177-3, 178-1, 178-3, 179-1, 179-3, 181-1, 186-1

© 2009 GRÄFE UND UNZER VERLAG GmbH, München
Alle Rechte vorbehalten. Nachdruck, auch auszugsweise, sowie Verbreitung durch Film, Funk, Fernsehen und Internet, durch fotomechanische Wiedergabe, Tonträger und Datenverarbeitungssysteme jeder Art nur mit schriftlicher Genehmigung des Verlags.

Programmleitung: Christof Klocker
Leitende Redaktion: Anita Zellner
Redaktion: Cornelia Nunn, Luise Heine
Lektorat: Sonnhild Bischoff
Bildredaktion: Daniela Laußer
Umschlaggestaltung und Layout: independent Medien-Design, München
Produktion: Susanne Mühldorfer
Satz: Cordula Schaaf, München
Reproduktion: Longo AG, Bozen
Druck & Bindung: Druckhaus Kaufmann

ISBN 978-3-8338-1523-2

1. Auflage 2009

Ein Unternehmen der
GANSKE VERLAGSGRUPPE

### Unsere Garantie
Alle Informationen in diesem Ratgeber sind sorgfältig und gewissenhaft geprüft. Sollte dennoch einmal ein Fehler enthalten sein, schicken Sie uns das Buch mit dem entsprechenden Hinweis an unseren Leserservice zurück. Wir tauschen Ihnen den GU-Ratgeber gegen einen anderen zum gleichen oder ähnlichen Thema um.

### Liebe Leserin und lieber Leser,
wir freuen uns, dass Sie sich für ein GU-Buch entschieden haben. Mit Ihrem Kauf setzen Sie auf die Qualität, Kompetenz und Aktualität unserer Ratgeber. Dafür sagen wir Danke! Wir wollen als führender Ratgeberverlag noch besser werden. Daher ist uns Ihre Meinung wichtig. Bitte senden Sie uns Ihre Anregungen, Ihre Kritik oder Ihr Lob zu unseren Büchern. Haben Sie Fragen oder benötigen Sie weiteren Rat zum Thema? Wir freuen uns auf Ihre Nachricht!

### Wir sind für Sie da!
Montag – Donnerstag: 8.00 – 18.00 Uhr;
Freitag: 8.00 – 16.00 Uhr
Tel.: 0180-5005054*
Fax: 0180-5012054*
*(0,14 €/Min. aus dem dt. Festnetz; Mobilfunkpreise können abweichen.)
E-Mail: leserservice@graefe-und-unzer.de

**P.S.:** Wollen Sie noch mehr Aktuelles von GU wissen, dann abonnieren Sie doch unseren kostenlosen GU-Online-Newsletter und/oder unsere kostenlosen Kundenmagazine.

GRÄFE UND UNZER VERLAG
Leserservice | Postfach 86 03 13 | 81630 München